魁阁学术文库
Kui Ge Academic Library

本书出版得到云南大学民族学一流学科建设经费资助

2023 年度国家民委民族研究项目后期资助课题

本书出版得到了迪庆藏族自治州人民政府驻昆明办事处、中共德钦县委宣传部、云南省香格里拉研究会的大力支持
特此感谢

共同书写的历史
外地干部支援云南迪庆口述史
（1950—1979）

SHARED HISTORY
An Oral History of
Nonlocal Cadres Supporting
Diqing, Yunnan
(1950-1979)

李志农　和淑清
周丽梅　陈经宇　著

社会科学文献出版社
SOCIAL SCIENCES ACADEMIC PRESS (CHINA)

"魁阁学术文库"编委会

主　任：李培林　何　明

秘书长：谢寿光　李志农

委　员（按姓氏笔画排列）：

马凡松　马居里　王天夫　王延中　王春光
王越平　孔建勋　冯仕政　成伯清　伍　奇
杨绍军　李友梅　李建军　李晓斌　张　翼
张文宏　张晓明　张锦鹏　陈光金　周飞舟
周建新　周晓虹　郝时远　胡洪斌　晏月平
高万红　麻国庆　童根兴　游天龙　谭同学

"魁阁学术文库"总序

1939年7月,在熊庆来、吴文藻、顾毓琇等诸位先生的努力下,云南大学正式设立社会学系。在这之前的1938年8月到9月间,吴文藻已携家人及学生李有义、郑安仑、薛观涛辗转经越南从河口入境云南,差不多两个月后,其学生费孝通亦从英国学成后经越南到昆,主持云南大学社会学系附设的燕京大学-云南大学实地研究工作站(亦称社会学研究室)。1940年代初,社会学研究室因日军飞机轰炸昆明而搬迁至昆明市郊的呈贡县魁星阁,"魁阁"之名因此而得。此后差不多6年的时间里,在费孝通的带领下,"魁阁"汇集了一批当时中国杰出的社会学家和人类学家,如许烺光、张之毅、田汝康、史国衡、谷苞、胡庆钧、李有义等,进行了大量的田野调查,出版了一系列今日依然熠熠生辉的学术精品。由于吴文藻、费孝通、杨堃等诸位先生在1940年代的努力,云南大学社会学系及其社会学研究室("魁阁")成为当时全球最重要的社会学学术机构之一,其中涌现了一大批20世纪中国最重要的社会学家、人类学家。"魁阁"因其非凡的成就,成为中国现代学术史上的一个里程碑。

"魁阁"的传统是多面相的,其主要者,吴文藻先生将之概括为"社会学中国化",其含义我们可简单概括为:引进西方现代社会科学的理论与方法,以之为工具在中国开展实地研究,理解与认知中国社会,生产符合国情的社会科学知识,以满足建设现代中国之需要。

为实现其"社会学中国化"的学术理想,1940年代,吴文藻先生在商务印书馆主持出版大型丛书"社会学丛刊",在为"社会学丛刊"写的总序中,吴先生开篇即指出,"本丛刊之发行,起于两种信念及要求:一为促使社会学之中国化,以发挥中国社会学之特长;一为供给社会学上的基本参考书,以辅助大学教本之不足"。丛刊之主旨乃是"要在中国建立起比较社会学的基础"。"魁阁"的实地研究报告,如费孝通的《禄村农田》、张之毅的《易村手工业》、史国衡的《昆厂劳工》、田汝康的《芒市边民的摆》等多是在"社会学丛刊"乙集中出版的。

80多年前,社会学的前辈先贤正是以这样的方式奠定了中国社会学的基础。为发扬"魁阁"精神,承继"魁阁"传统,在谢寿光教授的主持下,云南大学民族学与社会学学院和社会科学文献出版社共同出版"魁阁学术文库",以期延续"魁阁"先辈"社会学中国化"的理论关怀,在新的时代背景下,倡导有理论关怀的实地研究,以"魁阁学术文库"为平台,整合社会学、人类学、社会工作、民族学、民俗学、人口学等学科,推进有关当代中国社会的社会科学研究。受"社会学丛刊"的启发,"魁阁学术文库"将包含甲乙丙三"集",分别收入上述学科综合性的论著、优秀的实地研究报告,以及国外优秀著作的译本,文库征稿的范围包括学者们完成的国家各类课题的优秀成果、新毕业博士的博士学位论文、博士后出站报告、已退休的知名学者的文集、国外优秀著作的译本等。我们将聘请国内外知名的学者作为遴选委员会的成员,以期选出优秀的作品,贡献世界。

是为序。

第十三届全国人大常委会委员、社会建设委员会副主任委员
中国社会科学院学部委员、社会政法学部主任

云南大学党委书记

目 录

序　言 …………………………………………………………… 1
自　序 …………………………………………………………… 1

一　民主改革篇

阿巴老周 ………………………… 周汝泉之子周文孝　口述 / 3
高原就是我的家 ………… 殷全安、钱福弟之子殷著虹　口述 / 14
共产党来了晴了天 ……………………………… 朱剑锋　口述 / 31
在中甸生根、发芽、开花、结果 ………… 徐洪、孙接义夫妇　口述 / 44
从英雄的"藏三连"走来 ………………………… 王凤朝　口述 / 56

二　党政军旅篇

哪里需要哪里去，哪里艰苦哪安家 ……………… 白开喜　口述 / 71
以师带徒，培养少数民族干部 …………………… 和凤楼　口述 / 83
从首都北京到迪庆高原 …………………………… 赵鹤阳　口述 / 96
"军中焦裕禄"，"高原扶贫官" …………………… 瞿云福　口述 / 106

三　医疗卫生篇

迪庆医疗卫生战线的先行者 ………… 梁金华女儿梁琼　口述 / 125
迪庆"林巧稚" ………………………… 樊槐之妻谢辉英　口述 / 133

藏族人民的好"门巴" ……………………………… 朱兰溪　口述 / 143
要谢就谢共产党 …………………………………… 和爱琴　口述 / 153
我是共产党派来的"门巴" ………………………… 杨公衍　口述 / 166
留下一支带不走的医疗队伍 ………… 杨畅根、杨梅瑞夫妇　口述 / 176

四　民族教育篇

到迪庆最艰苦的羊拉去 …………………………… 王　境　口述 / 189
我们的杨老师 ……………………………………… 杨增适　口述 / 201
德钦的第一所中学 ………………………………… 牛宿光　口述 / 213
一对教师夫妇的支边情 ……………… 彭晓富、邓楚芳夫妇　口述 / 226
改革制度，助力民族教育发展 …………………… 庞亮星　口述 / 240

五　财经基建篇

荆楚儿女赴边疆 …………………………………… 艾亚贤　口述 / 251
筑路架桥一辈子 …………………………………… 王学忠　口述 / 264
"一根针换三个鸡蛋"的变迁 ……………………… 刘腾龙　口述 / 277

六　农林牧业篇

一片林，两代人 ………………………… 赵治齐之子赵卫东　口述 / 291
高原种菜人 ………………………………………… 吕勤贵　口述 / 303
三线精神：一代林业人的无悔岁月 ……………… 陈兴元　口述 / 313

附录一　所有接受访谈外地干部名单 …………………………… / 322

附录二　外地干部访谈照片节选 ………………………………… / 324

后　记 ……………………………………………………………… / 340

序　言

2021年初，云南大学李志农教授向我介绍，她正在对曾经支援迪庆建设的外地干部开展口述史访谈，并组织撰写《共同书写的历史——外地干部支援云南迪庆口述史（1950—1979）》（以下简称《口述史》）。我感到无比欣慰，因为很多人想做这件事却未能做成。李教授长期致力于云南民族关系、藏文化研究，为民族团结进步事业贡献了诸多研究成果。她诚邀我为其《口述史》一书作序，我欣然应允。

新中国成立以来，党和政府投入大量人力、物力、财力支持和帮助民族地区发展建设。如党和政府从内地选派大批党政军干部，以及各类专业技术人员到边疆、到民族地区指导民主改革，同时邀请边疆地区民族、宗教人士代表到北京、到内地参观学习，毛泽东主席等党和国家领导人亲切接见了他们。就迪庆而言，毛主席在北京曾先后接见迪庆首任州长松谋活佛、中国人民解放军滇桂黔边纵队第七支队直属骑兵大队大队长斯那尼玛等人，这鼓舞了迪庆各民族人民，也影响了边疆人民，为增进各民族交往交流交融奠定了基础。《口述史》以外地干部"进入迪庆—建设迪庆—扎根迪庆"的历程为主线，在访谈的40余位外地干部或子女中选取最具代表性的31位，展现了不同历史阶段、不同行业的外地干部在迪庆生活工作、改变社会面貌的经历，为研究迪庆、研究香格里拉、研究云南民族关系，以及讲好民族团结故事、铸牢中华民族共同体意识提供了鲜活的素材。

迪庆位于滇、川、藏三省区的交界处，辖香格里拉市（原中甸县）、维西傈僳族自治县和德钦县，是云南省唯一的藏族自治州，新中国成立前尚处于"政教合一"的封建农奴制社会形态，民族众多，文化多元，山高谷深，环境艰苦，人民生活极度贫困。1949年底云南解放，1950年初中国人民解放军进驻迪庆，随军的大批党政干部和筑路工人，被称为迪庆首批外地干部。当时的工作以"慎重稳进""团结、生产、进步"为方针，依靠各族群众，团结民族、宗教上层人士，建立新政权，发展生产，社会主义制度在迪庆落地开花结果。按照毛主席"要彻底解决民族问题，完全孤立民族反动派，没有大批从少数民族出身的共产主义干部是不可能的"指示精神，在外地干部手把手的帮助下，当地干部茁壮成长，至1957年9月迪庆藏族自治州成立时，全州少数民族干部达1082人，其中党员455人，团员257人，成为迪庆内生性发展的重要力量。此后一大批外地干部进入迪庆，支援党政、农牧、医疗、交通、教育、邮政、地质等各领域，推进农业合作化，实行工商业改造。后来虽经历了"大跃进""文化大革命"等，但人们的初心并未改变，数十年如一日地坚守在迪庆，用实际行动诠释了生命的高度永远高于海拔，"最稀缺的是氧气，最宝贵的是精神"。早期的外地干部具有多民族、多省份、文化程度高、行业分布广、居住时间长、政治觉悟高、支援意志坚定等群体性特征，他们在迪庆抛头颅、洒热血，促使迪庆社会安定、经济发展，进而实现了发展动力从外援性向内生性的转变。他们与当地各族干部群众一起为迪庆翻天覆地的变化做出了巨大贡献。

我是个幸运的人，在外地干部的培养下成长，也经历过迪庆的困难和跨越发展各时期。世界的香格里拉离不开一代接一代外地干部的牺牲和付出。时光飞逝，岁月荏苒，但记忆不会消失，恩情不会被遗忘。1965年我刚被分到格咱粮管所工作，在所长和尚义等外地老同志手把手带领下较快适应了本职工作。还有区委书记徐洪及医生孙接义夫妇，他们都用藏语和我们对话、开会。我们一起喝酥油茶、吃奶渣，各民族干部群众平等相处，感觉不出差异，很多人的民族观就这样形成了，为迪庆民族团结奠定了基础。20世纪80年代初，我曾跟随"阿巴老周"（周汝泉）、"阿巴老江"（江奎），给他们当秘书，深入村寨和农户家，他们以流利的藏语、彝语与百姓对话，拉家常、嘘寒问暖、诠释党的政策，融入当地百姓生活之中，与各民族亲如一家，为我们党树立了"父母官"的伟大形象。中国人

序 言

民解放军师长廖运周从北方来到迪庆，以超人的智慧平息了武装叛乱。还有母永槐校长、王境老师和朱兰溪、梅心良、杨公衍医生等，以及后来跑遍全州寻求发展思路的州委书记邓子俊、90年代把"世界的香格里拉"信息传递到迪庆的孙炯同志等，外地干部源源不断，克服各种困难。他们全心全意为边疆地区各民族"献了青春献终生，献了终生献子孙"的故事依旧在高原上传唱，他们乐于吃苦、甘于奉献、敢于战斗、善于团结的精神依旧为大家所歌颂和传承，为新时代边疆民族工作树立了榜样，成为香格里拉精神的重要组成部分。

每一位外地干部在迪庆的生活史就是一部生动的民族交往交流交融史。他们的不懈奋斗史、不怕牺牲史、为民造福史、维护团结史是中国共产党百年奋斗历史的重要体现，对引导各族人民牢固树立休戚与共、荣辱与共、生死与共、命运与共的共同体理念和铸牢中华民族共同体意识具有重要意义。尽管《口述史》中记录的人不多，但他们的事迹十分感人，他们是中华民族大团结的践行者，是全心全意为人民服务的代表。在"进入迪庆—建设迪庆—扎根迪庆"过程中，他们与各民族亲如鱼水，其实践验证了党的民族政策。他们是构筑中华民族共有精神家园的践行者和奠基人，如同一把火焰，燃烧自己、播撒火种、照亮迪庆。有了他们，今日迪庆才有了"全国民族团结进步示范州"和"世界的香格里拉"的荣誉。

光阴荏苒，今时不同往日，艰苦的日子早已过去。"一粥一饭当思来之不易，半丝半缕恒念物力维艰。"今日的中国，国泰民安，山河无恙，岁月静好；今日的迪庆，各族人民群众在党的领导下，同心同德，为打造生态文明建设排头兵、民族团结进步示范区标杆而奋斗着。我衷心地祝福明日的中国、明日的迪庆经济更加繁荣、人民幸福安康！扎西德勒！

格桑顿珠

2022年2月19日于昆明

自　序

习近平总书记强调，我们辽阔的疆域是各民族共同开拓的，我们悠久的历史是各民族共同书写的，我们灿烂的文化是各民族共同创造的，我们伟大的精神是各民族共同培育的。[①] 我国各民族在长期的交往交流交融中，逐步形成了你中有我、我中有你、谁也离不开谁的格局。各民族交往交流交融的历史，不仅在历史书籍、契约文书、盟碑、文学艺术、节庆活动中有生动的体现，同时，作为深刻的集体记忆，它也镌刻在各族群众的脑海中。

本书关注的对象为自中华人民共和国成立以来最早一批支援云南迪庆建设的外地干部。他们于1950—1979年在党中央的号召下，克服生理、心理及生活、工作条件上的重重困难来到迪庆并长期扎根此地，与当地各族人民勠力同心、团结互助，共同推动了迪庆在政治、经济、文化和社会发展领域的沧桑巨变。作为迪庆社会建设的外援性力量，他们在迪庆的解放和社会建设事业中做出了积极贡献，成为迪庆从贫穷落后走向繁荣发展的见证者、亲历者和参与者。

这些外地干部扎根边疆的建设历程本身就是一部生动的民族交往交流交融史。他们与迪庆各族群众在生活上彼此关心、在工作上相互支持、在思想观念上彼此影响，在政治、经济、文化和社会发展领域共同书写迪庆社会变化的实践，与习近平总书记提出的休戚与共、荣辱与共、生死与共、命运与共的共同体理念[②]具有高度契合性。他们的精神品质和建设实

[①] 习近平：《在全国民族团结进步表彰大会上的讲话》，《人民日报》2019年9月28日，第2版。
[②] 《习近平出席中央民族工作会议并发表重要讲话》，https://www.gov.cn/xinwen/2021-08/28/content_5633940.htm，2021年8月28日。

践是见证各民族共同发展、推进中华民族共同体意识深入人心的生动素材。深度挖掘其支援实践，能够生动诠释我国各民族交往交流交融的历史进程，进而引导各族人民树立正确的中华民族历史观和共同体理念，有效铸牢中华民族共同体意识。

与他们的结识，源于我的国家社科基金"铸牢中华民族共同体意识"研究专项"云南迪庆民族工作与铸牢中华民族共同体意识研究（1950—2019）"的调研访谈。2020年末，当我就迪庆政治、经济、教育、科技、医疗、人才等议题对当地民族干部开展访谈之时，几乎无人不提及来自外地的老师、领导、前辈等对他们的关心、培养和深远影响。此外，在拜访曾任中甸县委书记，迪庆州州长、州委书记，云南省民族宗教事务委员会主任的格桑顿珠时，我多次听他讲起樊槐、谢辉英、杨公衍、施杏芳、王境等最早一批内地医疗、教育工作者在迪庆社会事业发展一穷二白的状况下知难而上，同当地群众一起修校舍、建医院、引设备、育人才的感人故事。

2021年2月，我有幸访谈了90岁高龄的原迪庆州委书记邓子俊老人，邓老说："20世纪中后期来到迪庆的外地干部是促进当地社会发展的一个特殊群体。他们在条件极其艰苦的时候进入迪庆，不仅要面对生理上高寒缺氧的极限挑战和艰苦的生活条件，还面临复杂的工作环境。但他们以特别能吃苦、特别能战斗、特别能奉献的革命精神，与当地百姓打成一片，穿藏装、学语言、吃糌粑、喝酥油茶，甚至把家安在迪庆。"他们的事迹，不由得让我深怀敬仰、陡生敬意。

为深入了解这一群体，我们走访了迪庆的各档案馆和图书馆。遗憾的是，仅能在地方文史资料中找到"解放初期，云南省委和丽江地委派遣一批干部到迪庆各县工作""从内地派来大批教师"[1]"滇藏公路中甸段修建之时，调集军工、民工和工程技术人员15896人"[2] 等简要记录。有关这

---

[1] 《迪庆藏族自治州概况》编写组：《迪庆藏族自治州概况》，昆明：云南民族出版社，1986年，第90页。

[2] 迪庆藏族自治州地方志编纂委员会编，刘群主编《迪庆藏族自治州志》（上），昆明：云南人民出版社，2003年，第34页。

一群体的籍贯、人数、身份等基本信息及其在迪庆工作生活的记载更是寥寥。但幸运的是，这一群体中仍有部分人健在，对当年进入迪庆、建设迪庆、扎根迪庆的历程保留着清晰的记忆，大部分人家中还珍藏着大量当年在迪庆工作时的相册、纪念品、日记、回忆录、文稿等。并且，他们的子女大都出生成长在迪庆，对于父母辈的事迹，他们从小就颇为熟悉，是老一辈外地干部的见证者、接力人。

"人类学之所以迷人，不在于堂吉诃德式的田野豪情，而在于与他人的相遇，以及那些在人和人之间发生的，平凡但动人的情感交换。"[①] 当看到曾参与迪庆革命、建设、发展事业的外地干部都已迈入老年，我想，如不抓紧时间记录和整理他们的口述史料，那么，随着这代人的逐渐离去，我们会留下诸多遗憾。作为一名以涉藏研究为志趣的人类学者，不论是基于对迪庆的深厚情感，还是为生动还原雪域高原上的这群外地干部与各族儿女交往交流交融的图景，我最终决定对这一群体开展调研。

本书所说的外地干部，是指经由政府有计划地委派（选派、选调）、自愿报名等形式，于1950年至1979年进入并扎根云南迪庆帮助进行社会变革及党政、教育、医疗卫生、科技、生产、交通等领域建设的内地干部群体。以进入迪庆时间和从事行业划分，本书选定的主体大致分为两类。

第一类是从1950年至1957年自治州成立，为全面解放迪庆、巩固新生政权做出贡献的军人、民族工作队和土改工作队成员。解放前，迪庆还保留着"政教合一"的封建农奴制，民族矛盾、阶级矛盾和敌我矛盾交织。在20世纪50年代初期进入迪庆的外地干部，为了支援迪庆全面解放、实现民主改革，深入基层落实"团结、生产、进步"的工作方针，走村串寨宣传党的民族政策，在说服上层接受改革的同时，自下而上地团结发动群众，帮助迪庆巩固人民政权，和当地各族群众一道书写了迪庆社会制度伟大变革的历史。

第二类是1957年自治州成立后，为加快政权建设和地方发展，以及满足建立新的职能部门的需要，经由组织调配或主动申请而来的党政干部和

---

① 黄剑波、龚浩群、李伟华主编《成为人类学家》，上海：华东师范大学出版社，2020年，第314页。

专业技术人员，涉及党政、科技、教育、医疗、金融、林业和道路建设等领域。总体来说，这批干部受教育程度普遍较高，部分曾是迪庆多个行业部门的开创者、奠基者和业务骨干，他们带着内地的先进技术和思想观念，帮助迪庆的多项社会事业实现了从无到有、从弱到强的转变。同时，他们在实践中培养了一批留得住、用得上的本地人才，助推迪庆社会发展动力实现从外援性向内生性的转变。

"召回主体"是口述史的重要特征之一。其研究价值，并不在于呈现讲述者的日常生活及个体的经历，而在于通过个体的历史去了解其背后的社会，即通过个人记忆的了解进而认识和理解社会整体；此外其能弥补文献资料的不足，并通过与文献资料的互证增强历史的丰富性和生动性。我们采访的外地干部，年龄从69岁至100岁不等，家庭出身、民族成分、文化水平、人生际遇、从事行业各有不同，但普遍支援意志坚定、文化程度高、居住时间长、融入程度深。说起在迪庆工作生活的那段历史，他们无限感慨，也无比怀念，他们基于何种原因进入迪庆，如何发挥所长援助当地、培养当地少数民族人才，遭遇了哪些困难，取得了何种成就，对高原生活工作经历的评价……他们一一道来，本书对此均有如实记录。

遵从口述史工作的规范化要求，我们的工作按以下步骤展开。

第一步，采访录音。根据拟定的访谈提纲，我们到迪庆藏族自治州人民政府驻昆明办事处、迪庆藏族自治州驻丽江离退休干部休养所及访谈人的家中开展访谈。这项工作从2021年1月开始，到2022年3月初基本完成。在这段时间里，我们的足迹遍布迪庆、丽江、大理、昆明、西藏等地，有的地方去过三次，采访的外地干部及其家人、同事等将近60位。虽有提前拟好的大纲，但我们的访谈并不局限于此，主要采用半结构式访谈方式，不时给被访谈人一定的引导。

第二步，将录音整理成文字。在征得被访谈人同意的前提下，每一次访谈，我们都有录音设备及拍摄道具全程记录。访谈结束后，我们边听录音，边进行整理。我们所访谈的外地干部，籍贯不同，南腔北调，对有不理解之处，我们反复进行斟酌。

第三步，将录音整理成文字后，我们再次进行核对，形成最初的口述文稿。由于各外地干部的文化背景、表达习惯各有差异，记忆偏差、因果颠倒、叙述重复、内容缺漏、张冠李戴等情况在所难免，在尽量保证他们表达内容原汁原味的同时，我们也对文稿进行了一些必要的处理，包括：语句、逻辑顺序的调整；方言与普通话之间的转换；深究口述资料真伪，与文献档案互证，并添加注释；从叙述主题出发，添加大标题及小标题；插入部分图片；删除一些与主题无关的内容等。此举的目的是让读者在为数不多的篇幅中，更直观、清楚地了解每一位外地干部在迪庆的工作与生活。

最后一步，将经过一定处理的文稿拿给本人核实，做必要的补充、修改、更正，凡是本人不愿公开的内容，我们决定删除，然后形成定稿。

为写就本书，我们访谈了40余位外地干部，但最终只收录了31位的口述资料。之所以部分人的口述资料没有被收录，一是因为记忆和表达能力所限，口述内容较单薄，不足以支撑起一个单独的文本；二是因为个别内容涉及隐私，被访谈人不愿将内容公开。

由于我们的研究时段涉及迪庆解放初期，选取的外地干部包括部分已故者，所以我们的访谈共采取了两种形式：一是对健在的外地干部进行直接访谈，请他们围绕自己的"进入迪庆—建设迪庆—扎根迪庆"经历打开话匣子；二是对已故的及部分健在但记忆不清晰、叙述内容单薄者，采取侧面访谈的方式，请他们的家人、同事、亲戚、学生等围绕他们波澜起伏的一生和印象深刻的事件进行口述，这些人虽未参与当时的支援建设工作，但亲见其人、亲闻其事。对所有人的采访，我们从了解他们的籍贯、民族、成长经历、支援动因等基本情况入手，再延伸至他们在迪庆的工作与生活经历。为书写每一位外地干部的口述史，我们不止一次，也不止对一人进行过访谈。

本书共收录了26组（31位）外地干部的口述资料。他们来自河南、广东、湖南、湖北、江西、安徽、四川、贵州和云南的不同城市，其中有党政干部，也有科技、教育、文化、医疗卫生、农业、商业、交通等领域的各类人才，还有曾经的中央民族访问团、民族工作队成员和身经百战的老军人。他们为了一个共同的目标——解放迪庆、建设迪庆和发展迪庆，组成了一支庞大的队伍先后奔赴高原。工作几十载，他们用青春和赤胆诠释了"扎根高原、无怨无悔"的铮铮誓言。当然，他们也是新中国成立以来数以万计支援民族地区建设的内地干部的代表。

集体记忆是一个特定社会群体成员共享往事的过程和结果，通过记忆，我们可以获知有关人群的认同体系和社会关系。① 本书以口述史形式重温那段"各民族共同书写迪庆发展史"的岁月，找寻那段历史记忆。在迪庆，外地干部虽历经艰辛，但收获了辉煌。他们以坚韧不拔的精神品质在迪庆社会历史上书写了浓墨重彩的一笔。20世纪中后期的外地干部在迪庆与其他各民族交往交流交融，共同书写迪庆历史的故事，且听他们娓娓道来……

李志农
2022 年 3 月 11 日于昆明

---

① 刘亚秋：《口述、记忆与主体性：社会学的人文转向》，北京：社会科学文献出版社，2021 年，第 208 页。

一　民主改革篇

阿巴老周

周汝泉之子周文孝　口述

我的父亲周汝泉受党的委派，1953年8月来到迪庆时刚满22岁，从此扎根雪域高原，为迪庆奉献了自己的一生。我们身为他的儿女，也秉承父亲的教诲，植根于此，紧跟父亲的步伐为迪庆发展进步尽着一份绵薄之力。在父亲的追悼会上，党委和政府给予他的评价是："周汝泉同志是迪庆新生政权和经济发展的奠基人，民族团结进步的促进者。"这样的评价我理解有两层含义：一是肯定他们那辈人为迪庆稳定发展打牢了政治基础，为社会进步做了大量实事；二是肯定他们培养了许多迪庆本地的民族干部，确保了迪庆党的领导、民族团结、经济发展、社会进步。

图1　周汝泉照片

【简　介】周汝泉，男，汉族，云南大理人，1931年生，2011年逝世。1953 年 8 月进入迪庆工作，1956 年担任中甸县尼西区第一任区委书记，在此期间，他大力宣传党的政策，瓦解了土匪，帮助尼西人民走向社会主义新生活。1963 年调入中甸县政府分管经济工作，修水利、架桥铺路、通自来水、建电站……为迪庆经济的起飞和发展打下了坚实的基础。周汝泉在任期间，全心全意为人民服务，是深受迪庆人民爱戴的"阿巴老周"。

  1953—1955 年 参加小中甸民族工作队；

  1955—1956 年 工作于中甸县人民银行，任副行长；

  1956—1963 年 任中甸县尼西区第一任区委书记；

  1963—1971 年 任中甸县委常委、副县长，分管经济工作；

  1971—1978 年 先后任中甸县计委、县财办主任，县委常委、县委副书记，迪庆州财办主任；

  1978—1981 年 任迪庆州革委会副主任兼财办主任；

  1981—1986 年 任迪庆州副州长；

  1987—1990 年 任迪庆州人大常委会党组副书记、副主任。

  我的父亲在迪庆的工作岗位上奋斗了 37 年。总结父亲在迪庆的工作经历，分为两大段。第一段是进乡走村宣传党的路线、方针、政策，发动群众，清剿土匪，说服土司头人接受民主改革，废除封建农奴制度，建立民主政权。第二段是分管经济工作，为迪庆的经济发展、民族团结进步打基础。他这辈子心中只有党、只有人民，从不计较个人得失，是当地群众口口相传的"阿巴老周"。

"做好事、交朋友"的民族工作队

  云南解放初期，刘少奇同志代表党中央指示新成立的中共云南省委要坚持"团结第一、工作第二"的方针，在平等互助的基础上团结各民族。1950 年 8 月至 1951 年 6 月，中央民族访问团带着党中央对少数民族群众的关怀，为宣传党的民族政策、进一步疏通民族关系，先后访问了包括迪庆在内的 9 个专区 42 个县。同期，党中央还就帮助少数民族发展经济文化、开展民主改革、统一财政工作和培养本地干部等做出指示，从人、财、物等多方面给予了大力援助。1952年，中共云南省委决定派出3支工作队共700余人深入边疆地区进村驻寨，"做好事、交朋友"，宣传党的方针政策。刚刚在鹤庆结束土改工作的父亲，成了丽江专区民族工作队的一员。在经过三个月的有关团结上层、尊重少数民族风俗习惯等政策的培训后，父亲被派往迪庆并被告知要做好长期扎根当地的思想准备。

迪庆地处偏僻，自然环境恶劣。从鹤庆到丽江学习的50多位学员中，最后到迪庆的有40多人。这些人分批进入迪庆，我父亲是第一批。1953年8月，父亲跟随马帮到迪庆，靠脚走了整整7天。

到迪庆后，父亲被分到小中甸贡卓村的民族工作队，围绕"团结、生产、进步"方针开展民族工作。在工作中，按照"多予少取"甚至"只予不取"的政策，一是给群众分发救济粮、衣物等急需物资，二是按照"一少、二多、三公道"（少要、多给、价格公道）原则，以贸易开路，对各族群众急需的商品予以供应并支持发展生产。

工作队背着盐巴、茶叶、红糖，将其分发给当地的困难群众，一开始有些百姓还不敢要，他们害怕被土司、头人责罚，因此工作队走了之后他们会把这些领到的物资交给土司、头人。那时的迪庆，土司、头人还有相当大的势力，他们利用民族感情和宗教感情争夺群众，企图阻止社会改革，保持旧制度。因此，反对"团结、生产、进步"的逆流一直存在，一有机会，便兴风作浪。他们反对工作队做群众工作，并制止群众接近工作队。当政府推广种植洋芋时，他们就造谣"吃洋芋会得麻风病"；当县工委和政府组织群众灭虫时，他们又阻挠说："虫是天降，不能灭，否则更有大灾难。"他们灌输给老百姓的观念是："共产党就像乌鸦一样，我们就像树一样，乌鸦来了之后在树上歇歇脚就走了"。

为了解除老百姓的后顾之忧，工作队每进到一个村子，就先去接近村里的头人，然后一家一家去做群众工作、宣传党的民族政策。工作队积极做土司、头人的思想工作，既维护他们的正当利益，又引导他们回归到人民群众中。走访中，他们带着当地的翻译深入每村每寨，与群众深入沟通。在此过程中，他们也逐步学会了当地不同民族的语言，以宣传新中国成立的新面貌、党的民族政策等。党的政治影响逐步深入人心，老百姓们都在说："共产党不是树枝上的乌鸦，不会歇歇脚就走。"

图 2　1975 年周汝泉（后二排右二）参与中甸县革委班子实地调研工作

尼西剿匪

1957 年 3 月，迪庆实行民主改革期间，反动奴隶主叛匪在大中甸天生桥四村杀害工作队队员杨念才、李士奇、赵超伦[①]、普建中等同志后[②]，在上四境[③]内先后叛乱。这一时期，土匪们为躲开解放军，不走江边的大路，经常从山头上行走，因此坐落在金沙江畔高山之巅的尼西就成了土匪们经

---

① 赵超伦，赵宝鹤之子。赵宝鹤，藏族，中甸县首任公安局局长，1957 年当选为迪庆州副州长，兼任中甸县县长。
② 1956 年 11 月，中甸归化寺（今噶丹·松赞林寺）的少数反动上层和僧侣在寺内召开布拉会议，准备发动大规模的武装叛乱。赵宝鹤闻讯立刻赶来劝说。1957 年 3 月 3 日，叛乱爆发前夕，赵宝鹤仍然为制止叛乱做最后努力，找到松谋活佛，但松谋活佛已无力控制局面。赵宝鹤及时向县委和丽江地委汇报，同时抓紧做好平叛工作。3 月 6 日，叛乱爆发。
③ 雍正二年（1724 年）清政府正式将中甸改隶云南，旋改土归流。五年（1727 年），沿旧制将其划为大中甸、小中甸、格咱、尼西、江边五境，前四境又总称上四境。

常出没的地方，是他们出入的必经之地。

当时，尼西境内的土匪约有500人，以龙巴拖巴格弄为首，搅得当地民不聊生。尼西道路上设有埋伏、电话线被砍断、通信联络受阻，人们的安全受到威胁，白天大人们下到村里干点农活，晚上又回到林子里躲藏起来。根据中共云南省委和丽江专区专员公署党委的指示，父亲于1957年3月中下旬被调到尼西担任尼西第一任区委书记，配合解放军进乡走村宣传、发动群众，组织群众清剿土匪，打击黑恶势力，摆脱封建农奴制度桎梏，说服土司、头人进行民主改革。

在徒步到尼西的途中，县工委电告驻地民族连前来接应。土匪得知后，在尼西南当松树林中伏击。匪首被当场击毙，匪徒伤亡两人，民族连也有两名战士为了保护父亲而献出了生命。

尼西的生活条件相当艰苦，工作环境非常危险。尼西区政府驻地四面环山，机关建在环山脚下，从安全保卫的角度来看地势十分不利，再加上驻地无水，饮用水要到几百米远的半山坡去挑，干部战士饮用水都要限量，而敌人的冷枪实弹威胁着他们的安全。

为了尽快清剿叛匪，父亲作为一名政工干部总是枪不离身，晚上睡觉也是抱枪和衣而睡，有情况立马举枪投入战斗。为了加强戒备，父亲把全村的火枪和长刀都集中起来，分配给年轻力壮的男青年，将其组成联防队，保卫家园。在民族连全体官兵的保护和当地群众的支持下，区政府安全得到保证，人民财产没有遭受损失，支援前线的马帮在境内畅通无阻。

此外，为了在思想上瓦解土匪，父亲带领工作队全力宣传党的方针政策与实行民主改革的重大意义，可谓在工作中"上山要平叛，下山要改革，既要当武工队，又要当工作队"。对靠拢政府、回归群众、思想进步、积极拥护民主改革但受到土匪和黑恶势力威胁的土司、头人，如昌巴、恩珠等，将他们从家中接到区、县里保护起来，给他们分配住房、发放工资，解除他们的后顾之忧。对坚持反动立场、屡教仍与人民为敌、破坏民主改革的顽固分子坚决绳之以法。土匪头子在了解了党的政策后，主动投降。其他土匪见势单力薄、大势已去，或主动投降，或在逃亡途中被我军缴械。尼西的土匪就这样瓦解了。

顶住压力，开仓放粮

"大跃进"时期的日子十分艰苦，"三年超英，五年赶美"的奋斗目标，让浮夸风一时甚嚣尘上：在农业上，提出"以粮为纲""人有多大胆，地有多大产"，粮食亩产量层层拔高；在工业上，掀起了"全民大炼钢铁运动"；随着公共食堂的成立，四亿多中国农民吃起了大锅饭，加上几年间接踵而来的洪水和干旱，群众的生活陷入严重的困难中，饥荒在全国蔓延。

国内刮起的"禁户起火，由村寨开办大食堂，社员（村民）进大食堂吃大锅饭"的共产风也刮到了中甸，一夜间不准家户开火做饭，由生产队办大食堂，社员到食堂免费吃大锅饭。许多牧民清晨将牛羊放牧进山，中午还得跑几公里，甚至十几公里返回村大食堂吃饭。中甸地广人稀，村民居住分散，吃饭时间老少均得从远近不一的地方赶回生产队大食堂就餐，不仅不方便、费时费力，还影响群众生产。

作为国家干部，父亲首先把国家发的定量口粮交公到大食堂里，跟群众一起吃，跟群众一起穷。父亲说："群众没有粮食，干部不能讲特殊，要和群众一起同甘共苦，在艰难困苦的时候能够跟群众一起共进退，群众才会相信党和政府，进一步拥护党和政府，听党的指挥。"

为了解决粮食问题，父亲顶住压力开仓放粮。当时尼西有一个仓库，存有粮食、酥油、饲料等物资，由副区长负责管理。虽然群众在挨饿，但是他仍以国家战略物资不能动为由不敢开仓放粮。对此，父亲就和当地干部一起研究，最后得出的方案是：留下次年春耕基本物资后开仓放粮。这一措施的出台，灵活分配了仓库里的粮食，解决了群众饿肚子的问题。

同时，他深入群众进行调研，主张撤销大食堂，恢复各户开伙，并把归为集体所有的牛、猪等又分给了各家各户。当时这种"家家起火、户户冒烟"的做法遭到一部分人的反对，说撤销大食堂是违背"鼓足干劲，力争上游，多快好省地建设社会主义"总路线的行为，是反对"三面红旗"的行为。父亲据理力争说："这要是违背群众意愿，不切合尼西的实际，违背社会发展规律，必须立即终止，上级追究，个人愿担责。"不久，等来的不是上级追责，全国停止了生产队办大食堂、社员免费吃大锅饭的错误做法，恢复了"家家起火、户户冒烟"的做法。

迪庆经济发展的奠基人

在父亲的追悼会上，党委和政府给予他的评价是父亲是迪庆新生政权和经济发展的奠基人，是民族团结进步的促进者。我理解这句话有两层含义：一是他们那辈人的确为迪庆发展打牢了政治基础，做了大量的实事；二是他们培养了很多继续为迪庆做贡献的本地人才。

首先是我父亲为迪庆的经济发展、民族团结进步等做了许多好事。1965年，到中甸县政府担任副县长后，我父亲主要分管经济工作。20世纪60—80年代，生产力滞后，交通不便，运输状况紧张。为繁荣市场、满足人民群众生产生活需求，县里在财政紧张、技术不足、人才缺乏、没有经验的情况下，采取"自力更生建场地，开源节流筹资金，选送人员到外地学习，让有经验的人传、帮、带"等措施。迪庆的水泥厂、农机厂、木材加工厂、食品厂、奶粉厂、饼干厂、烤酒厂、鞋帽厂等逐渐建立起来，起到了丰富市场、满足需求、促进就业的作用。迪庆开钨矿、修水利、架桥铺路、通自来水、建电站等，都是从我父亲这代人开始的。记得建自来水系统的时候，我父亲带队去东北学习。因为东北的气温偏低，和迪庆相似，迪庆的自来水系统怎么来做，是从东北那里学来的。

其次就是培养人才。我父亲他们这批干部来迪庆的时候，当地的少数民族干部极少，国家机器的运转主要是靠外地干部来实现。他们把少数民族干部慢慢地培养起来，把社会经济发展起来，把文化事业培育起来。当时为数极少的少数民族干部大部分是从部队转业的，做经济工作、教育工作、卫生工作等少不了内地输送的大批干部，特别是教师、医生、工程师等专业技术人员，并通过他们慢慢地把当地的社会发展带动起来。在父亲这辈人的努力下，发展了党员、发展了团员，逐渐培养起了一支本地少数民族干部队伍。到了我们这一代以后，很多本地民族干部已经成长起来了，确保了党的事业后继有人。通过这样的传承，干部与群众之间没有距离了，群众懂得了外地来的干部是为当地发展做贡献、为当地人民谋幸福的。

因此我觉得迪庆新生政权和经济发展的奠基人并不单指我父亲，而是指当时给迪庆带来翻天覆地变化的那一批人。那个时候因为新的政权刚刚建立，经济发展比较滞后，从内地来的干部就是迪庆的第一批干部，很多东西都是在他们手里从无到有、从一到二地建立起来的，他们的工作维护了民族团结，巩固了新生的政权，奠定了迪庆各项事业的发展基础。

图3　1984年周汝泉带队到上海洽谈经贸协作留影

当地人的"阿巴老周"

说到与当地老百姓的交往交流交融，我的父亲是数一数二的。

首先，我父亲的藏语讲得好，甚至超过了本地人，可以用"如汤汤流水"来形容，一些藏族谚语都说得头头是道。除了藏语，他的纳西语、彝语也讲得很好。所以日常和老百姓沟通的时候，他从不需要翻译。我们这些从小在迪庆长大的，都达不到我父亲这种水平。

其次，他心中始终有当地老百姓。他在尼西任区委书记时，有一批残疾人，这些人在旧社会大都被作为奴隶使唤，没有多少生活技能。我父亲说，对这些人一定要从长计议，更要让他们过上好日子。父亲把这些残疾人组织起来，请师傅教他们缝纫等劳动技能，解决了他们的基本生活问题；对于孤寡者，还给他们牵线搭桥，让他们结婚成家。这样这批人即便年老后也会老有所依，减轻了国家的负担。例如，聋哑人卓玛在组织的牵线搭桥下，与有残疾的扎西组建了家庭，现在①这两位老人仍然健在，而且儿孙满堂。格桑家有两个和尚，参加过1957年的叛乱，他的家人很担心受到牵连。父亲说："参加叛乱的已经受到了该有的惩罚，家里的父母兄弟没有参加叛乱，是另一码事。"这家人因此没有受到牵连。在当时的环境下，父亲能够这样处理问题，说明他的政策水平很高，能够对政策做到充分的把握。

最后，父亲能和当地的老百姓打成一片，真心交朋友。我父亲到中甸工作以后，我们家住在中心镇。那时候交通不便，一些从尼西来中甸县城赶街②的老百姓路过我家，总会在我家里吃顿饭或留宿一两个晚上。老百姓往往会自带酥油，我们则拿出仅有的麦面、青稞面等。虽然当时的生活条件极其艰苦，但因人与人之间这种真挚的感情，生活也有滋有味。

当地人都称我的父亲为"阿巴老周"，"阿巴"在藏语中是爸爸的意思，每次提到我父亲他们都会竖起大拇指。直到现在，老人们问我是哪家的，我说是周汝泉的儿子的时候，大家都会称赞我父亲是个非常优秀的人，在这个地区苦了一辈子，从来不计较个人得失。所以从这些小事上来看，我父亲的的确确跟当地百姓之间的感情是非常好的。

---

① 指2021年，下同。
② 赶街即赶集。

舍小家为大家

我的父亲很少说起自己,最爱说的就是让我们好好工作。他的工作很忙,平时主要是母亲照顾我们。在我们小时候,他就教育我们,要清清白白做人、光明磊落办事,勤恳地工作。他对我们要求很严,从不利用自己的职务之便为家人谋私利。

图4 1975年周汝泉(左二)参与中甸县革委班子学习研究工作

我的母亲随父亲一起来到迪庆,一开始在尼西的缝纫厂工作,后来父亲到中甸工作后,又随父亲调到了中甸的高原缝纫厂。高原缝纫厂倒闭后,身为副州长的父亲,没有给她转岗安排其他工作。她没有工资,没有医保,也没有退休金。直到2011年我们兄弟俩帮她补缴了社保,她才有了基本的生活保障。父亲干了一辈子革命,当了一辈子的干部,为无数的人民群众解决了实际困难,但没有给自己的妻子谋一份差事。我们家的住房也是一样,在机关住房困难时期,我父亲曾五次将组织分配给他的住房让给无住房的下属居住,自己则一直租老百姓的房子。父亲就是这样的人,从不以权谋私,一辈子都保持了为人民服务的革命本色。

可以这样说，我的父亲从年轻时候就来到了迪庆，在这个地方奉献了自己的青春、奉献了自己的一生。我们身为他的儿女，出生在这里、成长在这里，也留在了这里，成了一个地道的迪庆人。

访谈时间：2021 年 6 月 27 日
访谈地点：迪庆州民政局
访 谈 人：李志农、陈经宇、张辉
记 录 人：陈经宇

高原就是我的家

殷全安、钱福弟之子殷著虹　口述

我父亲是河南延津人，母亲是云南鹤庆人，我在香格里拉长大，每当被问到我是哪里人时，我爱用父亲最爱唱的那句歌词——"祖国到处到处是我的家"来回答。

【简　介】殷全安，男，汉族，河南延津人，1919年生，1990年逝世。曾在山西省屯留县（今屯留区）水泉村参加共产党领导的抗日民兵武装，任情报员和民兵队长；1945年正式被编入中国人民解放军第14军42师126团，任侦察排副排长，参加过淮海战役、渡江战役和解放大西南战役等。1950年转业到鹤庆县政府工作，1953年调到迪庆工作，先后就职于中甸县金江区老虎箐铁厂、县民间运输管理站。1981年离休。

1953—1957年　工作于中甸县金江区委，任金江区委委员、迪庆州第一届人民代表大会代表；

图1　殷全安照片

1957—1959 年　调至中甸县金江区老虎箐铁厂，任厂长；
1959—1981 年　工作于中甸县民间运输管理站，任站长。

钱福弟，女，汉族，云南鹤庆人，1929 年生，2001 年逝世。1953 年参加土改工作队来到迪庆，先后就职于中甸县人民医院、大中甸公社吉迪大队农村卫生室、县妇幼保健站。1984 年退休。

1953—1959 年　参加土改工作队，在中甸县金江区委工作，其间担任金江区卫生所所长；
1959—1967 年　工作于中甸县人民医院，任护士长、医院团支部书记；
1967—1973 年　工作于中甸县大中甸公社吉迪大队农村卫生室；
1973—1984 年　调任中甸县妇幼保健站负责人，后被任命为副站长。

图 2　钱福弟照片

骑马挎枪走天下，祖国到处是我家

我的父亲是"旧社会吃过糠，抗日战争扛过枪，解放战争负过伤，建设祖国渡过江"的南下军人。流传于 20 世纪 60 年代初的一首革命歌曲中有这样一句，"骑马挎枪走天下，祖国到处到处是我的家"。这是我父亲最爱唱的一句，也可以说是他一生的写照。

我父亲殷全安，1919年出生在河南省延津县丰庄镇殷庄村的一个贫苦农民家庭。延津县地处黄河北岸的平原地带，1938年为阻止日军西进，蒋介石"以水代兵"，下令扒开位于河南郑州的黄河南岸渡口，至此老家被洪水淹没，祖母只好带着父亲背井离乡，逃荒要饭到了山西省屯留县水泉村，当起了长工。1940年日寇横行于中原大地，禽兽不如的日本鬼子试图欺负我祖母，气急之下父亲抡起镢头向日本鬼子脑袋砸去，日本鬼子死了，而父亲却惊恐不安。当区委领导得知这一事件后，找到了我父亲，夸赞他说："你是好样的，做了一件中国人应该做的事。"从此，父亲便走上了革命道路，先是担任八路军的情报员和民兵队长，投身到了当地发展抗日武装的战斗中。1945年解放战争开始后，父亲被正式编入中国人民解放军第14军42师126团，成了一名光荣的解放军战士和共产党员。1949年底，父亲随部队来到云南，参加了解放大西南战役。1953年，父亲转业到鹤庆县政府工作，后被派往丽江地委党校学习文化，学习结束后便被调到了中甸县金江区委工作，后担任老虎箐铁厂厂长。自那以后，迪庆成了父亲的第二故乡，他一生和高原上的各民族同胞结下了不解之缘，中甸县也就成了我们的家。

家母钱福弟，1929年11月出生在鹤庆县城，外公外婆养育了六个孩子，母亲排行第五。那时，家里的生活主要靠外公制作银器和大舅在外工作的收入维持。那时鹤庆县城的一般家庭是不供女孩读书的，但外公外婆见母亲聪慧好学，便准许她到私塾学习。母亲勤奋好学，两年后便能写会算，有了文化基础。1949年7月1日，鹤庆县解放以后，母亲加入了中国新民主主义青年团（中国共产主义共青团前身），被街坊邻居推举为街长。尽管那时的街长是没有薪水的差事，但母亲并未因此而辜负大家的信任，她带领着街坊四邻响应政府号召，维护社会秩序，宣传党的政策主张。1952年，母亲背着破旧的行装跟随民族工作队到了丽江地委党校学习，学习结束后在中甸县金江区委参加土改工作。1955年，她被任命为中甸县第一个区级卫生所的所长。1959年，又被调到了刚组建不久的县人民医院，被任命为医院护士长。

父亲和母亲是在党组织介绍安排下恋爱成婚的，对此父母在世时常对我们兄妹三人说:"没有共产党,就没有我们这个家。对党要有感恩之情。"我和弟弟、妹妹三人在中甸出生、长大、工作,当别人问起的时候,我们总说:"我们是中甸人!"用父亲的话来说,"旧社会落难逃荒,为解放当兵打仗。跟着共产党走,走到哪里,哪里就是咱的家"。

图3 1955年钱福弟(前排右一)、殷全安(后排右一)等迪庆干部在丽江学习

注:前排从左至右依次是徐洪、母镜伟、倪良才、段金代、孙接义、钱福弟;后排从左至右依次是李士奇(被土匪杀害)、和则义、李永林、胡尚义、赵家壁、殷全安。

山间铃响马帮来

1965年以前,中甸境内新修筑的公路仅有3条①。绝大多数地方的交通运输还得靠人背马驮。为体现党中央对边疆民族地区的关爱,把生产生活物资运输到各偏远地区,中甸县委决定组建民间运输管理站(以下简称

---

① 即丽(江)中(甸)公路、中(甸)德(钦)公路和中(甸)乡(城)公路。解放前,迪庆境内没有一寸公路。1956年西藏发生叛乱,为了满足平叛需要,中甸至乡城公路1957年竣工。1958年4月30日,丽江至中甸公路全线竣工。1958年9月修通中甸至德钦县城公路。

· 17 ·

民运站），其主要任务是发动组织马帮、开辟运输线路、协调运力调度、安全运送物资、统一结算运价、发放国家对赶马人及马匹的补贴等。后来，随着民间交通运输网的铺开，中甸的马帮队伍在国家和集体的共同扶持下发展了起来，1960年全县从事长途运输的驮马有1513匹，民运站也修建了自己的办公基地。这一时期，与父亲在民运站打交道的大多是赶马人。

解放初期的民运站设在县粮食局院内，那时中甸结束平叛斗争还不久，办公地点是简陋的两顶帐篷，粮食局大门由荷枪实弹的民兵把守，工作人员都配有枪支。当时，民运站宽敞的院坝内钉着许多马桩，上面拴着一排排的高头大马，随时可以听到马铃声声和吆喝阵阵。来来往往的都是些穿着民族服装的赶马人，他们中有叼着长烟杆、披着黑披毡、体格健壮的彝族汉子，有扎着绑腿、穿着羊皮褂子、精神抖擞的纳西族小伙，还有留着长辫子、系着楚巴、体魄雄健的藏族男儿。经常会遇见刚进城的马队，马身上挂着迎风招展的彩旗，赶马人的歌声此起彼伏。也会看到正准备出城的马帮，马背上驮着沉甸甸的物资，赶马人总会把头马打扮得充满喜气，再在所有的马身上都挂上能发出悦耳声响的马铃，又是一派气宇轩昂的景象。还有歇息的马匹和休息的赶马人，他们有的在那里削马蹄、钉马掌或治疗马伤，有的在那里饮马水、喂马料或整理马鞍。有时还能见到赶马人拉弦、唱歌、吹芦笙、跳锅庄的场景。那时在民运站大院里，总有马帮队伍来来回回，大院里的帐篷总是随赶马人的来和去，不断拆拆建建。那些各式各样、具有不同民族风格的帐篷成了县城的一道风景，总感觉搭建帐篷的地方，一年四季火都不会熄灭。就是这些在风风雨雨中来来回回的马帮队伍，把各种生活物资、生产用具、学习用品、医疗物品等源源不断地带到了村村寨寨、家家户户，把农村的农副产品聚集在一起带到了城里，所以当时的民运站被称为"人民运输线上的桥头堡"。

1971年，民运站的工作似乎比过去更忙了，除了马帮运输外，还有了马车运输，也就是在那时，我对马帮有了更深的理解和认识。来来往往的赶马人常到我家歇息，他们会带来尼西的干毛桃、五境的核桃、三坝的柿饼等。也是在那时，我第一次尝到赶马人在火塘上烘烤的火烧粑粑，第一次吃用铜锣锅焖煮的苞谷"拷拉"饭，第一次喝藏家人用自酿青稞酒煨煮的酥油汤。中甸地区山高谷深，在那交通极为困难的年代，马帮驿道异常难行。记得父亲曾说过，那年他翻越雪山到三坝时，忘了戴手套，过雪山时，两只手冻得像被刀割过一般，靠包里的一双毛袜才渡过了难关。至此，父亲让我懂得了赶马人的艰辛，我想，这也是父亲总是对赶马人特别好的原因吧！

1981年，父亲离休。民间运输管理站改名为交通运输管理站，而马帮和马车也在逐渐消失。2007年11月，我被抽调参加州委组织的"千名干部入户促小康"活动，到三坝乡哈巴村工作，这里是父亲当年工作过的地方。一本当年的工作笔记本里夹着一张村民向父亲借款的票据，借款人已经过世，他的女儿已经是县公路局的工程技术员，他家里的两个孙子都有了自己的小汽车。在笔记本中父亲记录下了1975年7月中甸县享有国家补贴的马帮数据，上面写着："尼西公社：驮马159匹，赶马人23人；五境公社：驮马50匹，赶马人10人；三坝公社：驮马60匹，赶马人10人；大中甸公社：驮马30匹，赶马人5人。"

独克宗古城边上开挖的第一口水井

民运站驻扎在独克宗古城外北边。那时整个古城的人家，生活用水都只能到古城大龟山脚下的水井汲取，"水井边"便是这个地点的代称。古城水井边熙熙攘攘，街道上都是背水妇女的身影，给我留下了深深的印象。

父亲为取水的事伤透了脑筋。民运站离水井边较远，马帮来了人要喝水，马也要喝水。赶马人既缺少背水或挑水的器具，也不会用扁担挑水。那时我们家里盛满水的桶往往会被赶马人"借"走，而"还"来的却是空桶；家里的水桶往往会"不翼而飞"，寻回来的桶却沾满了马料和麦麸。见家里水经常被"劫"，父亲从不责怪赶马人，还教育我要热情对待赶马人。后来他让单位购买了一口木缸，自己带头挑水，将木缸灌满，以方便马帮用水。但这害苦了单位的职工，因为赶马人从不主动挑水补给。为彻底解决民运站人畜饮水困难问题，父亲做出了一个让人意想不到的决定——在单位院子里掘一口水井。

1964年的春天，父亲开始了一场艰苦的掘井鏖战。在当时的县城范围内，这是第一口人工挖掘的深井，可挖井的仅有父亲单位里的六七名职工，他们中也许只有父亲见识过北方掘井的场面。但北方地质与中甸有着天壤之别，正因如此，挖掘井的工时长、开挖难度大。父亲和他的同事们使用简单的挖掘工具，每天进行挖掘。一个星期之后，在院子里刨出了一个大坑。经过了两个多月的奋战，终于有水涌出，此时这口井已经超过了7米多深，挖掘出来的泥土已经填平了附近的一个大坑。接下来要把井里的泥水淘干，用石头把井壁圈起来。而要把这宽口大井圈围成一米口径的井，需要很多石料，耗费许多工时。经过十来天的持续奋战，井砌好了，可井里的水却很浑浊。不知是谁出了主意，说石灰能消毒，还能镇住浑水，于是用马车拉来了两筐生石灰倾倒在井里。顷刻间井里的水像煮沸一样翻腾起来。第二天井水确实清了，却异常苦涩，让人无法下咽。

经历了挫折，父亲像变了个人似的，少言寡语、闷闷不乐。有人暗地里说父亲劳民伤财，也有人告诉父亲："中甸县城受水文条件限制，饮用水只能是水井边。"之后这口新开凿的井里的水，仅仅作为菜地浇水、牲畜饮水和洗涤之用。

次年，一支雷达部队住到了民运站，见到解放军到来，父亲显得很高兴，对他们说："我也曾是解放军战士，解放后到地方了。你们住到我这里，条件很差，吃水很不方便。"可他们却说："很方便的，院里就有井水，我们都喝了两天了。"父亲感到诧异，当即尝了尝井水，让他高兴的是这井水非但不苦，还很甘甜。这才明白原先井水苦涩是因为投放了太多石灰，而经过一段时间的新陈代谢，水质已悄然改变。

消息很快传开，古城北门街一带的背水人不再舍近求远，而都来到了民运站取水，从此这里便更热闹了。见取水的人纷至沓来，父亲打心底里高兴，他特地摆放了一只水桶在井边，方便人们提水。同时为了安全，又亲手做了个木板井盖。接着还搭建了一个放水桶的架子，以方便背水人搁水桶。自那以后，古城的人更喜欢到民运站来淘洗麦子，因为淘洗完麦子后,可借用马帮的帐篷来晒麦子。而看守麦子的,都是和我年龄相仿的小伙伴,那时我很喜欢他们的到来,边看守麦子,边玩游戏,真感觉到是水井给我们带来了乐趣。

转眼到了1971年,那时很多单位都有了水井,可这年是中甸的大旱之年,很多水井都已经枯竭了,就连水源旺盛的水井边也要排队舀水。而民运站这口井里的水依然丰沛,所以更远地点的人,都到这里来取水。两月之后,这口井也不堪重负,水位大幅下降。一个星期天我从中学回到家里,准备洗衣服和被褥,父亲得知后,不允许我使用井水,说:"要洗衣服可到龙潭河去洗,井里的水要留着给背水的人。"弟弟听后便有了个坏主意,他把歇水桶的木架子给拆了。父亲见到别人无法背水时,便认定这事是我干的,硬是揍了我一顿,说我不热爱劳动人民。但这事之后,我更深切地懂得,出身于贫苦农民家庭的父亲对劳动人民有着质朴的感情。

共产党的"门巴"(医生)真是活菩萨

我的母亲钱福弟,云南鹤庆人,1953年随土改工作队来到中甸县。在中甸她先后担任金江区卫生所第一任所长、县人民医院第一任护士长。母亲能担任这样的职务,并不是她有多高的文化水平和高超的医术,而是全靠党的培养和信任,还有她在工作中的勤奋和努力。要不然一个仅有两年小学文化的她,要在医务界和知识分子的队伍中发挥党员先锋模范作用是很难的。母亲是1954年入党的,一位老同志曾告诉我:"你爸就是你母亲的入党介绍人之一,你母亲的《入党申请书》是她咬破手指,用自己的鲜血写成的,她对党有着深厚的感情。"

在20世纪60年代初期,历经三年严重困难,在中甸现飞马塑像所在地到古城的路上,都是由四川乡城逃荒而来的藏民,他们沿着路两边的机关单位挨家挨户地乞讨。居住在县医院的我们家每天都要打发三四拨上门的乞讨者。开始父母都还乐善好施,可后来我们家也因粮食供应紧缺而陷入了困境,父母只好对乞讨者采取躲避的方式。那时母亲又生了一个妹妹,我姨妈也带着表哥从老家来到我们家,家里的粮食越发紧张,为此母

图4 1955年钱福弟（中间）与一同在丽江学习的土改工作队成员

亲和姨妈经常到野外挖一些野菜回来，把野菜煮熟、切碎后，揉进洋芋团子或米饭团子让我和弟弟充饥。

一天，一位披头散发的乡城妇女来到我们家乞讨，我见她羊皮藏袍里包着一个露出小脸的婴儿，而当她用带血的双手推开我的家门时，我被吓得惊叫起来。住在隔壁的母亲的同事刘世美阿姨闻讯赶来，她意识到这是一名刚刚生产的产妇，叫我马上去把我母亲找来。后来我才知道，那名妇女刚生下小孩，而满手的鲜血是她自己接生所致。母亲当时是县医院的护士长，她立即把这名妇女接去了产科。而刘阿姨则忙着为这名初为人母的藏族妇女生火做饭，待我母亲和这名产妇从产科出来时，好心的刘阿姨把一大碗热腾腾的荷包蛋端到了这名妇女的面前。母亲从家里翻出我妹妹穿过的衣物和用过的被子，包裹好婴儿。这是我平生第一次见到新生婴儿，我清楚地记得那是一个男婴。当我母亲把包裹好的婴儿送到这名产妇怀里时，这名妇女感动得流下了泪水，只见她跪在了母亲和刘阿姨面前，最后被在场的人搀扶了起来。

次日，县医院党团支部为这名产妇进行了一次募捐，而在那个食物极其紧缺的年代里，谁都没有能力拿出更多更好的东西。记得大家捐赠的东西都是二三两的面粉或大米。我母亲作为党员和团支部书记，在捐赠活动中把家里仅有的一坨红糖捐了出去。

当天下午，我母亲和她同事带着这些捐赠品去寻找那名产妇，临行前母亲还特意叫上了我。到了距县医院不远的军马场（现市区电视塔山后），只见山坡下黑压压一片全是用牛毛毯子搭建的帐篷，而居住在这里的也全是从乡城逃荒而来的藏民。

母亲她们很快找到了那名产妇的住所。我们走进帐篷，只见那名妇女抱着婴儿躺卧在火塘旁，而仅仅过去一天，那包裹婴儿的襁褓就已经被弄得脏兮兮的了。母亲坐下后揭开了火塘上架着的铁锅的盖子，拉上我说："你看看人家吃的是什么？可你饭团里加了野菜就不愿吃！"我一直不能忘记，这名产妇家中煮着一锅拌上糌粑面的灰灰菜。

之后，母亲为产妇和婴儿做了检查。当我们要离开的时候，这名产妇也走出了帐篷，她拉上我母亲的手不肯放下，见她把脸紧紧贴在母亲的手心，眼眶里滚落下泪珠。之后她又捧着我的脸，亲吻我的额头。

母亲作为一名"门巴"，有产妇生了双胞胎，没有被褥，她把家里的被子拿去包裹婴儿；有病人急需营养品，她把家里珍藏的红糖、奶粉送给病人；遇上危重病人时，她毫不犹豫地挽起袖子，叫医生抽她的血输给病人。那时，在母亲的带动下，县医院团支部成了医院的"血库"。记得县医院从古城搬到新址后，规定病房里不允许烧柴火，母亲就带着护士们挖坑和泥。她们把碎木炭和进泥里，然后再捏成一个个炭泥团并将其晒干，用来烧火取暖，提高病房的室温。一位藏族老阿妈感动地说，"共产党的门巴真是活菩萨"，亲切地称妈妈为"妈门巴"（医生妈妈）。

大雪救母婴

20 世纪 60 年代后期，母亲被安排到距县城很远的藏族聚居区吉迪大队卫生室工作。刚到吉迪时，母亲住的是楼下关牛、楼上四面没有窗户的仓库。那段日子里，我常常看到母亲和大队赤脚医生们忙碌的身影，他们有时踏着积雪翻山越岭，有时披星戴月走村入户。在吉迪大队卫生室，和母亲一起工作的还有当地村里的赤脚医生诺基阿姨。虽说是卫生室，但母亲和诺基阿姨却不是每天坐等病人上门，而是常常规律性地背着药箱到各个村落里巡诊，有时还得参加集体生产劳动。1972年春节前，大队部院子里的人都回家去了，就剩下我们一家人冷冷清清的。我对母亲说："咱家也回县城里过年好吗？"可母亲却对我说："我们走了万一村里有个急症病人该怎么办？"那天傍晚还真有位村里的木工师傅急匆匆地来到卫生室，说他妻子可能要生产了，要我母亲马上去看看。母亲听说后连忙叫人把诺基阿姨叫来，自己准备了医疗器械和药品，吩咐我照看好弟弟和妹妹后，很快就上路了。母亲她们走后，天开始下起了雪，而她们去的地方是需翻过山的孜尼小队。当晚我们兄妹为等母亲归来一直熬到了深夜，可煤油灯里的油都熬干了，院里还是没有一点动静。第二天当我们醒来时，遍野都已被厚厚的积雪覆盖，直到下午才见母亲和诺基阿姨回来。因为怕阳光下的白雪刺伤眼睛，她们把头巾包在脸上遮挡着眼睛，鞋子和裤腿都结上了一层厚厚的冰。春节后，藏族木匠师傅特地送来了酥油、糌粑和一个盐茶盒。那个盐茶盒做得很精致，还涂了橘红色的油漆，那时我才知道那天他的妻子难产，小孩子生下来就不会啼哭，是我母亲用嘴吸出婴儿口腔和呼吸道里的异物才使他获救。对于他的诚意母亲推辞不掉，就把定量供应的红糖送给了他。

1973年5月，母亲在回县城购买供应口粮的途中，从颠簸的拖拉机上摔了下来，造成了腰椎严重骨折。由于身体原因，1973年底母亲被调到县城附近的解放大队卫生室工作。这一年县里的干部来慰问母亲时，母亲说："这里离县城很近，许多患者都直接到县医院了，所以工作很轻松的。"事后大队干部很不高兴地责问母亲："你怎么不把工作说得艰苦一些，也好得到上级的关照。"母亲回怼道："共产党员就是要说老实话、当老实人、办老实事，哪有欺瞒上级的道理？"

一个月后，母亲被安排到县里组建县妇幼保健站，并担任保健站领导。刚一上任，母亲就系上自制的护腰带，带上同事到各公社巡诊和调研。掌握第一手资料后，母亲提出了组建妇幼保健站的建设性意见。改革开放后，中甸县妇幼保健状况得到了极大的改善，群众优生优育的观念不断强化，保健站医护人员在保障妇女儿童的身心健康方面发挥了积极作用。

1984年，母亲退休。在单位职工欢送母亲的退休座谈会上，有人问母亲："您这一辈子接生过多少个孩子？"母亲回答道："我确实不记得把多少个婴儿带到了这个世界。"但母亲说出的两个数字却让所有人大为赞叹，在她40年的医务工作中，她所接收的产妇，没有一例因难产而死亡，也没有一例因产褥感染而死亡。

图5　1995年云南省委、省政府授予钱福弟的荣誉证书

不忘先烈，懂得感恩——父亲对我的教育

记得1971年4月，我从鹤庆县回中甸一中读书，那时正值清明前一天。我背着行李，父亲提着挎包，前往县一中报到。

那时我们家住在独克宗古城边，到一中要走很长的路，行至龙潭河边时，父亲便停下了脚步，他若有所思地看着河边几株被剪去了树枝的柳树。我知道那是古城里的人家新剪的，他们剪下柳枝拿去做清明祭祀的坟标。突然父亲放下手中的挎包，爬上柳树也折下了几根枝条，对我说："咱们先去上个坟好吗？""上坟？"父亲的话让我一头雾水，他是北方人，母亲来自大理鹤庆，在中甸没有已故的亲人呀！父亲指着前面的路说："前面有一片坟地，葬在那里的都是为修滇藏公路而牺牲的工人，他们的家乡很远，都没有亲人，咱俩顺路先给他们插根柳枝，再上学校去。"

当我们走到进入中学小路的岔口（今长征大道与江克路交会处）时，见路旁的山坡上是一片墓地，我粗略地数了数，有30多座坟茔。父亲对我说："这里葬的都是修筑丽（江）中（甸）公路时牺牲的工人，还有一些葬在冲江河那一带。为修公路，有多少人献出生命。他们是为你们这代人的幸福而牺牲的，咱得永远记住这些人。"说完父亲叫我放下行李，他郑重地把柳枝分别插在了各个坟头上，叫上我在坟前立正，鞠躬致意。

图6　殷全安（左一，右一为钱福弟）一家三口（摄于1957年7月）

那一天，我成了一名中学生，可我却忘不了父亲在我进中学前给我上的那堂"课"。入学第二天，学校组织我们到烈士陵园扫墓，我跟着老师和同学的队伍，再次经过那片安葬着筑路工人的墓地时，中甸公路养护总段的干部职工们正在那里举行扫墓活动，为死者敬献花圈。而父亲插在坟头上的柳枝仍在纷纷细雨中轻轻摇曳着。从那以后，每当我经过那片墓地，都会对埋葬在那里的英魂心存敬仰。之后，父亲和几位离休的老干部联名上书，要求管理好那片墓园，以尊重烈士，教育后人。1982年，中甸县政府在丽中公路距县城5公里处，划出了大片生长着苍松翠柏的山坡作为安置公路烈士的墓园。同时，把安葬在螺蛳湾一带的部分烈士遗骨也迁移安葬到了这里，还把在修筑中（甸）德（钦）、中（甸）乡（城）两条公路过程中牺牲的部分烈士的遗骨,集中迁移安置到这里,从而形成了有近70座烈士墓的公路烈士陵园。1983年9月,这座公路烈士陵园竣工。

自力更生种植蔬菜

不知道香格里拉城区及周边的蔬菜种植始于何年。由于海拔高、气候寒冷,可供蔬菜种植的无霜期时间较短,早些年中甸城区仅有零星的住户种植过蔬菜,并没有大面积种植蔬菜的经验可循。城区大批量种植蔬菜的时间,只能追溯到20世纪60年代。解放后,随着新政权的建立,中甸县城人口不断增加,而蔬菜供应成了一个突出问题。靠外来供应,山高路远,难以为继;靠本地发展,本地农牧民没有种菜的习惯。因此,那时候政府把解决问题的着眼点,放到了机关单位内部,蔬菜地也有了一个时尚的名字,叫"试验地"。当时,县城机关单位所有人员都在利用早晚休息时间来打理"试验地","试验地"也就成了县城机关单位人员茶余饭后的业余活动场所。

一发不可收的"试验地"种植和获得的收成,确实给机关单位带来了实惠,改善了机关单位食堂和个人家庭的饮食条件。那用汗水换来的可口菜肴,让枯燥的一日三餐多了有滋有味的新绿。因而,雷打不动的春夏季节的"试验地"劳动,也就成了干部职工比拼体力、展示技能和能力的舞台。为了种好"试验地",有些外来干部会写信给老家的亲友,请他们寄来蔬菜种子;江边附近的本地干部则会在探亲归来时,把家里的菜秧直接带回单位栽种。当时,经常能见到县里派人巡视各单位的"试验地",还请来农业方面的科研人员上蔬菜种植课,让种植典型单位传授种植蔬菜的经验。所有的大人对开埫种菜有着很高的热情,人们关心的也净是些有关种菜的事情。

那是一锄一筐的生活,更是一水一肥的时光。蔬菜种植在中甸县城区的蓬勃兴起,代表着人们对美好生活的向往和追求。在机关干部职工的辛勤汗水浇灌下,"试验地"里生产出了多种蔬菜,人们摸索出了一整套适合高原气候的蔬菜种植方法。尽管当时都是在自然条件下种植的,品种显得相对单一，产量也不高，但从 20 世纪 60 年代中后期到 70 年代，每年的夏秋季节，中甸县城基本做到了蔬菜自给自足。1972 年 7 月，县里发动了一次向修筑滇藏公路工人捐赠蔬菜的活动，中甸一中的小马车满载着学生们捐献的蔬菜，并将其送到了公路养护段。1974 年的"八一"建军节，学校宣传队到驻地部队慰问演出，也给部队带去了学校自己种植的蔬菜。

而每当深秋时节，人们就想办法把富余的蔬菜保存下来，以备冬季享用。为把大量的蔬菜保存下来，大家采用"上天""入地""上场""进缸"等各种方法。所谓"上天"，就是把经霜冻的蔬菜洗净后，选择背阴处悬空风干。之所以要叫"上天"，是怕牲口啃食而将其高悬于空中，风干后的蔬菜便是冬天餐桌上爽口的"干板菜"。所谓"入地"，就是挖一个深坑把新鲜蔬菜埋入地下，这样可以使蔬菜保鲜一两个月。"上场"就是把块茎类的菜切开，铺到场地上让阳光暴晒，制作成"萝卜干""莴苣干"之类。"进缸"就是把蔬菜制作成腌菜。

尽管采取了五花八门的蔬菜保存方法，但要熬过整个冬天还是非常困难的。在漫长的冬季里，机关单位的食堂很难保证每餐两菜一汤，日复一日出现最多的就是炖洋芋和豆腐。为此，人们把这道菜戏称为"天麻炖猪脑"。为了不让"天麻炖猪脑"吃得令人生厌，回老家探亲的干部职工，会带回来两件必不可少的"礼品"：一是辣椒粉，二是麻辣酱。正是这种五香麻辣的味道，让当时的州县机关干部度过了一年又一年的高原生活，也让他们热衷于一年又一年的蔬菜种植，逐梦在一年又一年的丰收之中。

香格里拉已今非昔比，市政府所在地宛如花园一般，老百姓也享受着高品质的生活。面对现在的景象，恐怕没有人会相信这里曾"处处是菜地，家家种菜忙"。抚今追昔，当年的故事让我们今天不忘初心，弘扬党的优良传统和作风！

从手电筒到太阳能路灯

记得20 世纪 60 年代初，母亲在中甸县医院工作，新建的县医院门诊楼和住院部都安装上了电灯。电是从县人民委员会的发电机输送而来的，但是除手术用电外，一般只有在晚上才对医院住院部供电两个多小时。由于母亲和其他医护人员经常要轮流值夜班，所以那时医院不仅给所有医护人员都配备了手电筒，还每周给值夜班的医生和护士配发一盒（12节）大号干电池。我记得那时国产的一对干电池连续半个多小时放电后就不能再使用了，所以医院住院部里的一个纸箱内堆放着许多被抛弃的废旧电池。

那时我父亲对电很有研究，他见到诸多废旧电池后，把它们都带回到家中，先是做了一个木盒子，把一节节废旧电池安放在木盒里，使10多节废旧电池形成串联电路。再连接上一颗小电珠，电池内的残存电能加在一起就能把这颗小电珠点亮，父亲用它来做家里的夜间照明灯。根据这一原理，后来父亲干脆买来一个新手电筒，把它改装成了能放四节电池的手电筒，自那以后我们家总是把已经使用过的电池再安放到这只加长了的手电筒中使用，这样不仅延长了电池的使用寿命，也让我们家多了一缕夜晚的灯光。很快这一节省使用电池的做法被别人效仿，医院里甚至出现了能放六节电池的手电筒。

到了1964年，香格里拉第一座水电站——思伟电站竣工了，从那以后我们家那个被改装了的手电筒便没有再继续使用了，其他手电筒也只作为看露天电影时路上的照明用具。

1971年中甸县恢复了中断已久的中学教育，我便到了县一中读书。县一中是一所寄宿制学校，就在我们进校后不久，学校便出现了电力不足的情况。在此情况下，学校老师组织我们开展"开门办学"，实地教我们电力学知识，并带领我们改造学校用电线路。师生们虽然付出了艰辛的努力，可是改善照明状况依旧不见成效。由于电压的持续下降，晚自习教室里的电灯最后不如一支蜡烛亮。于是利用手电筒照明便在学校里悄然兴起，绝大部分同学都购买了手电筒。好在那时国产干电池有了很大改进，使用寿命比较长，一时间我们上晚自习的教室似乎成了手电筒的展览馆，一道道光柱照亮着三尺书桌，明亮的灯光和我们一起都在迎接新的时光。后来，学校派老师到省城昆明买来了汽灯，自那以后我们晚自习的照明得到了保障。因此可以说，我的中学时代是在汽灯和手电筒的照明下度过的。

直到 1977 年，中甸汤满河电站建成发电后，香格里拉城乡才摆脱了电力供应不足的状况，人民群众真正步入了电气化的新时代。那年我从农村回到县城参加了工作，我深切感到，城里的街道旁和大路旁都有了路灯，城里人已经开始把手电筒淡忘了，我从农村带回到城里的手电筒也就此失去了派头。

更叫人高兴的是，就在近几年里，香格里拉市各地农村都安装上了太阳能路灯，由此在村寨里使用手电筒已经成为过去。如今的香格里拉市，不再是贫穷落后的边远地方。兴旺与繁荣、文明与富裕已经是今天香格里拉市现代化生活的主题。丰富的电能照亮了广大城镇与乡村的夜晚，让每个家庭拥有和使用上了各种现代家用电器，而且明亮的灯火还成了香格里拉的美丽夜景。可以说香格里拉城乡缺电的历史一去不复返了！

访谈时间：2021 年 9 月 6 日

访谈地点：昆明市五华区

访 谈 人：李志农、陈经宇、宋红雨

记 录 人：陈经宇

共产党来了晴了天

朱剑锋　口述

当时碧罗乡还处在刀耕火种阶段,砍一片森林,烧一片林木,种一两季庄稼,然后又搬到另一个地方继续这样的耕作方式。为了让群众过上稳定的生活,我们同当地群众一起选择土基厚、比较平整的地方,精耕细作,逐步改变了他们刀耕火种的劳作方式。

【简　介】朱剑锋,男,汉族,云南临沧人,1922年生,2023年逝世①。1947年开始参加革命,1953年作为土改工作队队长从昆明来到迪庆维西县,先后在维西县委会农业生产办公室、维西县农林水务科、维西一

图 1　朱剑锋照片

---

① 朱剑锋于2023年逝世,但是参与了2021年和2022年的访谈、回访与文稿校对,在世时为迪庆州最年长的离休干部。

中、迪庆州委党校工作，1986年离休。1995年，因"为云南边疆的解放和建设做出贡献"而被省委省政府表彰。

1953—1958年　参加土改工作队，担任队长，在维西县开展工作；

1958—1963年　工作于维西县委会农业生产办公室，创办《维西报》；

1963—1975年　调入维西县农林水务科等单位工作；

1975—1981年　任教于维西一中，担任高中语文教师；

1981—1986年　任教于迪庆州委党校。

维西缓冲区土改

1940年，我考入云南大学政治系后，积极参加学生运动，走上了革命的道路。1950年7月，团省委安排我到重庆西南团校学习，半年多的学习结束后，我参加了团省委组织的支援边疆丽江工作队，并在丽江参加土改。

1952年，中共丽江地委结合丽江地区的实际情况，对维西、中甸、德钦、宁蒗、兰坪、泸水、碧江、福贡、贡山九个边疆区县①布置了土改工作。由于九个区县的社会形态、土地关系、剥削形式、宗教信仰存在差异，各区县、各民族之间的经济发展水平及人民的文化程度都极不平衡，因此，仅用一种方案来进行土改是行不通的。中共丽江地委从实际出发，针对9个区县分别制定了土地改革的具体政策和实施步骤。根据中央提出的边疆少数民族工作必须遵循"慎重稳进"的方针，这9个区县分期分批进行土改，并且采取先试点后铺开的方法。

1953年春节前，中共丽江地委抽调50多名干部组成维西县土改工作队，由我担任队长。维西的地理位置介于腹地与边疆之间，全县共有6个区②，

---

① 1950年，云南省在西北部设丽江专区，辖丽江、永胜、华坪、剑川、鹤庆、兰坪、中甸、维西、碧江等县和宁蒗、德钦、福贡、贡山四设治区。1970年，改设丽江地区。1986年，碧江县被撤销。

② 1949年10月1日，维西县人民政府宣告成立。1950年9月，维西县调整行政区划，全县共设永春、攀天阁、白济汛、叶枝、塔城、奔子栏六个区。下文中的一区指永春，二区指攀天阁，三区指白济汛，四区指叶枝，五区指塔城。

在解放前就有中国共产党的地下组织,并开展过武装斗争,在建立人民政权之后又进行了镇压反革命、减租减息等运动,在一定程度上削弱了土司、地主的经济实力和政治权威,使得群众的阶级觉悟得到了提高。但是考虑到一、二、三区是傈僳族、纳西族、白族等少数民族聚居区,且封建地主经济占统治地位,民族关系复杂,要进行土改必须顾及民族关系。于是云南省委将一、二、三区列为土改缓冲区①,为稳妥起见,分两批进行土改,第一批只在一、二区展开;待取得经验后,再在三区展开。

作为二区上五村土改工作队队长,我负责区政府四周各村的土改工作。我们的工作从安排群众生产生活入手,宣传土地改革的政策,团结一切可以团结的人,按照政策确定阶级成分,有区别地没收地主、征收富农的财产,按照优先照顾少数民族贫农、雇农的原则,分配"胜利果实"。在方法上,我们"一步一回头",即做了一阶段的工作后回头进行认真的分析与总结,再安排下一步的工作;而且每个阶段的工作都从试点开始,待一个点的工作开展成熟后再全面铺开。

当时的土改工作必须紧紧依靠群众,即贯彻"依靠贫农、雇农,团结中农,中立富农,有步骤地有分别地消灭封建剥削制度,发展农业生产"的阶级路线。为了访贫问苦、扎根串连、发动群众,我们走遍了维西的每一个村寨。每到一个村,我们就先组织农民加入农民协会②,通过农民协会对农民进行启发教育,让他们自觉参与土改,主动揭露地主阶级剥削、压迫农民的事实。千百年来不敢在地主面前大声说话的农民,一个个挺身而出把几代人的苦水一时间倾倒出来。在组织和发动群众的基础上,我们

---

① 所谓缓冲就是实行更加宽松的土改政策,以 1952 年 5 月全省会议通过的《关于边疆地区土地的改革问题决议草案》为主要精神,只没收地主的土地、房屋、耕畜、农具及多余的粮食,不追底财、不分底财,地主富农一个不捕、一个不杀,不召开群众大会开展面对面的斗争,对富农经济实行保护政策。
② 为了组织土改运动中的农民,1950 年 6 月通过的《中华人民共和国土地改革法》明确提出建立农民协会,第 29 条规定:乡村农民大会,农民代表会及其选出的农民协会委员会,区、县、省各级农民代表大会及其选出的农民协会委员会,为改革土地制度的合法执行机关。在土地改革运动的实践中,农民协会不仅成为团结与组织广大农民进行斗争的群众组织,而且成为土地改革队伍的主要组织形式和执行机关,实际上起到了基层政权的作用。

进行调查登记并划分阶级成分，这是一个十分细致而严肃的工作，如果弄不好容易产生矛盾，我们就采取先易后难、"三榜"定案的方法。先经群众讨论，再由农民协会审议，出榜征求意见，在反复核查之后再报区县进行审批。经过阶级成分公布后，我们便进行没收和再次分配，通过逐户落实，维西一区和二区将近700多户无地少地的农民分到了土地，激发了他们的生产积极性。

图 2　朱剑锋在下乡过程中帮助当地人犁地

缓冲土改工作一方面消灭了封建剥削制度，满足了贫苦农民对土地的渴求，另一方面增进了各民族间的团结。当时，傈僳族一户常年给地主当长工的老农民一家三口分到了八亩土地和一匹骡子，他激动地说："三代人当长工，生活像牛马，只有共产党才是真正的大救星。"我常常思考，《共产党宣言》里说过，"人对人的剥削一消灭，民族对民族的剥削就会随之消灭。民族内部的阶级对立一消失，民族之间的敌对关系就会随之消失"，维西一、二区的土改实践证实了这一理论的正确性。

"黑珍珠"①稻米

维西是一个多民族聚居的区域，各族群众在衣食住行上的特征各有不同。从衣着上，我们就能分辨出他们是哪个民族。纳西族、汉族、白族穿的是他们自己手工纺织的用白棉线织成的粗布衣，傈僳族穿的则是自纺自织、没有经过染色的麻布衣。在居住地点上，纳西族、汉族、白族主要依江而居，傈僳族一般住在半山和高山上。

图3　20世纪五六十年代的维西百姓（朱剑锋摄）

土改工作队刚进入维西时，各族人民整体处在贫困状态。当时春荒十分严重，十户有九户缺粮，国家粮库存粮也不多。那时，我们经常遇到两三群赶着猪准备到丽江去卖的维西农民。当地干部告诉我们，维西生产的粮食不够吃，只能赶猪到丽江去卖，然后买回粮食做口粮。由于没有稻米，汉族、纳西族、白族一般吃的是用苞谷面做成的面裹饭，傈僳族则是

---

① "黑珍珠"后来发展成为"老黑谷"品牌。近10年来，攀天阁乡历届党委、政府把"老黑谷"品牌打造当作工作重点，成立了"老黑谷"专业合作社，建立了黑谷党支部，举办黑谷文化旅游节，进一步提升打造绿色有机"老黑谷"品牌，当地农民收入大幅增加。

在苞谷熟时吃苞谷、洋芋熟时吃洋芋、荞麦熟时吃荞面。

土改后期,维西县委发起了一次大讨论——"拿到土地以后,我们应该再干点什么"。有的提出种好庄稼,丰衣足食;有的提出到山上毁林开荒,增加收入。当时,我想起了攀天阁的一户种稻谷的人家。偶然的一次机会,我路经攀天阁,看到有人在海拔2680米的高山上种稻谷。我感到奇怪便进屋询问,屋里一个30多岁的农民给我讲起了种稻谷的故事。五六年前他从外地来这里当上门女婿,有一天马帮经过这里到他家住宿,做饭时在大门外水沟边淘米,把米中的谷子拣出来丢在附近的空地上。第二年开春,谷子竟长成稀稀落落的小秧。于是他在沟边开出一小块田,把秧苗插上去,秋收时收到一些黑色的、谷壳上长了一层毛毛的谷子。随后每年扩大一点,就长成了家门口这块不算太大小的稻田。

我认为土地种稻是一个解决缺粮问题的好法子,便同县长商量,把坝子周围6个村的村长①召集起来到种稻谷的农民家开一个现场会,商讨各村种稻谷的事情。现场会那天,这个农民很大方,拿出种出来的谷子让大家看。这种谷子与一般谷子不同,谷壳带黑色,碾出来的米也微黑,米上还有一条红线,吃着很可口,带有一点糯米的香味。主人说这个米颜色是黑的,所以称它为黑谷子。我说:"这个名字不好,我们叫它'黑珍珠'吧!"

为了推广"黑珍珠"的种植,土改还没结束,土改工作队就发动群众从美乐村引来了一股山泉水,从此攀天阁的各族人民开始播种"黑珍珠",并不断扩大种植面积,创造了海拔2680米种成水稻的奇迹。让我们感到欣慰的是,严重的春荒并没有让任何一个农民因为缺粮食而饿死。随着土改接近尾声,农民的生产积极性不断高涨,随后两年都获得了粮食大丰收,维西由一个一穷二白的缺粮县一跃成为一个粮食能够自给自足的丰产县。

---

① 村长是新中国成立前对一个村落领导者的俗称。新中国成立后,我国农村地区实行村民自治,设立了村民委员会,主持村委会工作的主要负责人称谓是村委会主任。考虑到口述史的性质和被访者的表达习惯,本书保留村长一词,不做改动。

解决矛盾，团结群众

解放前，西方传教士长期在维西从事传教活动，信教人数增加，教堂遍布各地。当时在维西的外国传教士有100多人。直到1952年，他们才相继离开。正因如此，维西形成了多宗教并存的局面。可是，长时间下来，教徒与非教徒之间积累了许多矛盾，村民间的争吵、械斗常有发生。

1955年初，丽江专署公安处发现维西碧罗乡①经常有一个非法传教电台活动，给当地百姓的生活带来了消极影响。当时，政府立即决定成立工作队，深入碧罗乡开展工作。碧罗乡有12个自然村，分散在40多里长的夹皮沟上，聚居最集中的只有11户，其他自然村更为分散，三五家一处，零星散布在整座山上。我们进去后，要求在每个自然村进驻一个干部，与当地村民同吃同住同劳动，并围绕当地的实际情况，着重开展工作。

一是成立供销合作社。由于乡里没有供销合作社，平时老百姓买东西要到江边老厂乡②，来回需要一天时间，非常麻烦。为了解决当地群众买东西难的问题，我们首先成立了供销合作社。这样群众在乡政府驻地就可以买到盐巴、茶叶等日用品。由于物资种类齐全，购买的群众也日益增多，从此，乡政府驻地也有了街天③。另外，当地大多数群众信基督教，星期天要去做礼拜，我们顺便把东西搬到教堂附近出售。这些做法实实在在方便了老百姓的生活，老百姓们抱怨东西难买的声音逐渐少了。

二是工作组进村入户之后，了解到碧罗乡没有小学，于是就立即打报告到县委，申请派来任课教师，筹办了一所小学。之后，当地适龄儿童都有机会在家门口上学，解决了学生上学远、上学难的困难。

三是抓团结工作。当地民众虽然同是傈僳族，但是信教的与不信教的群众之间、村与村之间相互不团结。我们进去后，紧紧依靠当地党组织力抓团结工作，在生产劳动过程中向他们宣传党的民族政策和宗教信仰自由

---

① 现碧罗村，为迪庆州维西傈僳族自治县白济汛乡下辖的行政村。
② 现老厂村，为迪庆州维西傈僳族自治县白济汛乡下辖的行政村。
③ 街天即赶集活动。

政策，努力搞好教徒与非教徒之间的团结工作，乡里慢慢出现了人民群众和睦相处的局面。渐渐地，当地的宗教活动逐渐往正规合法的方向发展，非法传教电台活动再也没有出现过。

四是着力改变当地劳作方式。当时碧罗乡基本还处在刀耕火种阶段，砍一片森林，烧一片林木，种一两季庄稼，然后又搬到另一个地方继续这样的耕作方式。为了让群众过上稳定的生活，我们同当地群众一起选择土基厚、比较平整的地方，精耕细作，逐步改变了他们刀耕火种的劳作方式。

每到星期天，全乡的男女老少都到教堂旁边的广场上买卖东西、唱歌跳舞、射箭摔跤，讲经的时间短了，玩乐的时间多了，交流会友的人多了，乡里群众的关系变得更加融洽了。

工作队的到来给碧罗乡带来了新的面貌，解决了多年来教徒与非教徒之间的矛盾，也解决了村与村之间几代人的矛盾，出现了全乡人民团结友善的局面。百姓们津津乐道，地方干部也赞不绝口。乡里的党支部书记经常对我说："我从来没有见过像你们这样的工作队，虽然不是同一个民族，但是将近一年的时间你们与我们同吃同住同劳动，而且从来不说一声苦，真的太令人敬佩了！"

开仓放粮

维西土改结束后，农民的生产积极性空前高涨，连续两年都获得了粮食大丰收。随后全国政策变革，提出先办互助组，后办合作社，"一大二公"的步伐越来越快，农业生产组织由合作社变成人民公社，吃饭问题从由各家各户解决变成由生产队的集体食堂解决。1958年，席卷全国的"大跃进"运动开始，全县粮食减产，加上当时鼓吹粮食大丰收，农民生产的粮食都以高指标上交给了国家仓库作为余粮和公粮。

面对这种情况，我要求工作队分为四组逐户严查粮食存储量，所有可以储藏粮食的地方都不能放过。排查结束后我们发现各家各户没有一粒粮食，只在保和镇完全小学的大门楼上找到一些土豆。无奈之下，我提出，"只有县委打报告给地委，要求国家开仓放粮，才能解决这个危机"，并表示如果发生错误由县委常委会承担。当时包括迪庆、怒江在内的十几个县都发生了人民挨饿的事件，中共丽江地委了解情况后，也认为只有开仓放粮的办法才能解决问题，于是批准了维西县的申请，并下达开仓放粮指标。

维西县根据指标在各公社、各生产队新办了应急食堂。尽管如此，由于粮食不足，人民群众仍出现了健康问题，维西县立即调派医务人员在各公社所在地设立了医疗点，为病人及时调理饮食和治疗，抢救了不少濒临死亡的群众。

创办《维西报》

1958年，我在维西县委会农业生产办公室工作时，每周固定给各公社党委书记打电话，收集农业生产工作的汇报情况，再加以综合，汇编成《维西农业简报》，最后分送给县委常委。后来，《维西农业简报》改为《维西报》，内容除农业生产情况外，还有维西各行各业最新状况。县委能够通过这份报纸了解、掌握全县的基本情况，以便指导全县工作。刚开始，报纸只发给县委常委。县委看到报纸很受欢迎，决定增加发行量，分送各个大队、单位、学校。报纸没有定价，机关职工个人如有需要，可以到县委农业生产办公室取。这样一来，报纸由原来的每期几十份，逐步增加，最后发行到500多份。

当时，整个《维西报》只有两名工作人员[①]，负责组稿、改稿、编排、刻蜡版、油印、发行等工作。虽然条件艰苦，一个人要身兼数职，要采要编还要刻印，但看着一份份散发着油墨香的报纸印刷出来，又被读者一抢而空的场景，我们就觉得多辛苦都是值得的。

我办《维西报》有两点想法。第一，《维西报》是维西县委的机关报，一定要严肃认真，要随时反映县委各个时期的中心任务。第二，维西是少数民族聚居县，报纸语言要通俗易懂，读上去要朗朗上口。如"芒种忙种忙忙种，忙种之后大丰收""夏至茫茫，点火栽秧，早栽吃白米，晚栽一包糠"这些我们编发的句子，后来成为当地农民的顺口溜。

---

① 开始办报时，有华世锡、翟定远和朱剑锋3个人，不到1年，华世锡调离了工作岗位，便只有翟定远和朱剑锋2人了。

在办报过程中，我们深刻地体会到，党的报纸，就要宣传党的政策，反映群众生活。县委机关报不仅要成为县委的喉舌，也要起到引领导向的作用。有一年，当麦苗长到两尺多高，正值扬花吐穗的前期，突然下了一场暴雨，随后大雪纷飞，地面的雪足足有一尺多厚，麦苗全部被压倒了，农民们顿时束手无策。

当时，叶枝公社的党委书记找到我说，他找了几个老农，老农们说每隔七八年就会出现这样的灾害，他们一贯采取的办法是抢时间在田埂上挖排水口，用最短时间将积水排尽，不让麦苗泡在水里发黄腐烂，待天晴雪化了后，麦苗就会慢慢立起来。我和他商量之后，让他赶快回公社组织实施相关工作，拿出成果。初见成效后，我在报上发表了《叶枝公社接受老农经验，排水防涝，抗击雪灾》的报道，提出叶枝公社做法的可贵之处，在于事先询问有经验的老农，建议其他公社也这样做。后来，报道获得了很大的反响，各公社根据县委指示召开座谈会，纷纷学习叶枝公社的经验做法，使抵抗雪灾的工作走上了正轨，取得了成效，减少了由此造成的经济损失。

在那之后，不时有村民来找我，有的希望将自己种植药材的经验推广出去，有的希望把自己饲养牲畜的做法进行推广。由于机构大调整，1963年《维西报》停刊，我被调到了维西县农林水务科工作；但是在办刊的那几年，我们的报道频频获得县委和百姓的好评，不仅完成了上传下达、反映情况的任务，也发挥了引领导向的作用。

图 4 朱剑锋（前排右一）与维西县农水科同事合影

"把维西县建成主产药材县"

维西县药材资源丰富，品种繁多，县内采集、种植和加工药材的历史较为悠久。但是到新中国成立以前都没有进行大面积种植和推广，当时全县的药材种植面积仅数百亩，主要种植当归、秦艽等几种，产量合计不到一万公斤。

在创办《维西报》期间，药材公司的仓库员余富全找到我。他说，他是住在高山上的傈僳族农民，世世代代种药材；县药材公司成立后，他在里面负责守药材仓库，兼做收验药材、药材分级工作。工作期间，他跑遍了维西各公社的药材基地，熟悉维西主产的各种药材的性能、产地、价值。维西山好水好、气候温和，无论高山、半山，还是河谷、江边都适合种植药材。他对我说，粮食种到够吃就可以了，农民剩下的土地可以改种药材，这样不仅可以给国家做更多的贡献，也可以使农民更快致富。每家只要在自留地上种上一片天麻，一家人的盐茶钱、零用开支就都有了。

他希望借助《维西报》的平台向县委领导反映他的想法。他说，种药材并不困难，比如种木香，种下去三年后就有收成。采收时，一边采挖，一边把未成熟的排下土中并施上肥，两年后就可以有收成，继续下去就能变成一片长年的木香种植地。只要是在维西长大的，无论哪个民族的人都种过药材，都或多或少有些技术，像他们这些比较专业的更是愿意分享种植经验。

几天之后，我在《维西报》第一版上发表了《把维西办成种药材为主的县》一文，小标题为"药材公司一个傈僳族药材师傅的建议"。这篇文章触动了县委和各公社领导，在年底召开的三级干部会议上，县委安排了一天时间专门讨论这个问题，并做出"把维西建成主产药材县"的决议，上报地委、省委批示。当时正处于"三年困难时期"，推广药材种植的事情迟迟未能提上日程；但是不得不说，当时的建议对于维西县调整农村产业结构、推广药材种植、开发特色产业有重要奠基作用。

共同书写的历史

忆维西往昔　唯有感慨

1981年，我离开了工作生活近30年的维西县，被调到迪庆州委党校[①]任教，直至离休。2021年，我已经100岁[②]了，经历了中华民族和中国共产党历经磨难、挫折并崛起的100年，亲眼见证了维西县从土地改革到改革开放的变迁。

虽然我已经离开了维西，但维西早已成为镌刻在我骨子里、血液里的一个词，夜里做梦常常会回到这个自己曾经奋斗了近30年的地方，每天也会专门留意电视上、报纸上的维西新闻，心里总是放不下我那些维西质朴、亲切的乡亲们。如今，在党和政府的领导下，维西昔日的贫困落后已经一去不复返，城市建设发展大步向前，从低矮的木板房发展到如今的高楼林立，城镇居民从食不果腹、衣不蔽体到丰衣足食、阔步奔小康。

图5　朱剑锋（前排右二）与迪庆州委党校的同事

---

① 中共迪庆州委党校成立于1962年，主要任务是培训民族工作队、培养少数民族干部。1983年，中共中央做出了《关于实现党校教育正规化的决定》，对党校班次设置等做了相应规定，把原来的短期轮训制度改为正规班次，给予学员相应的学历。
② 指虚岁。

我常常对儿孙们讲，现在的社会发展得多好啊，以前我们什么都没有，我们真的是遇到了好时代。维西的发展多快啊，那是从贫穷落后到生活富足的巨变。我觉得我很幸运，因为我是见证者、亲历者，也是建设者。

访谈时间：2021年3月1日
访谈地点：丽江市古城区
访 谈 人：李志农、陈经宇、周丽梅、和淑清
记 录 人：和淑清

在中甸生根、发芽、开花、结果

徐洪、孙接义夫妇　口述

刚开始，他们不敢吃我们给的药，头人也不准他们吃，宁愿等死都不吃。后来，他们要先去找活佛打卦，问汉人给的药能不能吃，活佛同意他们才会吃。我们给群众看病送药的次数多了，他们吃了药病好了，逐渐相信我们了。时间长了，他们不再问卦、念经了，科学的医疗卫生观念就自然宣传出去了。

【简　介】徐洪，男，汉族，云南大理人，1932年生。1953年作为民族工作队队员来到迪庆，先后在中甸县监察委员会、迪庆州国营农场、格咱区委会、中甸轻工企业、中甸县轻工局、中甸县乡镇企业局、中甸县计划经济委员会工作，曾任中甸县副县长，1987年退休。

1953—1957年　参加民族工作队，在小中甸开展工作；

1957—1960年　工作于中甸县监察委员会；

1960—1962年　工作于迪庆州国营农场，任支部书记；

1962—1971年　工作于格咱区委会，任区委书记；

1971—1979年　工作于罐头厂、奶粉厂、青稞酒厂、糖厂等中甸轻工企业；

1979—1981年　工作于中甸县轻工局（后归到县乡镇企业局），任局长；

1981—1983年　任中甸县副县长，其间到中央民族学院干训部学习；

1983—1987年　工作于中甸县计划经济委员会，担任主任。

图 1　徐洪照片

孙接义，女，汉族，云南大理人，1936年生。1953年作为民族工作队的卫生人员来到迪庆，先后在小中甸卫生所、中甸县医院、格咱卫生所工作，1986年退休。

1953—1957年　参加民族工作队，成为卫生人员；

1957—1958年　工作于小中甸卫生所；

1958—1962年　工作于中甸县医院，从事护理工作；

1962—1972年　工作于格咱卫生所；

1972—1986年　工作于中甸县医院，从事护理工作。

图 2　孙接义照片

第一批民族工作队进驻迪庆

(徐洪　口述)

1949年以后,维西、中甸、德钦相继解放,并分别成立人民政府。党和政府按照"中华人民共和国境内各民族一律平等""禁止民族间的歧视、压迫和分裂各民族团结的行为"的原则,坚持"慎重稳进"和"团结、生产、进步"的方针,向滇西北地区派遣民族工作队,支援云南边区人民,团结各民族人士,贯彻党的民族政策。

1953年3月,丽江地区所属丽江、鹤庆、剑川、永胜等县的土地改革顺利结束。在运动中涌现大批贫下中农出身的积极分子,其中一部分被吸收为半脱产工作队员,享受国家干部供给制待遇。4月,中共云南省委、丽江地委指示:从他们中挑选一批政治可靠、年轻有为的队员,分赴中甸、德钦、宁蒗和外五县(今怒江州)开展工作。鹤庆县有土改工作队员近700名,从中选出了200多名参加民族工作队集训,那一年我21岁。

5月,我们到达丽江地委,开始了紧张的训练。民族工作队以县为单位编班后分组管理,驻地是狮子山上的民训班(后改称民族干部学校),教学内容主要是中共中央西南局对藏彝地区工作的有关方针、政策,中心内容是"团结、生产、进步"六个字。另外,还讲授少数民族地区的社会制度、宗教信仰、风俗习惯等知识。在学习中,我们每个人都领悟到了尊重少数民族和民族宗教上层人士的重要性。教学方法灵活多样,有课堂教学、小组讨论、大会交流和调查访问等。

经过三个月的培训,我们的政策水平得到了提高,同时加深了对民族地区的认识。我们决心带着责任感与使命感到艰苦的少数民族地区开展工作。

1953年8月,我们从丽江地委党校培训结束后,以第一批进入中甸的民族工作队队员身份进入迪庆。[①] 当时我们是十几个人一起进去的,大家

[①] 第一批从中共丽江地委党校进入迪庆的民族工作队队员有周汝泉、段锦镛、徐洪、段卫宜、张寿生、李士奇等10余人。三批队员共总40余人。

被分到了迪庆的不同地方做民族工作，我被分到了小中甸。同年12月，孙接义作为第三批民族工作队中的卫生人员也来到小中甸，我们在那一待就是三十几年。

我们的民族工作

（徐洪、孙接义　口述）

在小中甸，我们做的工作主要有四个方面。

一是与老百姓交朋友，融入地方生活，宣传党的政策。我们刚到时，因为老百姓受到当地头人的威胁，都不敢和工作队接触，一些老百姓也不相信共产党的政策会这么好。工作队给每家每户送去救济物资和药品时，头人不准老百姓接受，老百姓就把这些物资送到头人那里去。我们把盐巴、红糖等生活用品送给老百姓时，他们不敢用；每天去看看会不会变成什么东西，时间长了之后才相信。在那个时代，藏族妇女被要求待在家，不能出远门，她们心疼我们这些常年在这里做工作的，就问我们："你们是自愿来的，还是被国民党派来这里的？"我们就告诉他们："现在全国解放了，是共产党领导的，我们已经翻身了，生活改变了。我们是自愿来的，这里才刚刚解放，和内地发展还有一定差距，所以我们是过来帮忙的。"

做民族工作，是为了给当地带来更好的生活，要充分尊重他们的风俗习惯，真诚地讲好党的政策。上级给我们的要求是，"民族工作是长期的，急不得。工作今年做不好，可以明年再做，但是千万不能犯错误，不能违反民族政策。要千万搞好团结"。因此，我们特别注意尊重当地的风俗习惯。1955年省民委印发的《云南省少数民族地区禁忌》一书已经被我们翻得破旧，其中的内容我们都铭记于心。每到一个地方，我们先接洽当地的民族土司、头人，工作队队员集中住在头人家，一来可以保证我们的安全，二来可以增加和地方的联系。我们基本都会带上一个当地的藏族人当翻译，把村子里的头人组织起来，先向头人宣传之后再向老百姓宣传。时间一长，老百姓逐渐相信共产党，相信政策，我们和他们打成一片，他们有什么事情都会和我们讲。老百姓对我们渐渐热情起来,主动邀请我们到家里,一进家就给我们煨茶,于是我们一边喝茶一边给他们宣传党的政策。作为民族工作队队员,要尊重当地人的风俗习惯,比如在藏民家,家家都有火塘,火塘正面坐主人,客人靠右边坐,其他人依次围起来。再比如,进入寺院时,不翻经书、不摸佛像,有转经筒的地方必须顺时针走,不能在寺院附近捕鱼、打猎。

二是在生产生活方面,我们与当地群众一起参与劳动,提高粮食产量,促进生产,减轻群众的负担。迪庆的藏族地区有着森严的等级制度,一个村里的等级从高到低是头人、百姓、奴隶、无门户①。每到庄稼种植季节,要村里的头人先开始种,其他人去帮忙,等到头人家的种完了,百姓、奴隶等才能依次开始种。收割的时候也是如此,先要给头人收,才能去收自己种的,还要请喇嘛打卦确定收割时间,万一遇到下雨等天气不好的情况时,就会影响自己家的收成。经过我们对民族政策连续几年的宣传,特别是对民族平等、阶层平等的宣传,到后面这样的情况就渐渐少了。

三是普及医疗卫生观念。以前,当地人生病就到寺庙里,请喇嘛念经求神,或者把活佛请到家里念经,抑或请当地的仓巴②做仪式治疗,敲敲打打,撒一些青稞和酒,以祛病除鬼。有些病越念经越严重。家里有人生病,就会在家门口放石头③以示家里有病人不让外人入内,病得越重,石头堆得越高。初期我们作为外人,每当看到这样的情况,就只能在门外喊一声,和他们讲一下我们的工作,征得同意之后进去看一下,开一点药给他们,告诉他们:"你们信佛教,我们是不反对的;但是我们带来的药,你们也可以试试。"刚开始,我们给他们的药他们不敢吃,头人也不准他们吃,他们宁愿等死也不吃。后来,他们要先去找活佛打卦,问我们给的药能不能吃,活佛说能吃他们才会吃。之后,我们给群众看病送药的次数

---

① 当地称为"盐巴盐点",指没有门户、没有土地的人。
② 自古至今,各地藏族地区都有当地的咒师,类似于巫师,云南中甸一带藏民称咒师为仓巴,四川一带称多布或多巴。
③ 一般情况下都是放三块。

多了,他们吃了药病好了,逐渐相信我们了。时间长了,他们就直接找医生,不再问卦、念经了,科学的医疗卫生观念就自然宣传出去了。

工作队除了给他们看病送药以外,也会给他们科普一些基本的卫生知识,比如说生育卫生、饮食卫生等知识。传统上,迪庆的藏族妇女生孩子只能在楼下关牲畜的牛棚里,卫生条件极差,不利于母婴的健康。我们告诉她们:"生孩子不是一件下贱的事情,活佛也好,头人也好,都是娘生出来的,所以要讲究卫生。"然后我们再告诉她们生孩子应注意的卫生事项。

四是培养民族干部。之前迪庆没有缝纫厂,在 1955—1956 年,我们抽了部分人员去开办缝纫训练班,培养了当地的缝纫技术人员。除了培训缝纫技术之外,还培训打铁等技术。而我们就一直留在小中甸,一边做民族、宗教上层人士工作,一边培养当地的青年干部。在几年的接触之后,当地的青年敢于接近我们,我们做工作更顺利了。对于其中部分表现优秀的,我们就选拔出来安排他们外出参加培训、参观。而针对民族、宗教上

图 3 1955 年孙接义(前排中间)和徐洪(后排左一)等干部到丽江学习

注:前排从左至右依次是钱福弟、孙接义、李继尧,后排从左至右依次是徐洪、殷全安、松友年、张金灿。

层人士，也会组织他们去北京、上海等地参观。他们还曾开玩笑地说道："迪庆当时只有火柴，没有电灯，到大城市之后看到发光的电灯，会把烟凑过去点。"他们参观学习回来之后，又在当地的头人当中宣传国家的发展、进步、伟大。

不主动挑起对立和斗争，而是在团结生产中默默无闻地进行革命、走向进步，完成一系列的"改革"，渐渐促成生产关系的变化和人民的团结，这是这段时期的特点。

中甸的土改工作

（徐洪　口述）

1956年，我被抽调出去到大中甸、小中甸进行社会调查。根据要求，调查工作要深入各区、乡，既要了解富人家庭的情况，也要了解穷人家的情况。内容之一是调查家庭生产生活情况，同时帮助生产，并把掌握的情况上报县委和地委；内容之二是调查社会情况，对各地区的政治、宗教、经济、文化等方面的历史和现状进行分组调研，并形成第一手资料。这些资料对我们之后制定土改和民主改革政策措施提供了可靠依据，也为将来党和政府开展各项工作打下了基础。

中甸是以藏族为主的少数民族地区，自然环境和社会经济情况均有一定的特殊性。虽然新中国成立后这里的生产有所发展，但大多数群众的生产生活还存在一些困难。在阶级矛盾还没有完全解决、民族矛盾也较为复杂的情况下，中甸土改不能采取和内地相同的方式，只能采用"和平协商"的方式。1957年，中甸县开始在金江、三坝开展土改试点工作。同年11月，大中甸三村、格咱区格咱村、中甸鲁基村和城区也先后进行土改。

我们工作的特点是不搞斗争，只是说理，把地主的土地、财产分给奴隶和没有土地的人家。在阶级成分划分上，我们采用和内地不同的标准。比如大理鹤庆是按照解放前三年的阶级成分来划分的，但是迪庆因为从解放到进行土改已经隔了将近十年，所以只能按照土改前三年的阶级成分来划分，看看他家土地有多少、奴隶有多少、剥削程度到几级、是否参加了劳动①，按照标准划分地主、富农、中农、贫农、奴隶。

我们首先贯彻"团结、生产、进步"的方针，稳定民族、宗教上层人士，安置有代表性的民族、宗教上层人士，然后接近群众，发动群众。当群众有了进步、改革的要求后，政府与民族、宗教上层人士和平协商改革方案，在征得他们同意后，再进行改革，以此废除不合理的、阻碍民族进步发展的旧土地制度。

动荡岁月的相守

（孙接义　口述）

我和徐洪结婚是在1957年2月，正是在3月的叛乱②之前。我们俩刚在县政府举行了婚礼，才过了三天，工作队就要求他到大中甸去，说喇嘛寺已经有军队在准备叛乱，他就又赶紧到了大中甸。

正值叛乱前期，我不敢自己一个人回小中甸，刚好当时县里在开县委扩大会议，我就打算等会议结束之后和来开会的人一起回去。当时都是靠脚走，那天路过大中甸走到箐口的时候，看到过路的人手里都配着手枪；而且为了避免引起土匪的注意，人与人之间都隔着一段距离，没有人敢三五成群。我感觉不太对劲。回到小中甸的第二天晚上，就有人来通知，让我们集中，说喇嘛寺出兵了，大中甸的工作队被土匪包围了。听到这个消息，想着丈夫还在大中甸开展工作，我心急如焚。当时没有任何通信工具，我只能把担心压在心里，抱着坚定的信念继续做好自己的本职工作。

叛乱期间，我们的卫生人员，还有邮电所的工作人员、商店的妇女，都集中在区政府里给去剿匪的人做干粮，让他们带去支援前线。那时，我们都不知道什么时候会死，都不敢想。直到1957年11月，我丈夫从大中甸调到小中甸搞土改工作，我们一家人才得以团聚。

---

① 这一条和内地是一样的，如果参加了劳动就不能被划分为地主阶级了。
② 1957年3月，中甸发生武装叛乱，中甸县三坝粮库、洛吉、东坝粮点在叛乱中被抢劫。3月6日，叛乱人员从松赞林寺出发，窜向红坡，在天生桥伏击四村工作队，杀害赵超伦等4名工作队队员。

在中甸的医护工作

(孙接义 口述)

1958年我就到了中甸县医院,当时医院的情况是,医生少,护理人员也少,工作又相当复杂。医院设施很简陋,只是简单地分了内科、外科、妇科,做不了大的手术。门诊一般只有一个医生,化验室与药房各一个医生,住院部有四五个,整个医院只有七八个医生和七八个护士,一天下来需要照顾十几个病人。我们的医护人员基本都是从外地来的,本地的医生和护士很少,加起来只有三四人。

老百姓来住院是免费的,虽然当时住院的病人不多,但是工作繁重,事多人少。当时是两班制,今天上12小时的白班,第二天就要上12小时的晚班。我们做护理的不分科,哪个科室需要人手就到哪里去。除了发药、打针、量体温、协助手术,还要负责病人的生活。有产妇生孩子,我们也要负责去洗床单和被罩、烧热水。当地来住院的人卫生意识薄弱,会往墙上吐口水、吐痰,早上的便盆和痰盂都要我们去清洁,我们也会给他们灌输讲究卫生的观念。每到冬天,天气太冷了,要五点起来生火,之后分到每个病房,然后再加栎炭。

1962年到1972年,我跟着丈夫去了格咱,在卫生所工作。卫生所只有四个人,一名医生,三名护士。我负责管理卫生所的库房、药房,还要打针、外出巡诊,到上村要走7公里,到下村要走10公里,都是步行,每次回来都是将近20公里。到农村出诊的时候,遇到生病的群众要给他们看病送药,还要给他们宣传卫生知识。到格咱两三年,大概1964年的时候,我所在的大队暴发了麻疹,病重一些的就在卫生所住院、隔离,症状轻的就给他们开消炎药、止疼药,过了几周就慢慢控制下来了。

1968年,我去县药材公司购置医药器械和药品。那时的交通工具最好的就是马车,在去的途中因为马车翻车,我被甩了出去,两条腿都摔成了粉碎性骨折。还好那时中甸县有上海医疗队的医生,把我接去县医院进行治疗。拍片之后,医生建议把骨头钻通之后用钉子进行牵引。当时的县医院缺医少药，进行骨科手术的器械设备就更少，还好上海医疗队有两颗从上海带来的不锈钢钉子。就这样，我住院了三个月。回到卫生所之后，我借助拐杖慢慢重新学站立、走路、自己上厕所，半年之后才慢慢恢复工作。

图4　20世纪60年代徐洪、孙接义夫妇在格咱

中甸轻工业的起步

（徐洪　口述）

从1971年到1979年，我都在中甸的轻工企业工作，进行了中甸轻工企业的第一次尝试，有成功，也有失败，但关键是我们迈出了第一步。

1971年，我先去了罐头厂，搞了一年没有成功。后来省里说中甸畜牧业发达，要搞奶粉厂，设备、资金都由省里解决，派我们到邓川奶粉厂学习，回来后我们就开办了奶粉厂。我们还从剑川请来了一位老师傅，从安排建厂到牛奶配比，都由他来指导。牛奶都是从小中甸、大中甸运送来的，由于运输条件差，奶质不新鲜，所以奶粉溶解度就差一些。另外，因为设备和技术条件没有完全成熟，密封技术不到位，我们的奶粉质量不过关。后来又搞了一个酿酒车间生产青稞酒，当时受到了群众的欢迎。以前中甸的青稞酒主要是每家根据自己的需要和兴趣自行生产，产量低，质量不一。自从青稞酒厂办起来以后，中甸青稞酒得到了批量生产，开始走出迪庆，销往省内外。

1979年，因为有之前在轻工企业工作的经历，我被调去了中甸县轻工局。从1981年到1983年，我调任中甸县副县长，分管工业。回顾那一段迪庆轻工业的发展历程，不得不说迪庆工业发展很难，因为当时那里山高水深，交通不便，新的信息、技术进不来。但是我们逐渐尝试开发一些有当地特色的产品，有成功，也有失败，做了迪庆轻工企业的第一次尝试。

中甸的蜕变

从1953年进入迪庆到退休，我们一直待了30多年，岁月匆匆逝去，最让我们感慨的是变化。

图5 徐洪、孙接义夫妇在丽江家中合影（摄于2021年）

我们亲身参与了新中国成立以来各个时期农村基层的工作，目睹了迪庆在党的领导下所发生的翻天覆地的变化。1953年我们刚入迪庆那会儿，靠脚走进去，交通不方便，基本没有什么蔬菜吃。气候寒冷，条件恶劣，我还记得那时我才洗完脸，眉毛、头发都结冰了。等到我们退休的时候，可以说变化是翻天覆地的。公路通了，电厂也建起来了，培养出来的本地干部越来越多了，我们进去时还是小孩子的当地人，后来有些成了县里的"一把手"。

还记得当时我们作为民族工作队队员进入迪庆的时候，上级要求我们在民族地区生根、开花、结果，回想这几十年，我觉得我们基本上做到了，问心无愧。我们的后代是在中甸长大的，我们的女儿和孙女在中甸定居、工作。

访谈时间：2021 年 8 月 20 日
访谈地点：丽江市古城区
访 谈 人：李志农、陈经宇、和淑清
记 录 人：陈经宇

从英雄的"藏三连"走来

王凤朝　口述

"藏三连"这支英雄的部队是一支土生土长的民族连队,其中95%以上都是德钦本地的藏族人,他们长年累月战斗在崇山峻岭中,行走在雪山峡谷里,出色地完成了一个个任务。这是康藏地区剿匪战争中最为强悍的一支部队。

图1　王凤朝照片

【简　介】王凤朝,男,纳西族,云南丽江人,1931年生。1949年参加革命,曾任德钦县驻军第一团二营(隶属于中国人民解放军3709部队)联络股助理,后任六连副指导员,1958—1964年任"藏三连"指导员。1964年调到德钦县人民武装部,先后任副政委、政委。1968年后相继任德钦县委书记、县革委会主任。1973年调任迪庆军分区政治部主任，后为迪庆军分区司令员。1982年离休。

  1956—1964年 参加"藏三连"，任指导员；

  1964—1968年 工作于德钦县人民武装部，先后任副政委、政委；

  1968—1973年 相继任德钦县委书记、县革委会主任；

  1973—1982年 工作于迪庆军分区，先后任政治部主任、司令员。

从边纵七支队①到"藏三连"②

  1931年，我出生在丽江束河的一个贫苦农民家里，祖祖辈辈以种地为生。当时家里贫困，生活十分困难。家里九个兄弟姐妹中只有我和一个弟弟、一个妹妹活了下来。看着家里有了上顿没下顿的日子，读到小学四年级后我决定辍学回家帮助父母下地干活。

  20世纪40年代后期，丽江已经有了地下党组织。当时，在滇西工委书记黄平、副书记欧根等同志的领导下，滇西及滇西北党的地下工作日益活跃，新文化、新思想广泛传播，党的组织不断发展、健全，党领导的群众运动风起云涌。于是我加入了"农抗会"（农民抗捐抗税协会）。那时丽江尚未解放，我在"农抗会"接受了党的阶级教育、民族政策教育后，便经常到农村做动员群众、组织群众的工作。1949年7月1日，丽江全境和平解放，浩浩荡荡的万人庆祝游行活动在狮子山下举行。

---

① 全称为中国人民解放军滇桂黔边纵队第七支队。

② "藏三连"的前身为德钦民族基干连。1952年组建德钦民族基干队。1955年，民族基干队改编为民族基干连。1956年，民族基干连改编为公安第三连，编号为"中国人民解放军迪庆藏族自治州公安第三连"，隶属德钦公安边防第三十四团建制。1957年11月，公安边防第三十四团改编为边防第一团，迪庆州公安第三连改编为第一团第六连。1960年1月，边防第一团改编为边防警卫第三团，原六连改编为三连，故称"藏三连"。从1964年开始，"藏三连"经历多次改编和调动，最终于1985年10月撤销。从1952年至1985年，"藏三连"从一个脱产的民兵队伍到光荣地加入中国人民解放军建制，33年期间完成了党和人民交给它的历史使命。

· 57 ·

我从参加"农抗会"、加入第三支队①、加入中国共产党到成为中国人民解放军滇桂黔边纵队第七支队成员,亲身经历了丽江和平解放的全过程,深深体会到:没有中国共产党的领导,就没有新中国,更不可能实现丽江乃至云南的和平解放。

1956年,我被调到德钦县驻军第一团二营,担任营部联络股的助理。在营里没待多久,便被派到六连(后来的"藏三连")工作,主要从事思想政治工作。自那以后,便和"藏三连"结下了不解之缘。

20世纪50年代的英雄"藏三连"

1956年我刚到德钦之时,维西、德钦、中甸三县正在紧锣密鼓地准备建州事宜。依照《民族区域自治实施纲要》中的有关规定,在国家统一的军事制度下,从迪庆的需要出发,之前组建的德钦民族基干连经过多次改编,后来成为当地妇孺皆知的"藏三连"。

"藏三连"是一支土生土长的民族连队,成员95%都是藏族,也有部分纳西族、傈僳族、回族、汉族等民族。他们都是从农村涌现的积极分子,大部分是苦大仇深的农奴、奴隶和贫苦农民。他们对当地的人和情况很熟悉,能够适应高海拔地区的战斗环境,具有忠诚勇敢、吃苦耐劳的优良品质,战斗在深山密林、冰峰雪岭之间,出生入死,无所畏惧。他们同本民族群众保持着骨肉的联系,热爱家乡、热爱同胞;他们懂得为谁参军、为谁打仗的道理。在部队的培养下,他们继承并发扬了中国人民解放军的优良传统,政治素养和军事素质迅速提高,战斗作风勇猛顽

---

① 1949年6月,创建了丽江县(今丽江市)第一支人民武装丽江县常备第三中队,通过"枪换肩"组建了丽江县人民自卫大队;7月,成立了滇西北人民自卫军第三支队,杨尚志任支队长兼政委。1949年9月"九九"代表会后,第三支队改称中国人民解放军滇桂黔边纵队第七支队第三十五团,杨尚志任三十五团团长兼政委。在滇西北地委的领导下,滇西北各族人民和边纵七支队粉碎了国民党对滇西北解放区南北夹击的"大围剿",为整个滇西北地区的解放事业做出了积极贡献。

从英雄的"藏三连"走来

强。他们认真执行"三大纪律,八项注意"①,有高度的组织纪律性,听从指挥,指向哪里就打到哪里。

在平息叛乱的日子里,行军作战都需要克服难以想象的困难。迪庆高原的冬天冰天雪地;夏天,江河汹涌澎湃,道路险阻。长年累月战斗在崇山峻岭中的"藏三连",转战在德钦、西藏昌都的察隅、左贡、芒康等地,战斗在滇藏交界的雪山峡谷,出色地完成了一个个任务。他们既能打,又善走,吃苦耐劳的精神实在令人叹服。

他们处处关心爱护各族人民,同各族人民群众鱼水相依。每到一个地方,能歌善舞的各族战士,拉起悠扬的弦子,同乡亲们唱歌跳舞,用歌声宣传党的政策,引起了当地藏族同胞的共鸣。他们还尽一切可能为群众背水、理发、治病,许多战士都曾拿出津贴买盐和茶送给贫困的老乡。所以,不论到西藏的察瓦龙等地,还是在迪庆的边远山村,"藏三连"都受到当地各族群众的爱护和支持。有不少当地青年受到鼓舞,也剪了辫子,要求参军。

图2　1964年王凤朝(左二)代表"藏三连"受到周恩来总理和陈毅副总理接见

---

① "三大纪律,八项注意"形成于建军初期,人民军队建设的"三大纪律"分别为:一切行动听指挥、不拿群众一针一线、一切缴获要归公。"八项注意"分别为:说话和气、买卖公平、借东西要还、损坏东西要赔、不打人骂人、不损坏庄稼、不调戏妇女、不虐待俘虏。

共同书写的历史

　　从1956年至1960年的5年中,"藏三连"在艰苦卓绝的平叛战斗中有15位同志牺牲,在训练中有2位同志牺牲。平叛战斗的胜利,为和平协商民主改革创造了稳定的社会环境;民主改革的胜利,使得藏族农奴彻底翻身解放。

　　1964年,我代表"藏三连"到昆明参加昆明军区召开的先进模范代表大会。恰巧当时周恩来总理和陈毅副总理访问缅甸回国,经过昆明时昆明军区司令员秦基伟邀请周总理接见先进代表。那一天,是我这辈子最难忘的时刻!当时我被安排到第一排,当周总理来到跟前时,秦司令员介绍道:"这是一个藏族连队的指导员,他们这个'藏三连'在平叛战斗中荣立过集体一等功。"听说是藏族连队,周总理饶有兴趣地和我交流了连队里藏族战士的比例与掌握普通话的情况,并亲切地说道:"在藏族地区工作,汉族同志要学习藏话,藏族同志要学会普通话,这样沟通起来方便了,可以促进民族团结。"短短的几分钟,我感受到周总理和蔼可亲中透出一种伟大政治家的威严和魅力,而我受到极大鼓舞,更加坚定要学习总理崇高的革命精神,带领"藏三连"为迪庆的和平稳定和社会主义建设事业做出更大贡献。

谁是我们的敌人?谁是我们的朋友?

　　我被派到"藏三连"工作时,主要从事思想政治教育。当时连里除了指导员、事务长、文书等几位同志是汉族外,其余基本都是藏族,他们当中识字的很少,学习汉字和汉语很吃力。另外,有些藏族新战士对汉族和其他民族还存在一定偏见,经常能听到"甲古""姜古"①的骂声。我看到后,觉得这个问题比较严重,认为在之前思想政治教育的基础上应该加强阶级教育,提高战士们的阶级觉悟。

　　于是,我给连队党支部提议,组织大家学习毛主席的《中国社会各阶级的分析》。文中写道:"谁是我们的敌人?谁是我们的朋友?这个问题是

---

　　① "甲古"在藏语中指"老汉民","姜古"指"老纳西",都有贬低含义。

革命的首要问题。中国过去一切革命斗争成效甚少,其基本原因就是因为不能团结真正的朋友,以攻击真正的敌人。"① 我就和连里的战士讲,汉族同志背井离乡、千里迢迢来到这里为的是什么,他们都有父母,都有兄弟姐妹盼着回家团圆,但是他们为什么留在这里流血牺牲?这一切都只有一个目的,就是解放灾难深重的藏族大众,我们和他们是真正的朋友。在连队里,我经常带头忆苦思甜,讲地主的剥削压迫,讲自己家的血泪史,通过阶级教育,干部战士懂得了天下乌鸦一般黑的道理,认识到天下穷人是一家,是兄弟姐妹,要团结起来打倒共同的敌人。自那以后战士们的阶级觉悟大大提高,团结友爱成为大家的自觉行动;从那之后,连队里各民族战士间的关系越来越融洽了。

  支部建在连上是毛主席"三湾改编"② 以后在红军中建立的制度,是确保"党指挥枪"的建军原则落到实处的重要保证。我作为指导员,需要根据上级的决议、命令、指示,以及连队党支部的决议,紧密结合连队实际开展工作。在之后的思想政治教育课上,我继续努力学习毛主席著作,并与连队的实际结合起来,学别人成功的支部建设经验,越学思路越开阔。

  而当时,因为我刚到连队不久,听不懂藏语。为了便于开展工作,我在要求战士们学习汉语的同时,自己带头努力学习藏语,并且与战士们开展学语言比赛,看谁每天学得多。我每学到一句,就把它运用到课堂上,半年后我在讲课时就可以用汉语、藏语、纳西语三种语言上课。尽管还不能用纯藏语交流,但是不需要翻译,战士们也能从话语和我"比手画脚"的肢体语言里听懂我所讲的内容。与战士们用藏语直接交流,一下子拉近了我们之间的距离。

  在之后的工作中,我们还专门就普及汉字、学汉语的问题在党支部进

---

① 《毛泽东选集》第一卷,北京:人民出版社,1991年,第23页。
② 1927年9月29日至10月3日,毛泽东在江西省永新县三湾村,领导了举世闻名的"三湾改编",初步解决了如何把以农民和旧军人为主要成分的革命军队建设成为一支无产阶级新型人民军队的问题。"三湾改编"保证了党对军队的绝对领导,奠定了政治建军的基础,从政治上、组织上保证了党对军队的绝对领导,是我党建设新型人民军队最早的一次成功探索和实践,标志着毛泽东建设人民军队思想的初步形成。

行了研究，经讨论后形成支部决议：藏族和其他少数民族干部战士都要努力学习汉字汉语，汉族要学习藏语；在班务会、连排会议上发言时一律要讲普通话，哪怕只会讲一句。这样逼着战士们学习汉语，大家进步很快。这个做法很快在"藏三连"成为一个规矩，连队的这个优秀传统一直坚持到了20世纪70年代中期。

图3　王凤朝（右三）带领连队战士学习毛泽东思想

扎根边疆，进行革命传统教育

"藏三连"从建连以来就把传统教育作为经常性的思想政治教育来抓，在传统教育过程中反复强调：学习前辈的革命精神，激励自己的革命干劲。我们经常组织干部战士接受革命传统教育，不断提高干部战士的思想觉悟，不断加强连队建设。

我们经常邀请部队老首长和参加过平叛战斗的老战士到连队讲革命传

统，通过找差距的方法，向革命前辈学习，改掉战士的各种不正确思想。例如，有一些老同志，曾一度产生年纪大了、身体差了、该换班了的思想。连队党支部结合政治学习，请来参加过二万五千里长征的军分区老首长讲述红军、八路军艰苦卓绝的战斗故事，请参加过平叛战斗的本连老战士讲述当年流血牺牲的平叛斗争。

经过革命传统教育，有些战士通过对比老前辈，心里觉得很惭愧，看到了思想上的差距，他们说："想到革命前辈爬雪山过草地，吃草根树皮，历经了千辛万苦；连队的老前辈们为了保卫人民政权，不怕流血牺牲，我们要保持革命前辈的那股劲儿，那股革命热情，那股拼命精神，把连队工作做得更好。"干部战士的思想问题解决了，自觉以革命前辈为榜样，严格要求自己，全连拧成一股绳，继续朝气蓬勃地投入战斗中。

"藏三连"在进行革命传统教育的同时，始终突出抓"热爱边疆，扎根边疆，建设边疆，保卫边疆"的思想教育，在连队形成干部爱战士、战士爱边疆的政治氛围。从外地来的徐国良是个高中毕业生，在连队算是个知识分子，但是，他不适应高原气候，经常头痛脑热，不安心在边疆服役。"藏三连"这支英雄连队长期以来坚持以边疆为家、艰苦为荣、建设边疆、保卫边疆的精神教育了他。于是他端正了思想，稳定了情绪，充分发挥自己文化基础好的优势，经常帮助别人学习文化知识，出色完成了各项任务，后来得到了提干。

冲锋陷阵，带军作战

我在"藏三连"担任副指导员、指导员长达八年，在平息叛乱时期，我先后率领连队参加过几十次战斗。

在 1957 年之前，"藏三连"的装备很差，连、排干部用的都是简易手枪，班长们用的武器是汤普森冲锋枪，机枪手用的是 2B26 式轻机枪（捷克式轻机枪），战士们用的则是七九步枪。每次开会，战士们都提意见要求换武器。红坡战①打赢之后，武器装备陆续得到更新，连、排干部换了54式手枪，各班配备了56式转盘机枪、56式冲锋枪和苏式步枪，战士们高兴得合不拢嘴，战斗热情更加高涨，思想觉悟得到了提升。

至今，我依旧记得1959年盐井江西战斗②中的激烈场景。1959年，十四世达赖等反动上层叛乱后，盐井江西以达水伙头为首，纠集200余人进行叛乱。边防第一团团长晏福祥奉命率4、5、6三个步兵连和机枪连、警通连一共382人进剿。当时，因雨季来临，雷雨天气较多，道路难行，各分队提前一天行动。4月18日，部队分别集结于江东、江西待命。4月19日，指挥部抵达报农，获悉雷公寺、达水叛乱武装集结较多，决定兵分三路进剿。

达水伙头的长子达水百长（相当甲长）纠集叛乱武装70余人，占据里地以南险要地形，企图阻击进剿部队。六连从山林里搜索着前进，尖刀班是七班，尖刀班刚接近一个巷道，前面"啪、啪"两声枪响，尖刀班一个战士大腿上中弹，顿时军裤一片鲜红。班长鲁追的枪几乎与土匪的枪同时打响，他立刻命令道："有埋伏，隐蔽，准备还击！"全班战士散开卧倒，尖刀班的冲锋枪、机枪、步枪齐射，压制住土匪的火力。一阵对射后，匪群向左贡县加达村方向逃窜，他们凭借坚固的民房与六连对峙，鏖战半个小时，六连击毙达水伙头的长子等叛匪9人，俘虏14人，其余逃窜，六连跟踪追击。当叛乱武装逃至达水、扎石、永丁一带时，指挥部命令五连的加强排和四连投入战斗，继续追剿叛乱武装，最后全歼这伙叛匪。

盐井江西地区平叛作战，自4月20日开始，至5月1日结束，全体战士发扬"一不怕苦、二不怕死"的大无畏精神，先后进行大小战斗6次，击毙达水伙头等24人，俘虏雷公寺管事等128人，迫使雷公寺巴机活佛、托瓦百长等426人缴械投降。

---

① 1956年，"藏三连"在红坡作战时，以我方无一伤亡的战绩大获全胜，共击毙叛匪21人，消灭了两大匪首。1957年7月，昆明军区公安司令部为"藏三连"荣记集体二等功、三排荣记集体一等功，这是"藏三连"历史上的第一场胜仗。

② 关于盐井江西战斗的部分资料和数据来源于《丽江军区组建四十周年（1952—1992）》一书，在此感谢王凤朝为我们提供宝贵的史料来源。

五湖四海亲兄弟，干部就像老大哥

1958年3月，叛首阿瓦白色纠集叛乱武装120余人，盘踞羊拉、茂顶、南仁、撒荣、都鲁等地。一团奉命进剿，4月2日，团长赵起云率一连、三连、六连由德钦出发，配合公安边防第十三团二营围歼阿瓦白色叛匪。

一团的三个连队昼夜兼程，翻越海拔5000多米、积雪二尺以上的甲午雪山，越往上爬，空气越稀薄，一连、三连有的汉族战士高原反应严重，六连的藏族战士们主动帮他们背背包、背枪支，你拉我，我拉你，互助互帮，团结一致，安全地翻过了雪山。在行军途中，一连、三连的同志把自己的水让给六连的同志喝，充分体现了革命战士亲如兄弟的深厚感情。就这样，三个连以一天两夜赶完平时需要走三天才能到达的路程。我们连于4月4日早上赶至羊拉茂顶，将叛乱武装团团包围。

羊拉茂顶战斗中，六连与一连、三连紧密配合，经过13个小时的战斗并凭借政治攻势，全歼盘踞在茂顶的叛乱武装分子54人。其中包括击毙6人，击伤2人，俘获及投诚46人；缴获步枪11支，手枪1支，火药枪4支，子弹204发，藏刀12把，骡马6匹。

在那场战斗中，在追击叛匪的途中六连八班战士达瓦和扎史饶登等几个战士因饮食不当，患上了疟疾，病得很重，连里把他们几个就近安置，留下随军卫生员照看。这几个战士听说患了疟疾没办法医治，会死去的。达瓦心里想："反正要死了，活不了了，还不如死在战场上。"于是，他们几个不听卫生员的劝阻，放弃治疗追赶部队，要求参加战斗。作为指导员，我急忙询问他们："为什么不治疗？"他们回答说："反正都得死，还不如在临死之前，在战场上多杀几个敌人。"于是耐心地劝导他们说："谁说疟疾不能医治？现在的西药很灵的，你们安心养病吧，把病养好了，再参加战斗也不迟！"同时，我让卫生员好好照顾他们这几个病号。

不论是在平时的军事训练中，还是在深山幽谷的战斗中，"藏三连"的战士们始终发扬团结互助的精神，互相学习、互相支持、互相帮助。在连队里,大家常说"五湖四海亲兄弟,干部就像老大哥"。

在迪庆境内,1958年,民主改革基本结束,翻身农奴当家作主。1960年,武装叛乱已经平息,社会安定,进入和平建设时期。从1960年到1985年的25年里,"藏三连"的脉搏始终紧紧地跟着国家和军队的形势跳动着,投身到轰轰烈烈的社会主义建设中,承担着保卫边疆、巩固国防的责任。几十年来,"藏三连"继承发扬光荣传统,在支援驻地农村的农田水利基本建设、抢险、营建施工等工作中,发扬连队在平叛时期形成的"特别能吃苦、特别能战斗,不怕苦、不怕累、不怕牺牲"的优良传统和过硬作风,充分发挥"战斗队、宣传队、工作队、生产队"的作用,走到哪里群众工作做到哪里,处处起到表率作用,受到部队和地方各级党委、政府、各族群众的好评。

1985年,"藏三连"光荣地完成了自身任务,于10月撤销。我很庆幸,在"藏三连"33年的历史中,我有8年在其中度过,后来我相继调到德钦县人民武装部和迪庆军分区。漫漫人生路,我有30多年在迪庆度过,其中在德钦工作了20多年。我很幸运,把自己的青春年华都献给了迪庆高原。

图4 王凤朝离休后照片(摄于2021年)

图 5　调研团队在王凤朝家中访谈后合影（摄于 2022 年）

访谈时间：2022 年 3 月 11 日
访谈地点：丽江市玉龙县
访 谈 人：李志农、和淑清、周丽梅、张佩佩
记 录 人：和淑清

二　党政军旅篇

哪里需要哪里去，哪里艰苦哪安家

白开喜　口述

我的青春年华从迪庆开始，晚年的退休生活也从迪庆开启，从"飞鸽牌"到"永久牌"，迪庆是我生活和战斗的第二故乡。

图1　白开喜照片

【简　介】白开喜，男，汉族，云南楚雄人，1942年生。1959年参加中国人民解放军，后来到迪庆参加剿匪作战。1983年重返迪庆工作，直至1998年退休。1964年被授予少尉正排级军衔，1988年被授予大校军衔，曾获得"优秀共产党员""优秀团党委书记""先进师级党员领导干部"等荣誉。

1959—1964年　在迪庆边防部队参加剿匪作战，历任文书、文化教员、警卫战士和警卫班长；

1964—1983年　调离迪庆，先后参加援老抗美筑路警卫作战、对越自卫反击战、扣林山骑线拔点作战；

1983—1998年　任迪庆州委委员、州委常委等职，在迪庆军分区担任政治委员。

应征入伍，踏进滇藏高原

记得云南解放那年，大批解放军南下路过我的家乡。他们肩扛钢枪、精神抖擞的形象给我留下了深刻的印象。那时只有七岁的我，就立下志向，长大要报国从军。1959年我高小毕业，以优异的成绩获得了保送楚雄师范学校继续读书的机会。但是我最终放弃了升学，而是毅然决然地选择参军入伍。一方面由于当时家境贫寒，这样可以减轻家庭经济负担；另一方面我是想实现小时候的梦想。

冬季征兵工作开始时，满大街都贴着"热烈欢迎适龄青年踊跃报名参军""一人当兵全家光荣，一人立功全村光荣"的大幅标语，每字每句都让我热血沸腾，我迫不及待地向兵役局提交了报名申请。最终，通过层层选拔，我在60名适龄青年中脱颖而出，成为12名入伍青年之一。在兵役局经过几天的纪律学习后，我们被分到了云南省丽江边防军分区三七零九部队。驻扎地是云南最艰苦的迪庆地区，海拔高、气候恶劣、环境艰苦，还有部分土匪没有被消灭干净。出发之前，我们就做好了参加剿匪作战的思想准备。

1959年12月，我们身着戎装，坐上军用卡车从武定出发前往中甸县。那是我们第一次出远门，第一次乘坐军车，第一次踏上海拔3000多米的高原。车还没到小中甸，刺骨的寒风就迎面扑来，带兵干部说："过了小中甸我们就快到县城了，中甸县海拔3000多米，气温已经零下二十几摄氏度了，大家要做好防寒准备，多加点衣服。"听后我们立即裹上了所有能穿的衣服，但抵达中甸后依旧被冻得瑟瑟发抖。我们被安排在老百姓家里住宿，那时中甸还不通电，晚上一片漆黑；气候严寒，同行的不少新兵都有高原缺氧反应，吃不下饭也睡不好觉。如何战胜高原冬天的寒冷，成为摆在我们面前的第一个考验。

艰苦的行军与连队生活

我们的边防部队驻守在中甸、德钦两县境内，驻防地区高度分散，清理残匪的任务繁重。我们才刚到就被分到了各个连队，我被分到了一营三连一排①，驻守地区是德钦县甲功乡甲功村。

在东竹林寺经过一星期的适应性训练后，我们在副排长的带领下，背着背包开始向甲功连部驻地前进。东竹林寺所在的书松村位于白马雪山脚下，那时中德公路②刚刚修通，从金沙江边到白马雪山顶上，海拔落差将近2000多米。我们从海拔4000多米的地方到海拔2000多米的金沙江边，然后又沿江而上。沿途的道路要么陡峭，要么崎岖，我们一会行走在江边峡谷里，一会行走在寒冷的冰山之上。当时有新兵打起了"退堂鼓"，边走边哭："早知道这么艰苦就不来了。"我也深知路途艰辛，未来必定困难重重。但我告诫自己，当兵是我自愿的，是革命青年对国家应尽的义务，再苦再累也要坚持下来。我鼓励同行的战友们："我们当兵不是来享受生活，既然选择了当兵，就要对得起我们身上的军装，就得不怕苦不怕累，想想红军二万五千里长征路是怎么走过去的，我们走这几天就受不了了，那还算什么军人呢？"

在经过四天的艰苦跋涉之后，我们在茂顶休整了一天，总结了前四天的行军经验和教训；然后再出发，经过里农，翻越一座小的雪山垭口，步行两天终于到达连队一排所在地甲功。

到达连队时，部队没有自己的营房，我们住在老百姓家里。当时正逢国家"三年困难时期"，部队的供应标准也有了调整，粮食由原来每人每天一斤半减至一斤，伙食费由每人每天四角五分减至三角五分，战士津贴从每月7元减到了6元。由于连队伙食很紧张，每天大家都吃不饱，经常

---

① 当时一营营部和二连驻守在佛山乡，一连驻守在羊拉乡，三连驻守在甲功乡。团部在德钦县城。白开喜所在的三连位于甲功乡，连部和一排位于甲功村，二排位于独拉丁，三排位于茂顶。

② 中德公路即从中甸到德钦的公路。

一星期吃不上一次肉。但是在特殊的时期，大家都能理解国家的困难。

当时以十四世达赖为首的叛乱分子还没有完全被消灭，他们仍与人民为敌，继续顽抗。连长在进行新兵教育时告诉我们："我们要有随时准备打仗的思想，一旦有任务，每个新兵和老兵都是一样的。"我们领了领章和帽徽，还有一把老式步枪。我知道，我们要随时做好作战的准备。

雪山剿匪，平息叛乱

除日常的驻守任务外，我们一排还负责看守40多个被俘的土匪。白天带他们出去劳动，晚上还要站岗看守、清点人数，防止他们逃跑和生事。哨位设在我的住户家后面的山间小路旁，周围是一片茂密的森林。

我至今还记得第一次放哨时的紧张情形。那晚，夜深人静、漆黑一片。我扛着老式步枪独自站在岗哨上，脑海里不停闪过敌人来袭击时的画面，想着如遇突发状况了我该怎么办，心跳不自觉地加快了起来。我紧紧地靠在墙上，一动不动，眼观六路、耳听八方。直到换岗的战友来了，我才如释重负。

又有一天，轮到我深夜零点站岗。按照规定，每班换哨时，都要清点俘房的人数。我拿着手电筒挨个清点完后，就站在门口执行看守任务。一个半小时过去了，抱着枪的我竟不知不觉地睡着了。我梦到40多个土匪一个个从我头上跨过去逃跑了，屋里空无一人。我被吓得从梦中惊醒，全身直冒冷汗。我连忙打开手电筒逐一清点人数，结果发现他们都睡得好好的，一个没有跑，我这才把心定下来。自那以后，不管每次晚上放哨时有多累多困，我都保持高度警惕，从不放松。我认识到，这是军人应有的责任，也是对正在睡觉的其他军人生命的负责，特别是在剿匪斗争最艰巨的时期。

1960年4月，有情报称，一批来自四川甘孜得荣的武装叛乱分子，约40人企图深夜秘渡金沙江，翻越甲午雪山进入西藏，叛逃出境投靠十四世达赖。这批叛匪全部都是男性，平均年龄在35岁左右。他们白天躲藏在森林里，派人侦察渡江路线和地点；等到天黑以后，再渡江进入德钦境内。

他们到达金沙江边时，因为没有渡江工具，想出了拆民房、用木头扎成筏子渡江的办法。他们不仅拆了附近三家人房子上的木头，还把能吃的东西都抢走了，老百姓也不敢反抗。

这些叛匪为非作歹，抢夺百姓粮食、乱拆房屋，不仅给当地社会安定带来了巨大威胁，还给群众生活安全带来了很大隐患。得知叛匪已经逃出村寨，并往甲午雪山方向逃窜的消息，我们连夜赶到防区，奉命在甲午雪山垭口埋伏堵击。甲午雪山垭口海拔5200多米，正逢大雪封山，积雪太深，我们无法占领雪山垭口，叛匪也无法翻越。一天一夜过去了，没有一个叛匪出现在我们眼前。我们就这样周旋了十几天，没有任何战果。但叛匪依然在我们的包围圈中，我们在守好通道的同时，立即改变围剿方案，动员附近村寨的老百姓参加大搜山，用人民群众的力量开展大排查。通过军民同心合力，我们日日夜夜敲锣打鼓，用高音喇叭喊话。在宣传党的民族政策的同时，呼吁叛匪"放下武器，缴枪投降"。

在区政府的大力支持下，经过一个星期的围堵、搜寻和宣传教育，除了少数顽抗分子被击毙外，多数叛匪自动缴枪投降，放下武器接受惩罚。甲午雪山围剿叛匪历时20余天，在各方的协助和配合下，我方无一人伤亡，打了一场漂亮的围歼战，最后全连荣获二等功一次。我清楚地知道，这次剿匪的胜利不仅在于连队正确的战术，还归功于当地百姓的帮助和配合。他们大部分人自带干粮，积极协助我们参与围堵、搜寻工作。在一星期的相处中，我们之间建立了深厚的感情。我们不仅稳定了当地的社会秩序，也以实际行动赢得了民心，赢得了老百姓的信任。

深入群众，劝匪投诚

羊拉是德钦县最偏远的一个乡村，距离甲功还有三天路程，需要渡过中运河再翻山过去。1960年，有情报称羊拉有一批土匪约15人要通过中运河进入西藏芒康，企图投靠十四世达赖集团。我们快速赶到中运河边，选择有利的地形进行伏击，我们白天黑夜轮流趴在草丛中监视敌情，饱受日晒雨淋和蚊虫叮咬的折磨。一星期过去了，我们的伏击没有结果。连长要求我们改变战术，撤出伏击区，进驻附近的中坡村做群众工作，并在村中待命。

进村后我们住在藏民家中，组织群众学习党的民族政策，并帮助群众做好事，挨家挨户了解情况，对困难户给予重点帮助，如挑水、劈柴、收割庄稼、打扫卫生等。对于家里还有人在外面当土匪的几户人家，我们不仅没有另眼相待，反而把他们当成重点帮助对象，通过帮助他们来取得他们的信任，向他们宣传党的民族宗教政策等。我们告诉他们，他们家里人在外面当土匪是一时糊涂，只要不与人民为敌，自觉回村，放下武器，当好农民，无罪恶的一律宽大处理，不再追究任何责任。经过数十天的走村串户，广大农民了解了党的政策，看到了解放军的实际行动，逐渐消除了对我们的误解，思想觉悟也大为提高，但凡遇到什么困难或者情况都会来找我们反映。

村里有一位藏族大妈，她的儿子在外面当土匪多年，在我们驻村期间曾回过家里一次。得知村里住着解放军后，他不顾母亲和妻子的劝阻，拿起随身携带的枪，想要杀了我们。母亲和妻子一边哭一边告诉他："你千万不能去，解放军对我们好得很，帮我们做好事，还让我们劝你回来放下武器，好好在家劳动，就不会追究你的责任。"他不听劝告，不仅不相信，还想要在深夜趁着解放军熟睡杀过来。母亲和妻子把他死死拉住，给他开导了很久，讲解放军如何帮助村里的群众，如何宣传党的方针政策。经过母亲和妻子的一夜劝说，他终于被说服了。第二天早晨他的母亲带着他来找我们，表示他愿意放下武器，不再当土匪。我们对他能有改过自新的想法表示热烈欢迎，并让他转告还在外面当土匪的伙伴们，也回来做个安分守己的农民，不要再与人民为敌。没用几天的时间，邻近几个村的土匪都主动回村投诚，决定安分守己在家务农。我们也按照保证，对他们既往不咎，予以宽大处理，并鼓励他们放下思想包袱在家做一个好农民。

经过20多天的农村宣传教育工作，我们没有用一枪一弹，也没有上山去追剿土匪，而是通过人民群众的力量，通过他们的家属，通过党和政府的政策，通过解放军在广大人民群众中的实际行动，让企图叛逃出境的土匪醒悟过来回村缴械投诚，接受党和政府的再教育。这一方面维护了当地社会的安定，另一方面保存了部队的更多力量。剿匪的过程也是部队密切联系群众的过程，在这次事件中，我们把军事进剿和开展群众工作相结合，在群众中树立了良好的形象，赢得了广大群众甚至土匪家属的信任，充分维护了他们的利益。

在连队普及文化知识

1960年，原一营三连被整编为独立八连，仍驻防在甲功乡，主要任务是搞好连队军事训练，维护社会稳定，严防武装叛乱，保证人民安全。连队在抓好军事训练的同时，还需要加强政治教育，大力普及文化知识。当时连队战士中有50%以上是文盲和半文盲，没有一个初中生，我这个高小毕业生，在连队算是文化程度比较高的了，连长决定调我到连部当文书兼文化教员。

到连部不久，根据团里的通知，我被派到团里学习汉语拼音，并要求回来后在连队普及文化知识。因为我读小学时就有些基础，所以学习了两个月后就回连队开办学习班。许多战友在刚开始学习时有些困难，多数人连自己的名字都不会写，更不用说掌握汉语拼音了。我认为教会拼音中的26个字母比较容易，但用拼音来拼字就比较困难，尤其是要拼准每一个字的读音。于是，我首先教会他们牢记26个字母，再教拼音，最后教查字典。通过一段时间的学习，大家都有了很大的进步。许多战友不仅学会了写自己的名字，还渐渐地学会了认识和书写生字。在此基础上，我还让学员互帮互学，采取一帮一的学习方法，在短短半年内，好多同志摘掉了文盲的帽子，学会了写家信，记笔记，用拼音查字典、看书、看报等。

为了适应少数民族地区的工作，我利用空余时间请房东强巴老人教我讲藏语。每天结束部队里的工作后，我就在他的院子里学习常用的藏语，从词语到简单的句子再到对话，不到半年时间我就基本能和当地藏民进行日常交流了。有一次，连长要去二排防区检查工作，他要我和他一起去，

图 2　白开喜坚持每天写日记的部分笔记本

我不仅当了他的警卫,还当上了翻译。连长很高兴,鼓励我继续学好藏语。也是在那一次之后,我深切地感受到了学好当地语言的重要性,这对于深入基层、赢得信任、推进工作都有很大的帮助。

调离迪庆,群众洒泪欢送

1964年,为了适应新的备战形势,根据中央军委和昆明军区的命令,丽江边防军区边防一团整编为陆军第十四军四十二师一二五团。而原来驻守在中甸、德钦的边防一团除了留下"藏三连""藏七连"两个民族连和团机关的少数人外,其余人员全部调离迪庆高原。

当年的8月1日是我们边防一团在迪庆高原的最后一个建军节,大家欢聚一堂,共庆节日。"八一"建军节过后,全团部队集结在中甸城区,整装待发。8月5日,部队正式出发。当时中甸城区的人口并不算多,但是听说部队要调走,地方党政机关工作人员、群众千余人,一大早集结在粮食局公路两旁,等候欢送我们。当部队缓缓步行穿过欢送人群时,只听见人群中传来阵阵哭声,许多群众含泪向我们握手告别,看到当时的场景,我们好多战士包括我在内都忍不住泪流满面。

回想起在迪庆的五年时光,我问心无愧、感怀深刻。我们团努力发扬部队的光荣传统，为迪庆的民族团结、社会稳定、发展生产做出了应有的贡献，一些战友也为此献出了年轻的生命，永远留在了高原土地上。特别是1959年西藏武装叛乱时期，为了最大限度地牵制本地叛乱人员投靠十四世达赖集团，我们在地方党委和政府的支持配合下做了大量工作，较好地控制了叛匪的外逃。也是在那样一次次的工作中，我们得到了当地百姓的信任，与迪庆各族人民建立了深厚的感情。虽然时间不算长，但是对滇藏高原这片沃土，我们饱含着言之不尽的深情。离别时的依依不舍，充分说明了军民之间的情谊比山高、比海深。

在一片片的哭声中，我擦干了泪水，挥手向人民群众告别。部队的车辆缓缓行进，一路上仍有许多群众自发地出来欢送我们，向我们招手致敬，目送着一辆辆军车驶过。

"飞鸽牌"变成了"永久牌"

1982年，昆明军区政委谢振华到我团检查指导工作。在座谈会上，他提出："明年团以上领导班子要做一次大的调整，你们要做好思想准备。"1983年3月，通知下达，我被任命为迪庆军分区政治委员。部队领导告诉我："调你到迪庆军分区，一是因为在迪庆当过兵、剿过匪，对情况比较熟悉；二是因为你年纪还轻，能适应那里的工作。迪庆虽然工作艰巨、条件艰苦，但这是党组织对你的最大信任。"

听完之后，我既高兴，又担心。高兴的是上级党组织对我的信任和重用，担心的是怕自己胜任不了工作。回想起迪庆艰苦的环境和高寒的气候条件，说心里话我有些后怕。经过几天的抉择，我放下了思想包袱，告诫自己：作为一名共产党员，就必须听党的话；作为一名军人，服从命令、听从组织安排是天职。哪里需要去哪里，哪里艰苦哪里安家，才能真正体现一个军人应有的政治本色。

1983年3月，我再次踏上了滇藏公路。对我来说，这条路并不陌生。20多年前，身为新兵的我乘着军车赶赴迪庆高原的场景依然历历在目，恍如隔日。当时的我带着党的使命又一次前往，开启我第二次进藏的工作，

图3 1988年，中央军委主席邓小平授予白开喜"大校军衔"

心境和责任不同于往日。当又一次看到熟悉的草原和雪山，我暗自下定决心扎根高原，一定要在迪庆好好干一番事业，把军分区和人民武装部建设好，把民兵预备役队伍建设好，为维护边疆民族团结、社会稳定，加强社会经济建设做贡献，那是我重返滇藏高原所立下的军令状。

图4 1988年白开喜（右一）与迪庆各族群众共度藏历新年

半年后，我说服家人搬到迪庆。刚到时，由于海拔高，孩子的高原反应比较严重，头痛气喘，家人纷纷责怪我。我耐心地做他们的思想工作，告诉他们:"藏族同胞祖祖辈辈都生活在这里,而且这里也有很多外地人,他们都能适应,你们也一定可以的。"后来,家人逐渐适应和习惯了。有些同志看到我把家都搬过来,常常开玩笑说,"飞鸽牌"变成了"永久牌"。在我的感召下,相继有十几个干部把家属从条件优越的内地搬到了迪庆高原安家落户,大大促进了干部战士扎根高原、安心做好本职工作。

图5 白开喜(右二)到寺院进行慰问及宣传党的政策

我不仅把青春年华献给了迪庆人民,而且把子孙带到了这里,我们一家人永远是迪庆高原人民的儿女。我的大儿子在退伍后,回到了迪庆高原,在当地结婚生子,把根扎到了这里。二儿子从云南师范大学毕业后,在纠结要留在昆明还是回迪庆之时,我以"高原需要教师"为由,让他回来服务迪庆的教育事业。家里唯一的女儿也像二儿子一样,毕业之后回到迪庆教书,把知识传递给高原。可以说,我们一家人都把迪庆当作我们的家,当作我们的第二个故乡,把全家的一腔热血洒在滇藏高原上。我在迪庆高原这片沃土上前后奋斗了近30年,和迪庆各族人民结下了深厚的感情,这是我情洒滇藏高原结下的丰硕果实。

"军令遣我到迪庆,雪域高原铸军魂。青春年华献高原,献了青春献子孙。"我的军人生活在滇藏高原起步,也在滇藏高原止步,情洒滇藏高原是我军人生活的缩影,我将永生难忘并珍藏这段漫漫征程路。

访谈时间:2021 年 3 月 24 日
访谈地点:昆明市五华区
访 谈 人:李志农、高云松、张辉、周丽梅、和淑清、马渊
记 录 人:和淑清

以师带徒,培养少数民族干部

和凤楼　口述

看到一批又一批少数民族干部在锻炼中迅速成长,迪庆真正实现了少数民族当家作主,少数民族真正有能力做到民族区域自治,我觉得自己的努力没有白费。

图 1　和凤楼照片

【简　介】和凤楼,男,纳西族,云南丽江人,1929 年生,2024 年逝世①。1950—1956 年在丽江华坪县从事革命工作,1956 年调任丽江地委组织部组织科副科长。1962 年到迪庆德钦工作,先后担任德钦县委常委、组

---

① 和凤楼于 2024 年 2 月逝世,但是参与了 2021 年和 2022 年的访谈、回访与文稿校对。

织部部长，德钦县委副书记，迪庆州委常委、组织部部长，第一任纪律检查委员会书记兼州落实干部政策办公室主任等职。在30多年的干部工作中，曾正确处理、平反历史上的诸多冤假错案，先后为党选拔了大批各级领导干部，特别是少数民族干部。他被中共云南省纪律检查委员会、省监察厅授予"党的忠诚卫士"光荣称号。1986年离休。

1962—1974年　任迪庆州德钦县委常委、组织部部长；

1974—1980年　任迪庆州委常委、组织部部长；

1980—1984年　任迪庆州委常委，第一任纪律检查委员会书记兼州落实干部政策办公室主任；

1984—1986年　任迪庆州政协副主席。

走上革命道路

1942年，我以第一名的成绩被国立丽江师范附属学校第一期高小班录取。在学习阶段，我受到了民主革命思想的影响，接触到党的抗日主张。1949年4月我参加了中共地下党领导的"农抗会"① 及民兵自卫队，发动群众反抗国民党的征兵、征粮、征税，并于同年8月加入中国共产党。新中国成立之时，虽丽江还未解放，但远在祖国西南边陲的丽江人民仍敲锣打鼓，欢天喜地。后来，我当选文华村副村长，带领村民继续进行革命斗争。

1950年5月，经党组织选拔，我参加了丽江地委干部培训班。在五个月的学习期间，我深刻学习和认识到党的历史、宗旨、理念。我从一名辍学在家的农村青年，到一名真正的中国共产党党员，并成长为一名共产党的干部。

培训班结束后，我被调到华坪县委担任文印员，负责机要文件的处理。当时县委虽有国民党留下的一部老式电话机，但为防止特务窃听，我

---

① "农民抗日救国会"的简称，是抗日战争时期解放区农村中的群众性组织。它在中国共产党的领导下，组织农民进行抗日，同时开展减租减息、反霸斗争和生产运动。

们不敢随便使用。处理机要文件是一件考验人的细心和定力的工作，容不得半点差池和懈怠。我们不分昼夜，文件一来，就要立即准确无误地刻印出来，递到领导手中。每个值班的夜晚，我们都在昏暗的煤油灯下刻字，不一会儿就眼花缭乱；常常不得不凑近刻板，我的帽檐多次被烧出几个大洞；长时间坐着，不免腰酸背痛，脚也是肿得老高，每次都要硬撑着才能把鞋子穿进去。

德钦第一批民族骨干

1962年，我被上级任命为德钦县委组织部部长。在当时，许多人对党的组织部缺乏了解，认为组织部就是党派下来管理领导干部的。事实上，组织部肩负着党的干部队伍、人才建设的重任，尤其是在边疆地区，关系到党的民族工作等各项工作的顺利开展。

新中国成立后，毛主席发出指示[①]，要求加大力度培养和使用少数民族干部。这是贯彻落实民族区域自治制度、维护民族团结的需要，同时少数民族干部拥有天然的优势，如通晓本民族语言文字、历史现状，了解群众的思想感情和需求，同群众有紧密的血肉联系等，能为党的民族工作及社会主义事业建设发挥不可替代的作用。

解放初期，德钦县的干部主要有三方面来源：一是随军接管国民党德钦设治局的外来干部13人；二是从1950年8月开始，从农村吸收，并选送到民族训练班、中共云南省委党校、云南民族学院学习的民族青年积极分子；三是根据边疆民族政策、统战政策，安排在各级政府部门的一些拥护共产党、靠拢人民政府的土司头人。

整体来看，这批民族干部多出自贫苦农奴阶层，阶级立场坚定；但文化水平普遍较低，很少有人进过学堂。自参加工作以来，他们先后被送到中共云南省委党校、云南民族学院等干部培训班，甚至到中央民族学院、

---

① 新中国成立后，毛主席在《对西北少数民族工作的指示》中明确指出："要彻底解决民族问题，完全孤立民族反动派，没有大批从少数民族出身的共产主义干部，是不可能的。"

西南民族学院学文化、学政治、学革命，文化素质得到显著提升。并且，经过民主改革和社会主义改造的锻炼与考验，他们积累了丰富的工作经验，成为在德钦开展工作的第一批骨干。

攻克难题，选拔干部

古人常说："一年之计，莫如树谷；十年之计，莫如树木；终身之计，莫如树人。"这句话主要说的是要重视对人才的培养。培养少数民族干部事关德钦发展前途和命运。因此，下乡调研、选拔和培养本地的干部，成为我到德钦后最重要的工作任务。

但是一到岗位上，我就面临着"两大关"。首先是语言关。当时的德钦，本地的干部和群众基本上都讲藏语，很少讲普通话，语言不通导致我们的工作根本无法开展。于是，我想尽办法克服困难，组织安排了随同翻译人员，每次下乡我都带着他，几乎寸步不离。同百姓交流时，我就一直观察、模仿他的发音和口型，边学边用，渐渐就积累了许多日常的藏语词语。

再来是知识关。初来乍到，我对德钦县许多地方知识了解不多。很长的一段时间，我都抱着德钦地图，从认识每个乡镇、村寨及其位置开始。每见到一个当地干部，我都虚心请教他们家乡各方面的情况，并及时用小本子记下来。每次下乡前，我基本掌握了每个乡、每个村的自然环境、经济收入、主要经济来源和民风民俗等背景。久而久之，语言关和知识关两大问题顺利解决后，我的工作也正式走上了轨道。

每到一个地方，我们就组织召开座谈会。采用"举荐制"，让当地干部有针对性地推荐阶级成分好、踏实肯干、有思想、有担当、适龄的候选人；之后，再走村串巷，与老百姓聊天，全方面了解每一位候选人的政治品质、工作能力、生活习惯、家庭情况、村民评价；最后，我再与候选人面谈，通过交流，从他们的谈吐、见解和行动中，大概分析出他们的能力、政治觉悟水平、特长或特点。综合多方面的考察后，最终再来判断他是否适合被遴选为一名后备干部。

这样的选拔工作绝不是走过场，而是需要来回反复、不偏不倚、全方位的考察，更重要的是要有耐心。有时候为了选拔考察一名干部，需要往返跑上个四五趟，花费一年多的时间。

有一天，村里向我们举荐了一位年轻的藏族小伙子。他热衷集体事务，工作积极主动，文化程度高，群众呼声也很高。可也有少部分人因他有不良习惯而持反对态度。听取了各方意见后，秉持"不希望一个好的干部苗子被抹杀"的原则，我便暗自下乡查访。经过多次的走访，我发现这个小伙子确实有喝酒的嗜好。迪庆属高寒地区，群众饮酒暖身的习惯由来已久。但喝酒过量，难免会耽误工作。因此，若要成为一名国家干部，就必须严格要求自己。最后，经过组织的教诲，他严守党规党纪，改掉了嗜酒的习惯，成为一名受大家欢迎的工作积极分子。

多渠道培养，大胆放手使用

我们另一项重要的工作，就是通过多种渠道，提高干部队伍的整体素质。

一方面，开办专业主题形式的培训班。对少数民族干部进行市场经济、民族贸易、科学技术等知识的培训，使其掌握履行岗位职责所必需的专业知识与技能。针对部分干部认为自己文化水平低、业务能力差且信心不足的情况，我们提倡干部互相关心、互相爱护、互相帮助，要以师带徒、以老带新、以强带弱，尤其是外地干部更要把本地干部当成亲兄弟，要在生活、业务、理论等各个方面帮助少数民族干部成长，最后使他们在实际工作中逐步熟悉业务、增长才干。

另一方面，我们选调农村中的积极分子参加民族训练班、妇女训练班以及卫生培训班等，并把一部分当地民族干部选送到中共中央党校、中共云南省委党校以及云南民族学院、西南民族学院、中央民族学院学习深造，以逐步提高少数民族干部的学历层次和文化水平。

经过多渠道、全方位的培训，少数民族干部政治水平、业务水平和文化素质有了很大提升。经过定期考核后，我们就大胆提拔、放手使用，有意识、有计划、有步骤地安排一批想干事、能干事、会干事的年轻干部到急、难、险、重、繁的岗位上参加锻炼，并将其中优秀的少数民族干部破格提拔到领导岗位上，让他们有职有权。

在外地干部的悉心帮助和本地干部的努力下，从1957年至1966年底，德钦县委组织部培养了一大批"留得住、用得上、干得好"的少数民族干部。看到一批又一批少数民族干部在锻炼中迅速成长，迪庆逐步实现了少数民族当家作主，少数民族真正有能力做到民族自治，我觉得自己的努力没有白费。

翻雪山，过溜索

在德钦的日子，我大部分时间，不是在乡下工作，就是在下乡工作的路上。迪庆州境内群山起伏、江河交错、峡谷纵横，出行条件非常艰苦。下乡时，人马栈道贯穿于群山之中，雪岭千寻、鸟道羊肠，有的地方上有绝壁、下临深渊，险峻到让人心惊胆战，人马坠落的情况时有发生。走在这些地方，会不自觉地心跳加快，腿脚不听使唤，只能屏住呼吸，缓缓而行。一路上，我们翻雪山、过溜索，经过的高山峡谷数不胜数，险峻程度犹如"一夫当关，万夫莫开"。

白马雪山因海拔高，终年积雪，雪深处超过一人多高。特别是11月到来年的4月，往往是雪深难行。在这些月份下乡，我和同伴就只能凭记忆沿着山脊走，或看着露出雪面的电线杆顶部走。遇到雪浅的地方徒步前行；遇到积雪50厘米左右的地方，则用树枝做成简易的"雪橇"滑行；如遇到再深的积雪时，只能注意绕行。这是我在雪山上摸爬滚打，不断总结出的经验。

除此以外，遇到林深树茂处，我们更是格外注意熊、雪豹、豺狗、野狼等野生动物的出没。雪山上的天气瞬息万变，雨雪来临之前，我们只能提前去牧民家投宿。在高海拔地区工作，我经常出现严重的缺氧状况，只好随身携带冰糖和人参，以备不时之需。很多次，我都靠着这些高原必备品才捡回了一条命。

图 2　终年积雪的白马雪山（邬迪摄于 2023 年 5 月）

一次，我从德钦出发到霞若乡召开基层干部会议。我和向导翻越白马雪山到达奔子栏，稍作休整后继续赶路翻越格里雪山。出发没多久，向导就体力不支，走走停停。心急的我害怕耽误工作，只身一人继续赶路。翻越格里雪山时，大雪遮盖了山沟。四米高的电线杆，也只看得到顶端的半米，一时竟不知道哪里是山梁、哪里是山沟，我在齐腰深的大雪中寸步难行。就在这时，我一不小心，整个人掉进了被雪覆盖的山沟里，越是挣扎，就越往雪里陷。不一会儿，浮雪已经埋至我的脖颈，四周都是白茫茫一片厚雪，寒风刺骨。待没有继续下陷，脚下感觉有了支撑后，我才试着稳住身体，慢慢移到高处，最终脱离了险境。

德钦的许多地方山高水深，不通桥梁，但凡过江都需要过溜索，这是迪庆较有特色的交通形式。为减少渡江过溜索的跨度，渡口一般都选在江面较狭窄、两边巨崖对峙的地方，在两边巨崖上竖以圆木，周围垒砌巨石，将竹篾绳拧成碗口粗，系于两头圆木或巨石上，两边一高一低形成高差易于滑行，这边使劲一蹬脚，飞抵对岸。

有时遇到丰水期，江面较宽处，人溜出去，就得使巧劲才能溜到离对岸较近的位置。如无技巧就会挂在水中央，半个身子都浸在江水里。这时就得靠攀爬才能到对岸，十分吃力。而这种溜索绳都由竹、藤制成，长时间日晒雨淋，就会出现老化断裂的情况，常有人畜、货物不慎坠落到激流，被江水吞没。

记得第一次过溜索的时候，面对40多米宽、波涛汹涌的江面，我紧张得大气不敢出，心扑通扑通直跳。硬是站在江边鼓了半天的勇气，我才让村民帮忙把绳子勒住腰杆，打牢扣结，双手紧抱溜梆。但是听着"唰唰"的滑轮摩擦溜索的声音和"呼呼"的风声，我还是全程不敢睁眼。待到了对岸，我才松了口气，但仍心有余悸。

做普通藏民"阿爸老和"

刚下乡时，我还有一些不适应。尤其是在饮食方面，一些老百姓直接用手抓取食物，当看到他们用黑乎乎的手揉糌粑时，我不太习惯。但是我心里很明白，一个不经意的眼神，或者非故意的表情，都可能拉开彼此的距离。为了取得信任，我从心理上克服了不适应，等和大家彼此信任了，再来想办法改变大家的卫生习惯。

下乡的次数多了，和老百姓一起生活劳动的时间一长，久而久之，我和乡亲们熟络了起来，就连穿戴也一个样：一件羊皮褂子、一把砍刀、一个被子包袱和一个公文包。混在人堆里，我就像一个本地的老藏民，老百姓也待我如亲人一般，亲切地称呼我为"阿爸老和"。连村里最凶的狗，远远地见到我，都会像见到朋友一样跑过来，摇起尾巴。

老百姓每次只要远远地看见我从山里风尘仆仆而来，就会从家里端出热气腾腾的酥油茶，甚至拿出家里仅有的粮食（大部分是青稞炒面和土豆），让我暖暖身子，吃饱饭。从海拔将近4300米的白马雪山垭口翻越而过后，能喝上一碗热乎乎的酥油茶，我的心里总是暖暖的。

1963年，"四清"运动刚开始的时候，领导干部组成工作队下乡。我所在的工作队被派至中甸县四村，身为队长，我带领各位领导干部与百姓同吃、同住、同劳动，有事同商量，解决问题，要一根竿子插到底。我也主动提出要求，住到了当时四村最贫苦的尼玛家。

尼玛家有一个破旧的小平房，房内的左边有一个火塘。一家人白天在火塘边做饭、吃饭，到了晚上，所有人就头朝火塘，围着火塘席地而睡。火塘右边圈养的牲畜时不时会发出声响。住进来后，我睡在尼玛家人与牲畜之间，两侧用竹编的屏风隔开。家里有一个失明的老阿妈，她慈祥温和。每到开饭时，老阿妈总是第一个把吃的东西捧到我的手中。一天，我在院子里干完活，刚进房门，就看见老阿妈一家吃的是个头很小的洋芋，留给我的是青稞粑粑，我顿时一阵酸楚。在当时，青稞粑粑是很稀贵的粮食，见到这样的场景，感动之情难以言表，一时间我愣在了那里。后来，我告诉老阿妈"我最爱吃烧洋芋，以后就和你们一起吃烧洋芋"！从那以后，老阿妈经常跟别人说，"阿爸老和最爱吃烧洋芋了"。在那里住了三四个月后，我和这家藏族同胞结下了深厚的情谊。直到现在，我还常常会想起他们，想起那位失明的老阿妈。

远学大寨，近学新联，德钦学阿东

1964年，国内刮起了"学大寨"的先进之风。远在德钦的干部群众深受鼓舞。当年初秋，我和十多名少数民族干部怀着无比激动的心情一起乘上了北上前往山西省的列车并转车抵达昔阳。

我们沿着小路爬到山坡，参观大寨田，所到之处，庄稼长势甚好。当听到讲解员说到大寨农民如何战胜困难，劈山造田、建设基本农田、精耕细作、科学种田，热火朝天地靠双手创造自己的美好未来，并最终将"穷山恶水""七沟八梁一面坡"改造成"层层梯田米粮川"，亩产猛增700多斤，真正做到了不借国家的钱，不向国家要东西的"传奇"时，我们无限感慨。

山西之行，我见到了大寨奇迹的带头人陈永贵，他中等身材，一脸黝黑，一看就是个勤快的庄稼人，和他握手的瞬间，我发现那是一双满是老茧的粗糙的手。他说，"农业学大寨就是一场艰巨的社会主义革命，舒舒服服学不了大寨，轻轻松松改不了面貌"。这句话深深地印在了我的脑海中，对我们启发很大，教育很深，决心要以他为榜样。

调研归来，迪庆州专门召开会议，让外出学习的干部交流心得，反复学习大寨、昔阳的经验。于是，州内各县、区领导带头走出机关，深入农业生产第一线，抓典型，迪庆州学大寨样板"东旺新联乡"①就在这样的背景下诞生了。

由于德钦县土壤贫瘠、水利条件差，历来农作物产量极低，农业生产条件是一旱、二坡、三不稳，条件差、困难多。但在亲眼见到大寨人、东旺人面对比我们更加艰苦的条件都能改天换地、创造奇迹取得丰收后，我们满怀信心，相信德钦县也能办到。

1966年，在中共德钦县委的组织②下，全体干部学习毛主席关于"农业学大寨"的系列指示，学习大寨人坚定不移走社会主义道路、胸怀国家、顾全大局的崇高风格，破除"等、靠、要"的依赖思想，开展"农业学大寨"运动，在巨水、宗顶、奔子栏、阿东等地建立"县委样板田"，兴修水利，大搞以改土为中心的农田基本建设，修大寨基本田（梯田、梯地）。

在活学活用大寨经验的同时，我们结合德钦具体情况制定建设规划，全体干部深入农村，同群众一起开工。凭着锄头、箩筐等简陋的生产工具，我们从早到晚带领村民坡改梯，修大寨式梯田、梯地；修水渠、修排涝沟、修水塘、拦河坝。针对百姓过去牲畜不垫圈、山肥不下山的旧习惯，我们还努力改变他们的思想观念，进行科学知识教育，并狠抓积肥、造肥运动，让村民挖肥坑沤制肥料，大力发展牲畜垫圈积肥，成功让低产田变高产田。以上举措改善了当地的水利设施及农业生产基本条件，增强了全县农田灌溉和防涝抗旱能力，为农业持续丰收提供了

---

① 1962年，新联乡是一个贫穷落后、基础条件差的穷山村，"新联沟、新联沟，看天一条缝，看地一道沟，土地挂在岩壁上，旱虫风雹灾情年年有，吃粮靠返销，用钱靠贷款"，这既是当地流传已久的歌谣，也是新联人彼时的生活写照。从1963年起，当地干部带领人民兴修新联大沟、改坡地为水平梯地、建发电站、开发试验田等。在新联人的艰苦奋斗下，他们先后修建了全长54公里的22条水沟（包括新联大沟）及6个新的蓄水池，灌溉面积最终达到了1600多亩，喜人的成绩吸引了一批又一批外地人前来新联观摩学习。自那以后，全省特别是丽江专区掀起了"远学大寨，近学新联"的群众运动。
② 1966年，县委书记和跃周在阿东召开了若干次现场会，提出"以粮为纲、粮畜并举、多种经营、全面发展、斗旱、改坡、求稳、取高，建设稳产、高产基本农田"的农业方针，德钦县掀起了基本农田建设的高潮。

保证①。

"远学大寨,近学新联,德钦学阿东"是当时最响亮的口号,也是我们共同的目标,促使迪庆的各族群众融入了国家的整体社会建设之中,并和全国人民一道当家作主,改变着当地落后的生产面貌,自豪感、荣誉感、成就感让所有的干部群众都干劲十足。

"党的忠诚卫士"

1978年,党的十一届三中全会召开,开启了改革开放和社会主义建设的新征程。落实解决"文化大革命"期间的一系列冤假错案,正确处理历史遗留问题,落实党的各项政策成为我们工作的当务之急。作为落实政策办的主任,我每天都有大量的干部上访事件亟待处理,甚至连吃饭的时间都没有。每天早上我还没到办公室,门前就排起了长队,晚上下班回家,又早有人在家门口守候。

为彻底解决历史遗留问题,特别是知识分子的冤假错案问题,我们把对知识分子"政治上一视同仁,工作上放手使用,生活上关心照顾"的政策落到实处。工作第一步,就是发放"落实知识分子政策调查登记表""落实知识分子政策登记卡"等给每个人填写,详细了解个人经历和他们的诉求,并随后安排调查档案,核查其陈述内容是否属实。本着"有错必纠"原则,我们按照上级指示,为其平反、恢复名誉,逐条落实政策。

一是适当改善知识分子的条件,在全州范围内清退"文化大革命"中被查抄的房产、物资和现金,全面落实省委、省政府关于改善知识分子生活待遇的规定,力所能及地解决他们关心的工资问题、住房问题、夫妻分居两地问题以及"农转非""入党难""发挥知识分子专长""子女升学就业难"等问题,防止州内人才流失。

二是在广大干部和群众中纠正对知识分子的偏见,将他们从沉重的政

---

① 1973年,仅燕门公社就建成了大寨式农田1200多亩,粮食大幅度增产。

治压力和精神负担中解放出来。在此前提下，我们调动一切积极的因素，团结一切可以团结的力量，把一些德才兼备的中青年知识分子选拔到了各级领导岗位上并放手使用，使干部队伍逐步适应"四化"建设的需要，为振兴迪庆经济献策出力。

图3　2004年和凤楼（右一）被授予"党的忠诚卫士"光荣称号

三是改善他们的生活工作以及医疗保健条件，提升他们的社会地位和工资待遇，落实相关补助政策，组织他们外出参观学习，并为医生、教师等群体增设医疗、教学设备。对一些当时因财政资金困难，尚无法落实的干部待遇政策，我们对干部详细说明情况，让他们相信随着各方面条件的成熟，许多问题是可以解决的，干部也能体谅国家。

在落实政策小组、党政有关部门上下一致、左右协调的努力下，迪庆州"拨乱反正"工作基本上做到了事事有交代、件件有答复，在"反右派""反右倾""四清"等运动中被错误判刑、开除、处分的数百名干部先后被甄别、平反、恢复名誉并落实政策。至1987年，我们就解决了292人夫妻分居两地的问题，解决了136户家属"农转非"的问题，并将 395 名知识分子吸收入党,使他们卸下了思想包袱,继续为党的事业做贡献。

访谈时间:2021 年 3 月 2 日
访谈地点:丽江市古城区
访 谈 人:李志农、周丽梅、陈经宇、和淑清
记 录 人:周丽梅

从首都北京到迪庆高原

赵鹤阳　口述

1958年入党之时，我曾立下铮铮誓言："做一个不辜负人民、不辜负党组织的共产党员。"党指到哪里就到哪里去，于是我从首都到省城再到迪庆山区工作。只有在基层，我才能和群众越走越近，把所学都用在老百姓身上。

图1　赵鹤阳照片

【简　介】赵鹤阳，男，纳西族，云南丽江人，1926年生。从华北军政大学毕业后进入国家民委工作，参与中央民族访问团和全国少数民族上层统战人士接待等工作。1958年，在党中央号召青年党员到边疆去的背景下到云南昆明工作。1963年，动员在云南省第一人民医院妇产科工作的妻子一起到迪庆州维西县工作，支援维西建设，扎根边疆。1987年离休后积极为维西县贫困群众、贫困中小学生捐款，为基层干部群众免费订购理论书籍和义务宣讲党的政策。先后被评为"全国离退休干部先进个人""云南省群众文化先进工作者"等。

1950—1958 年 工作于国家民委政策法规司；

1958—1963 年 工作于云南人民广播电台，任编辑、记者；

1963—1987 年 工作于迪庆州维西县，先后任维西县文化馆馆长、文化办公室主任、文化局党支部书记等职。

我的迪庆情结，从中央民族访问团说起

我自幼家境贫寒，父母没有钱供我读书。幸运的是，我考取了公费的丽江师范学校。入学后，我努力学习科学文化知识，并受到了新思想的影响，这让我内心萌生了一种想法，即年轻人必须有志气，不能落后于别人，如有机会，一定要出去看看，开开眼界。毕业后，我获得了在蒙藏学校深造的机会，并在之后考取了人民解放军华北军政大学。

新中国成立后，消除各民族之间的历史隔阂、宣传党的民族政策、增进各民族的信任与了解是当时中央及地方政府在民族工作中亟待解决的问题。为此，国家民委陆续组建民族工作组、文艺宣传队、电影放映队，并成立中央民族访问团。凭借优异的成绩以及来自边疆的纳西族少数民族干部身份，我成为国家民委的一分子，开始了我的民族工作生涯。

从 1950 年起，在毛主席的提议下，党和政府决定组织中央民族访问团，并派出西南、西北、中南、东北内蒙古 4 个访问团。在那期间，我跟随夏康农、王连芳等一行参加了西南访问团第三分团去云南[①]，担任联络组成员。

西南访问团第三分团在昆明受到了云南省党政军领导和各民族代表的热烈欢迎。每到一地，群众纷纷高呼"北京的亲人来了"。1950 年 10 月中

[①] 西南访问团分为三个分团：第一分团去西康，刘格平兼任团长；第二分团去贵州，费孝通任团长；第三分团去云南，夏康农兼任团长，王连芳任副团长。

图 2　1951 年中央民族访问团第三分团联络组全体同志（前排左一为赵鹤阳）

旬，我们全体访问团成员参加了丽江区各民族代表会议。① 会上，访问团转达了毛主席对各族代表的慰问，赠送了从北京带来的锦旗、毛主席纪念章、中央首长的题词等。参会的大多数是少数民族，看到毛主席为他们题写了标语，还派人来慰问，个个都十分激动，见到访问团成员仿佛见到亲人一样。

10月底，我随王连芳副团长一组去中甸。每到一地，访问团组织召开各族各界代表会议，同时通过慰问及演出文艺节目、播放电影《开国大典》等形式宣传党的民族政策。访问团反复强调，第一，党的团结是真诚的、长期的，即使是过去与解放军打过仗的汪学鼎，也一律既往不咎，不算旧账。只要不再敌对，土司枪支也一律不交。第二，民族之间和民族内部坚持团结统一，不能械斗、自相残杀。即便相互之间存在再大的冤仇，都宜解不宜结，共同向前看，互相协商，合理调解。第三，民族内部的民主改革，一律由各民族内部协商，民族上层不同意就绝不改革。

我们就地召开座谈会，向当地代表宣扬党的民族政策、宗教政策。通过召开座谈会，访问团使一些多年的冤家对头重归于好。中甸藏族上层阿坚感慨地说："以前不团结，现在团结了，以后睡着、坐着、站着、走着

---

① 出席会议的有全区 13 个县的纳西族、藏族、白族、傈僳族、苗族、怒族、俅人（独龙族）和汉族代表 299 人，列席代表 65 人。

再也不像以前那样因仇杀而提心吊胆了。"此外，我们还认真同当地代表讨论了《中国人民政治协商会议共同纲领》中的民族政策，检查了专区各级人民政府和人民解放军执行民族政策的情况，研究了如何更好地加强民族团结，共同建设友爱合作的民族大家庭，贯彻民族政策的具体措施。

为充分了解各族人民疾苦，把各族人民的意见直接带给中央，访问团还通过个别访问、召开座谈会、进行专题或典型村寨调查等形式，认真听取、积极了解民族地区各方面的情况和广大少数民族群众对党和政府的意见、建议与希望。所到之处，我们都进行了深入调查研究，全面系统地了解和掌握了迪庆各民族地区的人口分布、生产生活、贸易交通、文化教育、医疗卫生、宗教信仰、社会风俗、民族关系、政权建设等方面的详细情况，还写出了大量的第一手调查材料、调查报告并及时向党中央做了详细汇报，继而提出了涉及当地民主建设、社会改革、贸易交通、文教卫生等工作的建议。一手资料的获得，为后来民族地区实施民主改革和社会主义改造、民族识别等各项工作提供了直接参考资料。

响应号召，支援维西建设

1958年底，我响应党中央"青年党员要到边疆一线，帮助农村实现社会进步与发展"的号召，主动要求从国家机关调回云南工作。从首都北京来到云南昆明，我在云南人民广播电台当一名普通编辑。1963年，不顾台领导、同事、亲戚和朋友的挽留，我又一次向组织提出要到迪庆州维西县工作，并说服家人同我一起前往。维西县是全国唯一的傈僳族自治县，当时集边远、山区、民族、贫困于一体。从工作职务到物质条件的巨大变化，旁人甚至家人都表示不理解，我说："我是去工作，不是去当官，只有在基层，我才能和群众越走越近。"

我在参加中央中南民族工作和西南民族工作视察组工作时，走遍了内蒙古、新疆、青海和云南等民族地区，目睹了旧制度给各民族群众生活造成的窘境，聆听了翻身得解放的民众"只有共产党才能给我们好日子过，党的好政策是各族人民的指路明灯"的肺腑之言。来到地处云南边疆的维西县工作，我也想把党的方针政策带给这里的少数民族群众。于是，我来到维西县文化馆工作，负责文化教育宣传广播工作。

维西县地处偏远，交通不便。每到冬季，仅有的一条公路也被雪封长达三四个月。雨季受塌方或泥石流影响时，道路经常被阻断，一般的信件和报刊，到达维西最短要一星期，长则几个月。信息渠道的有限，使得群众思想极其封闭落后。为了把党中央的声音及时传到维西干部群众中，我每天准备好笔墨纸砚，一到时间，我就坐在桌前听晚间新闻及毛主席语录，把从收音机里听到的"社论、党的方针和政策"记录下来，并在充分结合当地实际情况的前提下，记录好每一份新闻稿。到第二天一大早，我就把前一天写好的大字报张贴在街上，以便老百姓观看，知晓中央的政策方针。几年下来，光是用坏的收音机就有13部。此外，为了让一些文化程度低的群众也能全面、正确地理解以上内容，我们还将一些重要精神编成顺口溜等，用通俗易懂、喜闻乐见的方式将其融入宣传队的节目中。

在维西工作期间，我的大部分时间都花在跑乡下、跑农村上。毛主席说过："没有调查，就没有发言权。"在基层工作，那就必须通过走访调研，掌握第一手资料，践行党员一贯的务实求真的作风。很多时候，我和同事们深入窝巴底、拉波洛、碧罗、美洛、阿尺打嘎、咱利等偏远村寨调研。去往这些地方的路大多不通，当时也没别的交通工具，我们只能依靠双脚走路。一旦遇河，就必须滑溜索。维西的山路十分崎岖，一到下雨天，路就十分难走，且容易滑倒。为了站稳，我们只能穿上扎脚的草鞋。一些偏僻的山路上，遇到豺狼野兽是常有的事。记得有一次，在下乡的路上，我还遇到了一只狼。它有着锐利通红的眼睛，嘴巴张得老大。我惊出了一身汗，但是我又不敢显露出害怕。当时我稳住情绪，心想，人越害怕，狼就越猖狂，就越要来吃人。因此，我便假装淡定，狼也就没有来靠近我了。

每到一户，我们就把村民的房舍里里外外看个遍，再把家里的大小事情问个仔细：家里有几口人啊？孩子上学了没有？家里有几亩地？粮食够不够吃？一年收入有多少钱？然后用拉家常的方式给群众宣传党的民族政策和各种法律法规，向他们传授科学种植、养殖技术。调查中若发现群众的困难和诉求，我们就做好记录，及时汇报。

图 3 1963 年省民族教育工作会议丽江迪庆组合影（前排左二为赵鹤阳）

为老百姓解决实际问题

在维西下乡调研期间，我发现老百姓的生活十分困难。走进农户家，屋子里除了一个三脚架、一口铁锅以及少许的盐、茶等，基本上是家徒四壁。村民们基本上靠苞谷花、盐巴茶勉强度日。他们将仅有的一点粮食视如珍宝一般，为了防止被外人盗窃，还会将其用竹筒装起来，小心地挂在高高的房梁上。一年四季，没有床和被子，而是直接躺在杂乱的草堆里。不论男女老少，仅有的几件衣服都是破破烂烂的，部分百姓甚至连最便宜的麻布衣也穿不起，只能依靠树叶来遮羞。我们很难在白天的时候找到村民，因为许多人穿不起衣服，只能躲在别处。

每次下乡，我只会带上一条毯子，首先要把肚子盖上，然后就是和老百姓同吃、同住、同劳动。因为习惯了过苦日子，老百姓吃什么，我就跟着吃什么，没有太多的讲究。要是不吃苞谷花的话，就没有东西可以吃了。吃了之后，嘴皮发肿、上火了，盐巴茶正好可以祛火。除了这些食物，我们还会偶尔上山寻找一些野菜作为补充，野菜蘸一蘸盐巴就可以吃。

看着村民们没有衣服穿，我们就把自己的衣服脱下来给村民，甚至我还把我孩子的衣服给村里的小孩穿。我是年轻人，穿薄点是不碍事，但当地有很多老人、小孩都穿不起衣服，我看在眼里，心里非常难受。不仅是衣服、盐巴、缝衣服的针线，还有生产工具如镰刀、锄头等，我都是自己掏钱购买，帮助他们搞生产。一次，我看到妻子托人从外地买回三罐奶粉，我当即拿走两罐送给一位傈僳族的产妇，这位贫穷的妇女因为没有奶水，孩子饿得哇哇大哭。

长期接触之后，我与维西百姓建立了深厚的感情。一次我在白济汛乡共厂村调研，眼看群众过着饥一顿饱一顿的生活，我赶紧到粮店买来细粮给村民，自己一日三餐烧玉米花吃，不料却患上了肠梗阻，高烧几天后就陷入了昏迷状态。听说我的病情危重，当地老乡说"这里没有公路和汽车，我们就是背、抬，也要把赵老师送出大山"。因为道路艰险崎岖，从村子到县城30多公里的山路，大家抬着我足足走了16个小时。

我认为，做群众工作就是要实实在在的，替老百姓做事情就得从实际出发，要解决实际问题，不能嘴巴上说一套，实际又做一套。边疆少数民族群众的感情是相当真实且诚恳的，你帮他们做好事，他们一辈子也不会忘记你。

医生妻子伴我走边疆

我的妻子叫张学瑛，是云南楚雄牟定县的汉族人，当时是省城昆华医院的一名妇产科医生。1963年，当我主动申请调去维西基层工作时，这一决定立马就遭到了家人的强烈反对。妻子的哥哥实在想不通我的决定，对我说："你下去工作几年，就赶紧找机会调回来吧，我的妹妹现在是昆华医院妇产科的专家，有着大好的前途，你就不要带我妹妹去这个偏远地方了。"但是，作为一名以救死扶伤为天职的医务工作者，妻子也抱定了改变边疆人民缺医少药状况的决心，和我一起远赴边疆。

记得我们一路颠簸，抵达维西县旅社时，门一开，眼见房间的墙壁、厕所的旮旯到处爬满了蠕动的蛆虫。就连休息的床，也布满了密密麻麻的虱子。在20世纪70年代以前，维西的生活物资基本上靠马帮补给，一旦遇上雨雪天气，马帮不能按时抵达，盐巴、大米等就常常处于短缺状态。尽管条件艰苦，我们还是坚持留了下来。

妻子到维西后，主动承担了组建维西县人民医院外科、妇产科等科室的重任。那时候，维西县人民医院的医疗卫生设备简陋，卫生技术人员十分缺乏，整体医疗水平也很低。妻子为了救治更多的病人，硬逼着自己不断学习外科、内科、儿科、妇产科等专业知识，成为一名全科的医生。

无论寒冬酷暑、刮风下雨、白天黑夜，只要老百姓有需求，我的妻子就立马放下手上所有的事情，亲自上门给病人仔细检查，然后开具诊疗方案。由于维西山区的群众住得偏远，缺少药品，老百姓患病以后不能走路去医院医治，妻子就按照上级要求，跟随县人民医院组建的巡回医疗队，背着药箱，翻山越岭，为孕产妇检查接生，宣传健康知识，开展卫生防疫工作，走村串户地为农民接种各种疫苗，发放脊髓灰质炎糖丸、镇痛片、安乃近、颠茄片、防疟药等药品，做好"送药到口"的服务工作。

图4 赵鹤阳（右一）与妻子张学瑛的合影

由于当时的条件有限，妻子也没有手电筒，下乡到太晚，就只能点着松明火把一路走回家。但火把的光亮实在微弱，夜间走在田间地埂上，一个不小心，就特别容易摔倒，妻子也数不清自己究竟跌倒了多少次。

由于妻子经常在医院值夜班，每晚可以拿到二两的粮食补贴，妻子就把钱小心存起来。每到农历八月十五前后，妻子就带着孩子们挨家挨户拜访、送月饼，当地老百姓也会给我家送青稞、苞谷等粮食，一来二去，我家就与当地老百姓产生了越来越深厚的感情。

在我孩子很小的时候，由于我们工作都很繁忙，没有空闲时间照看孩子，妻子就把小女儿放在病房，请病人帮忙照看她，让她和病人一起睡觉。两个儿子就被锁在房间里,从小就学会了独立,主动学习,他们也习惯了半个月见不到我们。记得有一次,我被省里叫去开会,接着又去参加工作;妻子正巧被医院派往乡下组织培训,整整三个月的时间,三个孩子就在家独自做饭。粮食不够,附近的老百姓就自发来到家里送食物给孩子们,最终解决了这一困难。

妻子的工作非常辛苦,平常我们在家吃着饭,老百姓也会跑来家里让她帮忙看病。到了晚上,老百姓经常来家里敲门。一敲门,妻子就马上醒来,赶紧起床帮病人解决问题。就这样,妻子的生活很不规律,甚至接连几天都没有休息的时间。有一次,她做完手术下班后不久,因为劳累过度,突然晕倒了,被人送进医院治疗。结果显示虽无大碍,但她的腰伤很严重,被摔得很疼。此外,由于经常做手术,她的手和手臂常常泡在冰冷的消毒水里,由此也患上了风湿病。作为医生的她,工作期间由于长期站立,什么病就都来了。

1991年,我的妻子离开了人世。当时,我们商议决定将妻子送回老家丽江安葬。为了回应当地老百姓的请求,我们还在维西停留了两天,接受老百姓的悼念。妻子生前对维西县的百姓很照顾,为人也很亲切善良,在我们出发去丽江的当天,当地很多百姓自发排起了长队送别妻子,那场面令我和我的孩子们感动不已。

文化扶贫,老有所为献余热

早在国家民委工作时,我就去过我国多个省份的偏远落后地区,后期在迪庆也基本走遍了维西的各个村寨,对贫困百姓的生活困境十分熟悉。我深刻认识到,老百姓穷,主要穷在没文化。如果用科学文化知识武装他们的头脑,提高他们的素质,群众的生产搞好了,生活水平也就提高了。1987年离休后,我决定以文化为载体开展扶贫工作。

于是,我选择继续奔波在基层。一个褪色的黄布包和一根拐棍,是我最常使用的物件,也是陪伴我一生的两件宝。每次出门,我在包里装上糖果和下乡宣讲用的各种材料。每到一个村子,我把糖果分给小朋友吃;每到一户人家，就从包里拿出宣传材料，用通俗易懂的语言宣讲党的方针政策。此外，我还为农村党员干部和困难群众赠送理论书籍与报刊，营造学习氛围，以实际行动帮助群众脱贫致富。

特别是党的十八大以来，我更加认识到提高农村干部党性修养的重要性。于是我先后购买了《习近平谈治国理政》《中国共产党第十八次全国代表大会文件汇编》《十八大报告辅导读本》等近千册，送到维西保合镇、永春乡、巴迪乡等地农村党员手中。我还经常自掏腰包到各村各寨，向党员和群众宣传党的重要会议精神，用自己的养老金给老人和残疾人发放慰问金，赠送农户国旗和相关书籍。我觉得，现在党的政策越来越好，这么好的政策一定要让老百姓知道，要让他们明白党和国家始终把他们放在心上。我还会送他们一面国旗，就是让他们明白，现在过上的好日子是党和国家给的，要把党和国家放在心间。

现在看来，在离休之后的近30年时间里，我为基层干部和群众订赠的报刊有40余种、书籍10余万册，共举办义务宣讲500多场次。渐渐地，一些乡村呈现"三多三少"的新风貌：看书学习、参加文体活动的多，打牌赌博的少；谋发展、跑项目的多，求神拜佛的少；慰问老党员、困难户的多，走亲串门的少。比技术、比增收、比贡献逐渐成为村里的新风气。

我从云南贫困山区到北京工作，再回到云南贫困山区工作和生活，回顾大半生在维西工作生活的日子，我想我对得住当初入党时在党旗下的庄严承诺："对党忠诚，为人民服务；做一个不辜负人民、不辜负党组织的共产党员。"

访谈时间：2021年4月7日
访谈地点：昆明市盘龙区
访 谈 人：李志农、陈经宇、周丽梅、和淑清
记 录 人：周丽梅

"军中焦裕禄","高原扶贫官"

瞿云福[*] 口述

青稞和洋芋是迪庆高原人，也是东旺乡、五境乡百姓一年到头的主食，但在当地洋芋小得就像乒乓球，青稞每穗出粒很少。为此，我托战友从千里之外的曲靖会泽买来了洋芋优良品种，又到尼西购来了青稞优良品种。待到收获季节，洋芋竟似烟灰缸一般大小，青稞一穗产得将近一百粒。老百姓高兴地说："家里的小仓库、围席、大小箩筐全都装满了。洋芋家里放不下，只好在地里挖坑暂时堆放，并盖上厚土储存。"

图 1 瞿云福照片

---

[*] 瞿云福于1966年到迪庆工作，为体现前期外地党政军干部支援迪庆建设发展的延续性，特对其进行补充访谈并将文稿收入本书。

【简　介】 瞿云福，男，汉族，贵州遵义人，1953年生。1969年入伍，曾参加对越自卫反击战、老山战役等，还参加过中越边境第一次大扫雷。在近40年的军旅生涯中，受到嘉奖20多次，荣立三等功3次，被省部（军）级以上单位授予"学雷锋标兵""优秀党员干部""扶贫先进个人""民族团结进步模范"等多项荣誉。1996—2008年在迪庆军分区工作期间，先后筹集资金600多万元在迪庆贫困地区开展扶贫工作，被边疆军民誉为"军中焦裕禄""高原扶贫官""藏民心中的活菩萨"。

1979—1996年　参加对越自卫反击战、老山战役和中越边境第一次大扫雷，先后任参谋、处长、政工组长、代理副指挥长；

1996—2008年　工作于迪庆军分区，先后任副政委、政委、州委常委扶贫工作领导小组组长。

参军入伍，扫雷立功

我出生在一个缺衣少食的时代。我的爷爷、奶奶、小弟都是饿死的，父母和包括我在内的姐妹五人侥幸存活，却也全身浮肿生疮，靠菜粥、草根、树叶勉强度日。这段艰苦难忘的经历在我幼小的心灵中埋下了自强不息、奋发向上，誓要改变贫穷状况的种子。

抗美援朝末期，我的父亲响应国家号召，参军入伍、保家卫国，这对年纪尚幼的我产生了极大的影响。听母亲讲，我当时路还走得不好，就去追我的父亲，想跟着他去当兵。到了1969年，我如愿以偿，学习父辈，参军入伍，报效祖国。

我非常珍惜解放军这所大学校，拼命努力、刻苦学习政治、军事知识，在新兵训练中就取得全新兵营射击第一名的优秀成绩。在接下来的几十年里，我始终以毛泽东思想和党的创新理论武装自己，始终以董存瑞、黄继光、雷锋、焦裕禄等英模为榜样，学习他们全心全意为人民服务的精神，只要有机会就多为老百姓做好事、办实事。

10年的对越自卫反击战，遗留下数百万颗地雷。随着改革开放深入，这严重影响边民的贸易往来和生产生活及生命财产安全。1993年初,国务院办公厅、中央军委办公厅下发了《关于进一步搞好中越边境排雷工作的通知》,决定成立扫雷指挥部,在中越边境云南段开展大面积扫雷工作①。适逢负责筹建扫雷指挥部的老首长刘昌友同志正为物色扫雷政工组长而发愁,我便自告奋勇前往扫雷指挥部担任政工组长。

扫雷工作困难重重。各类爆炸物混杂。因埋雷时间长、频繁被雨水冲刷,稍有不慎,地雷就会爆炸。针对大面积草丛小灌木覆盖的雷场,我们首先进行了普遍的详细勘察,钻丛林、攀绝壁、翻山越岭,徒步千里,勘察了161277.68平方公里的雷区。

有26种地雷遍布在云南中越边境7个县1353公里的一线上,我亲眼看见巡逻战士和数以千计的民众在耕种、放牛、砍柴、割草、小孩上学期间无辜被地雷炸死炸伤,我每天以泪洗面,心里十分难过,暗下决心一定要为我边境父老乡亲扫除雷障,排忧解难。面对生与死、残与全、得与失、苦与乐的严峻考验,我不分昼夜地奔波在边境一线的48个扫雷分散点上,用我军的宗旨、使命、任务,向官兵们做动员教育工作,甚至一个一个地谈心交心,有针对性地帮助解决官兵中存在的思想问题和实际困难问题,从不放掉一个同志,致使个个轻装上阵。

我教育扫雷官兵们时时处处视驻地为故乡、视人民为父母,并带头为边疆父老和学生做好事、办实事,帮老百姓修房子、复耕地、解困难,帮村里小孩盖学校、平球场、捐资捐物,尤其是对因战争、地雷炸伤致残极度困难和孤寡老人、孤儿等更为关心。

记得芭蕉坪有3个孤儿,我调到迪庆后就寄钱给村长伙朴村同志,请他转送给这3个孤儿,就这样一直供他们读书到成人。为感谢我,有个孩子曾上省军区来找我,未果。后来每年过年杀猪时,他都先割下最好的一块肉,点上香和烛朝昆明方向专门为我祈福。此事是芭蕉坪学校的校长周真国同志有一次在省军区开会见到我时告诉我的。

---

① 云南前线指挥部协调边境两州七县党政军警领导,召开了对大扫雷行动具有决定性意义的"八宝山会议"。会议决定由指挥部筹措资金20万元,首先扫除天保口岸雷障,继而向东西两翼延伸,扫清当年双方军队在国界线一带埋下的全部雷障。

图 2　1996 年瞿云福获云南省军区政治部颁发的三等功荣誉

在那些年，我把我的大部分薪金和作战补助费几乎全捐给了极贫困的边民群众和特困孤儿上学。雷场千里，走到哪儿我就把好事做到哪儿，故被官兵和老百姓亲切称为"军中焦裕禄"。

中越边境第一次扫雷工作结束后，在重新安排工作时，领导来征求我的意见。我回答说："军人以服从命令为天职，哪里艰苦，我就去哪里！"

传承"红色基因"，稳定人心

1996 年，我来到迪庆担任军分区副政委。刚到 3000 多米的高寒缺氧地区，我遇到了严峻的挑战，出现呼吸不畅、耳鸣、头晕失眠、心律不齐等症状。但我仍坚持锻炼，每天爬虎皮山，希望尽快适应当地恶劣的自然环境。

对部队而言，维稳是第一要务，这就涉及军民之间的关系。迪庆社会的稳定早在解放前就有了坚实的基础。当年中国工农红军第二、第六军团经过中甸时，十分尊重当地的风俗习惯和宗教信仰，贺龙元帅"兴盛番族"的赠匾堪称维护民族团结稳定的典范，特别是其热爱人民群众、做好事，如打扫卫生、挑水、犁地、播青稞等，深受各族群众的欢迎。虽半个多世纪过去了,但他们晓得,"农奴翻身"来之不易。因此,解放军的到来带来了曙光。许多老百姓说:"我太害怕了,没有金珠玛米①了,没有解放军了,哪天可能会'反'过来。"

图3 瞿云福(前一)组织"科技大练兵,重走长征路"活动

到了我们这一辈,更要矢志不渝地传承发扬"红色基因",真正做到"军爱民、民拥军,军民团结一家亲"。毛主席说,"一切为了人民"。我们要依靠群众、发动群众、组织群众、为了群众,这是我们部队的"武器"。为此,迪庆军分区每年都组织部队官兵走出营区,在不同方向搞野营拉练训练以扩大影响,走当年第二、第六军团走过的中甸的路。我们住在老百姓家,除了野训外,就帮老百姓做事,打扫卫生、挑水、修理农具、收青稞、犁地、平整道路、修灌溉水渠等,我们样样都干。老百姓看到有那么多部队、解放军在身边,就感到很安心。他们纷纷说道:"金珠玛米始终都是我们的金珠玛米。"

在拉练中,我们严格遵守三大纪律、八项注意,发扬老红军"走一路红一线、驻一地红一片"的优良传统和作风,真正去深入群众,和群众打成一片,筑牢迪庆深厚的政治基础、群众基础的根基。作为工农红军的后

---

① 金珠玛米在藏语中指解放军。"金珠"意为救苦救难的菩萨,"玛米"意为兵,金珠玛米是藏族百姓对人民子弟兵的亲切称呼。

代,我们更应将"红色基因"在迪庆传承、发扬光大。

抢险救灾、保一方平安

迪庆是灾情多发地区,从冬季水草干枯时的火灾到夏季雨水集中带来的洪灾,每年都有多起。作为人民子弟兵,参与自然灾害救助既是我们义不容辞的责任,也是以实际行动践行对党和人民的忠诚。哪里有灾情,哪里就有我们人民子弟兵。

2005年8月,因连降暴雨,香格里拉上江乡士旺村马场、金江镇6村、迪庆州经济开发区300多户人家全部被泡在江水里。百姓的住房、工厂、办公楼,还有学校教室几乎被洪水淹没,受灾人口众多。接到上级命令后,我们和武警部队官兵立即赶往灾区。经过四个昼夜的连续奋战,我们抢运物资300余吨,抢救转移群众270多人,封堵决堤口14处,运送沙石40000多袋,加固堤坝1300米,确保了群众生命财产安全。为帮助群众重建家园、恢复生产,我们又夜以继日地挖淤泥、清河道;迪庆军分区所有干部、战士、职工、家属还主动给灾区群众募捐了现金和衣被等。

迪庆山高坡陡林密,加之冬春干旱少雨、风干物燥,森林火灾频发。

在2001年1月,小中甸一带发生森林大火,好几个村子被围困,老百姓端上一盆水放到房顶,再把菩萨塑像搬上去,以祈祷平安;又把家里的粮食及值钱的东西都搬出来放在空旷地中间。但火灾不留情,老百姓仍惊恐万分。就在关键时刻,我们部队到了,老百姓一看金珠玛米来了高兴得不得了,说解放军来了我们就有救了。我们连续奋战了两天两夜扑灭了森林大火,还帮老百姓把搬出来的粮食等搬回屋。待部队回撤时,村子里的老老少少早早地就排在村口两边,手捧着哈达欢送部队。

2008年4月6日,香格里拉县洛吉乡发生森林火灾。很短的时间,火借风威,风助火势,浓烟滚滚,火光冲天,面积越烧越大,达数千公顷。接到消息后,我和官兵们第一时间携带装备,负重30多公斤,翻越高海拔雪山,奔赴火场。哪里火势最猛,我们就扑向哪里。灭火工具消耗完了,我们就脱下衣服、砍下树枝扑火。阵阵浓烟,熏得我们满眼泪水,我们全然不顾脸被烤起了泡，衣服被烧出了洞，头发、眉毛被烤焦。在长达16天的时间里，我们在大山上露营，借助凌晨4点至上午10点无风的时段，奋力拼搏猛打，终于出色地完成了灭火任务，保护了林区村子里的老百姓和国家级森林公园普达措一带的安全。

在我们每一次及时处理好灾情后，最常听到老百姓说："部队来了，金珠玛米来了！我们就有救了！"我坚信，无论发生任何灾情，只要部队在，就能起到稳定人心民心、保卫一方平安的作用。

两把水果糖，深切祭英烈

1997年夏，我到德钦县人民武装部调研，当得知部里很少去不通公路的羊拉乡时，我就下决心带着县人民武装部部长一行背着背包，翻山越岭到了羊拉。工作结束的那天晚饭后，听乡党委书记江初同志闲聊时说，当年平叛牺牲的解放军就埋在对面半坡烈士陵园。

我一听，心里顿时五味杂陈，这些英烈被埋葬在如此偏远的地方，他们的亲人一定很难到这里来祭扫，我迫不及待想去看望，可身上没有祭奠物品，便从随行战友德钦县人民武装部军事科科长杨文华同志的挎包里，抓了两大把水果糖，就与羊拉乡干部农布同志前往烈士陵园。我们跑着下到江边，又拼命猛爬上山，半个多小时后，我和农布爬到了烈士陵园。但有围墙，门又是锁着的，农布说只有乡民政所才有钥匙，我说时间来不及了，就让农布踩在我双肩先爬上墙后，再拉我上墙。我们跳了进去，杂草长得有人高，我俩走出杂草后，看到了整齐的几排坟墓。曾在战场经历过生死的我，眼里不禁泛起了泪花。

我在想，若没有先烈们的浴血奋战、光荣献身，就没有现在飞速发展的迪庆！这些长眠于此的革命先烈们，我们必将永生缅怀！于是，我站在几排坟墓前的中间位置，庄重地向英烈们一边敬礼一边说："革命先烈们，我是迪庆军分区副政委瞿云福，听说你们牺牲在这里，我专门来看望你们，请先烈们放心安息，我们一定继承你们的遗志，完成你们未竟的事业，把迪庆建设好、发展好、保卫好，绝不辜负你们为国家做出的牺牲！"

就在默哀的一刹那,我感到这些年轻战士的影子又重新出现在我的眼前。

随后,我就从前排第一座烈士墓开始,每走到一座烈士墓前面,我就从兜里掏出一颗水果糖放在坟头上,待我走到最后一座时,衣兜里正好剩下一颗水果糖。我大呼道:"农布!赶快数数有多少位烈士!"我想,这件事情过于神奇,就像冥冥之中自有安排一样!紧接着,我把从杨文华科长那里要得的唯一一支烟点燃,夹在陵园中间的一棵小树杈上,嘴里念着:"先烈们,我不会抽烟,这是战友唯一的一支烟,你们就一人抽一口吧!"英雄生命虽不复存在,但他们的精神永远激励着我们后代。25年过去了,在羊拉牺牲的革命英烈一直深埋我的心中,我永远都不会忘记,羊拉英烈永垂不朽!

要脱贫先修路,要致富修好路

从1997年起,党委决定由我负责扶贫工作,我一接到任务,就带机关扶贫组的同志,分别到东旺乡泽涌村和五境乡泽通村开展调研。当我第一次抵达村子时,看到好些特困户那四面通风、摇摇欲坠的土房,老百姓身着打着层层补丁、已经分不清颜色的衣裳,冬天里有的穷困小孩还光着脚、穿着单衣,进到他们的屋里,除了那盘磨了不知多少年青稞面的老石磨、空空的箩筐和几件必要的生活用品外,别无他物,我心里特别难过。

泽涌村和泽通村都是出了名的特困村,两个村共233户中,特困户就有76户,村民年人均收入仅207元,90%的人甚至连温饱问题都未解决。我深感肩上责任重大,并暗自立下了军令状:群众一日不脱贫,我就一日不收兵!

通过调研[①],我深刻意识到,想要改变两村的贫困落后状况,就必须先修路。长期以来,村里的人践草为路、悬索作桥、人背畜驮,祖祖辈辈都因被重重雪山、江河阻隔围困而穷。可是修路需要一大笔费用,这对于

---

① 经过调查,我们认真分析了泽涌村贫困落后的原因:一是泽涌人文化程度低,绝大多数人是文盲;二是泽涌村四面雪山环绕,不通公路,人背马驮是唯一的运输手段,严重影响了物资运输和人员交流;三是不通电、没有电视,信息闭塞;四是缺水严重;五是粮种、畜种严重退化,导致低产;六是水土流失严重;七是妇女严重超生;八是生产方式极为原始落后;九是群众经济观念淡薄;十是生态环境受到严重破坏。

特困村来说，简直是天方夜谭。为了争取到修路资金，我就上省城、跑州府，进门喊报告，不管对方是谁，见人就敬礼，马不停蹄地为筹集修路资金而奔波。在十多家单位和部门的支持下，我终于筹集到了修路必需的资金，并获得了一些工具。

图 4 扶贫工作组帮助东旺乡修通公路（左二为瞿云福）

高原行路难，修路更难。在缺氧、呼吸困难且工具简单的条件下，要开山劈崖、炸顽石、砸冻土，困难程度可想而知。待到冬天农闲时，我就亲自动员村民们投工投劳，每个人给 10 块钱酬劳作为补助。这样村民们的盐巴钱有了，修路的热情也高涨了许多。

为加快修路进度，我想到了租用推土机。记得当时主管机械设备的是个段长，我去找他租借，但他并不理会，想先拿到钱。"现在还没有现钱，要去筹集，但是等筹集到再修路就晚了，农闲时间就过了。"我同段长商量道："能不能先把机械租给我，我把军官证押在这里。"可是段长依然不答应。最后我急了："我问你，你是谁的段长？你记住，你是我们共产党的段长，共产党是干什么的？是全心全意为人民服务的。我租你的机械是来给老百姓脱贫的，脱贫要先修路吧？我就把话说到这儿了，你不给也得给！我还说，本来只需机关干部来找你联系的，我分区领导来找你租借都不给。你还要记住，共产党有权任命你当这个段长，也有权撤销你这个段长。"听到我的语气有些严厉,他就对他之前的态度认错了,把机械设备租给了我。最后,我还是把准备给我父母住院治病的14000多元钱先垫付了出来,还请他派了一个专业师傅来操作机械。

修建东旺乡泽涌村和五境乡泽通村的20多条自然村公路,长长短短累计100多公里,我都是亲自担任指挥长,和当地村干部、村民同吃同住同劳动。为充分利用机械和加快修路进度,我和机械师傅住在工地帐篷或草棚里,高寒缺氧,冰天雪地零下20多摄氏度,冻得无法休息。我在现场组织施工、指挥爆破,和大家一起打炮眼、放炮、撬石、运料、砌保坎、填路基、压路面等,手上、肩上、背上都磨出了血泡,血泡又变成了硬茧。每天长达十几个小时的体力劳动,让我睡觉翻身都困难。修路期间,为管好、用活扶贫资金,我要求大家做到扶贫款一分一厘也不能用在吃喝上,我始终与大家同甘共苦,渴了喝雪水,饿了啃干粮。

修公路过程中,我联系买了许多小树苗,动员每个村小组,在公路两旁栽了许多适宜种植的树木,如核桃、柏树、杉树、松树等。现核桃树早已挂果,收益可观;柏树、杉树、松树都长得有碗粗了,不仅绿化了青山,还改善了生态环境。

当公路修通时,老百姓别提有多高兴了,我把村里凡60岁以上的老人轮流请到军用迷彩车上,让司机带着跑上三四公里。有个老太太,她说着藏语我听不懂,她就一直笑啊。我问村干部,"大娘说什么?"村干部答道:"她说她活了快90岁了,根本没想到这辈子还能够看到汽车、坐上汽车,死了也划得来了。"

解决水电难题,改变落后面貌

"背水姑娘,你知不知道,天上的月亮已经落在了水面上……"① 由于高原冬季封冻期长,人畜饮水困难,更缺乏水利灌溉系统,泽涌村一带往往不能准时播种,只能苦等冰雪融化了才有水播种青稞。村民往往把冰块

---

① 藏族《背水姑娘》的歌词,歌词描述的是藏族妇女凿冰取水、排队等水的场景。

敲碎，背回家后倒在锅里化成水再使用。更严重的是，每到播种和灌溉季，村与村之间总是为争夺有限的灌溉用水而大打出手。这是多年来的状况，水的问题必须解决。

我首先在20多个村小组修建了几十个大小不等的人畜饮水蓄水池，并将水管安装到家家户户，我怕水管被冻坏，将其深埋1米以下。

接下来要修灌溉水渠，就要勘察水源和水渠走向。1998年秋冬，我和机关扶贫组两名同志冒着严寒，在泽涌村附近一座雪山上攀爬。随着海拔不断升高，两名同志的高原反应愈加严重，他们上气不接下气地说道："不行了，缺氧了爬不动了。"我说："不行！如果不清楚水源头，渠怎么修，怎么规划？"随后，我让他们在半山等我，我独自向上爬。越往上，寒风越刺骨。勘察临近尾声，我的头部像要炸裂一般疼痛难忍，不知不觉就倒下了，不省人事。我不记得躺了多久，快醒的时候，我意识中感觉这张床怎么又冰又冷又硬。等我睁开眼睛看，我才发现自己躺在雪山上，全身都已经严重冻僵了。当时我们害怕遇到野兽，身上都带着枪。两位同志看我迟迟不下山来，担心我迷路，就鸣枪，我也鸣枪示意，最终才和他们会合脱险。每当想起那一天，我就心有余悸，如果倒下时脑袋撞到尖尖的石头上，恐怕就很危险了。

一切勘察清楚后，我便组织村民们修建了一座142.8立方米容量的灌溉蓄水池和一条4公里长的灌溉水渠，把360多米长的渡水木槽全部更换成钢筋水泥槽，并均覆盖了1米以上的厚土，这样不仅防止了水管被冻坏、水源地结冰，也缓解了春播时几个村争抢水的矛盾。

为解决泽涌村用电难的问题，我向省军区申领了一台大功率军用发电机。拿着筹集的20余万元资金，我们在村里树电线杆、架电线，将一条13千米长的十千伏高压电线接到每家每户。直到那时，村民才第一次见到电灯，知道它长什么样子。记得我们在一户人家安装电灯时，村民在一旁紧紧拉着电线，一拉开关，灯就亮，再一拉，灯就灭，村民惊呼："实在是太神奇了！"看完电灯，每个人都兴奋得睡不着觉。那年，正好是新中国成立50周年，我专门给村里买来大屏幕电视机，全村老百姓聚在一起，观看了在北京天安门举行庆祝大会和阅兵式。村民们第一次见到这种场

"军中焦裕禄","高原扶贫官"

面,十分惊讶,大家高兴得跳起锅庄舞一直闹到通宵。

为充分利用电能,提高劳动生产效率,我特意从大理为扶贫点购买了水力发电机、磨面机、粉碎机,大大解放了生产力。

有了水,通了电,村民生活的质量有了很大的提高,彻底结束了千百年来当地"夏背箐水,冬驮冰""砸冰块化水""依靠柴火照明"的历史。看到老百姓脸上激动欢喜的笑容,我的心里感到无比甜蜜和喜悦。

图5 瞿云福(左一)深入基层扶贫点开展调研

引良种,促产量

泽涌村主要种植青稞和土豆,但世代沿袭的刀耕火种传统生产方式,导致粮食广种薄收,产量低下。到村民的家里去,我们看到的洋芋个头非常小,青稞一穗30粒不到,都是老品种。如遇自然灾害,村民们别无他法,只能烧香磕头、求神打卦。"种子撒下地,吃穿靠天赐"是当地农耕最真实的写照。

我们了解到尼西有高产的青稞品种,就专门到尼西实地查看了穗大的青稞,及时购得尼西青稞优良品种。金秋时节,青稞长势喜人,茎高及腰,穗大得如小狗尾巴,一根青稞穗将近有100粒,泽涌村青稞一下子产量就翻了几倍。村里每家每户的箩筐都装满了青稞，猪、牛、羊、马都吃这个。附近其他生产队知道后，纷纷来购换这个种子。后来老百姓为了感谢党和政府及迪庆军分区的扶贫工作，把新引进的品种称为"金珠玛米优良品种"，之前的品种称为"老品种"。

有了青稞品种的引进经验，我再托远在滇东北会泽的战友买来优良的洋芋品种，向村民们推广。没想到的是，到了采挖季节，原来小得像乒乓球的洋芋，竟似烟灰缸一般，吃都吃不完！在家里堆放不下的情况下，为延长洋芋的保存时间，防止受雨雪霜冻天气影响，我们挨家挨户传授洋芋保存技术。在野外堆放，上面再盖上厚土，想吃时就去扒开土取出来。

在尝到了新技术、新品种带来的甜头后，老百姓从中看到了希望，更受到了鼓舞，主动上门要技术、要指导。我们则抓住时机，从州、县农科所请来技术人员，传授塑料大棚种植蔬菜、高原脱毒马铃薯种植和科学养猪、养牛羊等技术。

改善医疗条件，建学校，捐助特困生

泽涌村、泽通村的医疗条件十分落后，落后到什么程度呢，记得我刚进泽涌村的那年春天，村里一个女娃娃小卓玛患了重感冒，躺在床上三天不进茶饭，身体十分虚弱。苦于没钱、路远，小卓玛的父母没有将她送到较远的乡卫生院治疗，而是三步一叩地去求神拜佛。得知小卓玛的病是重感冒，我立即把随身携带的感冒药喂到她的嘴里，并住在她家，以便随时观察她的病情。很快，小卓玛就恢复了。

为了改变泽涌村和泽通村缺医少药的状况，起初我自费购买常用药交给村里有点文化、懂点用药常识的一位年轻人，后来我常带军分区卫生所的医务人员，为扶贫点的藏族群众看病，并帮助建了一个可以免费用药的简易医疗点。

教育是百年大计。让贫困地区的孩子接受良好教育，是阻断贫困代际传递的重要途径。此前的泽涌村没有学校，儿童入学率仅18.8%，7个学生娃只能在一所没有配备桌椅、黑板的公共经堂里勉强认几个字。村民大多是文盲、半文盲，或因生活困难，或因思想意识问题而不愿送子女上学，祖祖辈辈深陷教育水平低与经济发展落后的恶性循环中。

图 6　泽涌村没上学的孩子（瞿云福摄）

1998 年，"希望小学"在泽涌村竣工，孩子们从破旧的经堂搬到了宽敞明亮的校舍中。我带着扶贫组的同志挨家挨户上门家访，耐心劝说家长让孩子入学。在我们的劝说下，两个村的入学率达到了 100%。我们还把 20 多个自然村的学生，全部集中在学校吃住，解决所需的床、褥子、棉被等问题。我还发动军分区官兵与泽涌、泽通的"希望小学"开展"一帮一"帮扶活动，为几十名特困生提供学习和生活的保障。我给学校和孩子们送去国旗、新彩电、各类图书、学习用具以及篮球、足球、羽毛球、乒乓球、排球、跳绳等，我还新修球场，并新安篮板、乒乓球台等器材。我专程回家"清仓查库"，把全家老小能穿的衣物收拾了整整 5 个麻袋送往学校。后来，我动员军分区机关工作人员和部队官兵将多余的衣物、被子等捐给学校的孩子们。

"希望小学"的建设让所有孩子上学不再是一个难题。每当听到学校里传来孩子们整齐、琅琅的读书声时，我的心里总有一种特别甜美的感觉。

如今，尽管我已退休 10 多年了，但一直牵挂那些特困小孩。每年我都要在党支部号召全体党员捐资助学。今年①，有一名傈僳族女孩在中央民族大学很快毕业；还有一名藏族孤儿正加紧复习，准备参加高考。

扶贫为民，军民同心

在泽涌村和泽通村扶贫期间，我根据实际情况总结了一套扶贫经验，那就是"三扶、五通、三改、三保"②。在各方的努力下，我们最终完成了脱贫规划。我们的扶持项目分别被地方政府评为"扶贫优质工程"和"扶贫先进单位"，两个村的 7000 多名藏族群众全部脱贫。

扶贫验收时，家家户户的门上张贴着"恩重如山""翻身不忘共产党，脱贫感谢金珠玛"的对联，男女老少像当年欢迎红军那样，穿着藏族盛装，端着醇香的青稞酒，捧着圣洁的哈达，在村口两边排成长长的队，翘首遥望，载歌载舞热烈欢迎扶贫验收工作组。藏民热情朴实的面孔和依依不舍的情谊，我永远不会忘怀！这更加使我坚信，感情是基础，只要有心了，跟老百姓有感情，为父老乡亲办事没有办不成的。

在扶贫工作中，特别使我难忘的是泽通的叫登高龙叶古的自然村。村落位于石卡雪山的背面，不光海拔高，更是山大岩大。该村坐落在名叫"老鹰岩"的山顶上，山高路险，世代交通工具只有几匹骡马。山上的东西运不下来，山下的东西要背上去，全村穷得叮当响。

为给这个自然村修通公路，必须征服"老鹰岩"。我首先设法到处筹集资金，还专门联系了四川富顺的爆破工程队，他们用 2 个多月时间，在"老鹰岩"半山腰横向上每间隔 15 米左右，打了 6 个 20 米深的罐罐爆破洞，装了 10 多卡车炸药进行一次性爆破，就这样几乎把半座"老鹰岩"

---

① 指 2021 年。
② "三扶"是指扶教、扶技、扶智。"五通"是指通道路、通人畜用水、通灌溉用水、通电、通电视。"三改"是指改梯田、改落后的生产方式、改良种。（首先是将一个个陡坡改成台阶式的梯田，以提高土地使用率，增加农业产量；其次是改落后的生产方式，如改放水灌溉为窝式浇灌，以确保水资源的精准利用；最后就是改低产品种，引进并推广高产的优良青稞和洋芋品种。）"三保"是指保教育、保水土、保计划生育。

山炸开,通过自然填埋,让200多米深的峡谷变成了坦途。

每修一条路,我都要到处联系求助,向地方部门求助,向养路段求助,求工程队先垫资,再发动群众投工投劳。有一位开推土机的藏族师傅叫初村,看到我年纪已半百还整天在工地上,就对我说:"我们是当地人,你是外地人;我们土生土长不缺氧,你缺氧;你就是在分区睡觉也不会少你一分钱,你这样不要命地忙碌,我们心里感激呀!"经过89天的日夜操劳,原来工程专家说至少需要60万元的工程,我们仅用了13万元就修通了12.5公里的登高龙叶古的扶贫路。

2007年11月,迪庆州启动了"千名干部入户促小康"活动①。作为扶贫工作的重要组成部分,我们深入田间地头,顶风冒雪进村入户宣传党的十七大精神、民族宗教政策及国家针对少数民族地区退牧还草、良种补贴等支农惠农政策。现在看来,为什么我们迪庆社会那么稳定,那是因为我们把工作做到每家每户百姓的身上、心上。进到家里一看,有人生病,马上就送去看病。看到没读书的,必须劝说去读书。为老百姓做事,就要落到实处,做尽实事。

许多百姓感慨地说:"过去达赖连火柴都造不出来,更谈不上造桥修路了,只有共产党和'金珠玛米'才能让百姓真正脱贫致富!"

"无愧"与"不忘"

让我难以忘怀的是,1979年对越自卫反击战时,两名在我手腕上牺牲的小战士,是临战前才从东北部队补充到我云南独立师的。因时间太紧,一个班的战友都来不及互相认识。当时这两名小战友负伤从战场上被抬下来,已两三天没吃东西,也没喝水,因失血太多已经说不出话了。我把干粮分成蚕豆大小,说道:"小战友,吃点东西吧。"他俩微微点头。当我把干粮喂到他们嘴里时,他们就牺牲了。

那一幕时常会出现在我眼前,并无时不提醒我,我们现在的幸福生活

---

① 该活动抽调了35名厅级干部担任各乡镇指导组组长、副组长,188名处级干部担任各村联络组组长,工作队共1365人下基层开展工作。

都是用英烈们的生命和鲜血换来的。我是当兵人，如今还活得好好的，更应该珍惜来之不易的幸福生活，更应该把百姓服务好。回顾我的一生，我自己总结了"六个不忘"。第一是不要忘自己的政治身份，尤其是作为一名共产党员，始终不忘党的培养和教育；第二是不忘入党誓词，为党的事业奋斗终身，甚至献出生命；第三是不忘革命军人的政治本色和宗旨；第四是不忘严守党章规定，始终遵纪守法；第五是不忘初心使命，全心全意为人民服务；第六是不忘党组织，有党性、原则性、纪律性、任务目标性。

来到迪庆后，我从没睡过午觉，心律不齐，一到中午，心就"咚咚咚"地跳。晚上脚冰得无法睡觉，我就得把开水壶放在旁边不断加开水烫脚，直到烫暖和了才能上床睡。同时，脚那头还要放上热水袋才行。在迪庆那些年，我用烂了5个大热水袋。我现在一身都是高原病，但是我无怨无悔，无愧一身轻，上不愧于党和国家，下不愧于百姓父母，更不愧于我的同志和战友，也不愧于我的父母及家人！

我来到迪庆，我就是迪庆人，就要为迪庆做事。在风雨兼程的从军路和扶贫路上，我始至终牢记自己是一名中国人民解放军军人，要全身心奉献，要具备无私的、默默无闻的、踏踏实实的、不计任何报酬的牺牲精神，真正按照我们入党誓词的最后一句话，随时为党和人民牺牲一切，只有这样才对得起身上的戎装。我在迪庆工作那些年，我的弦总是紧绷的，生怕出事。但从后面那几年反腐开始，我心里特痛快。因为我们迪庆那地方比较纯洁，所以我说要把我们军分区部队的党风廉政建设阵地守好，要让它像哈达一样圣洁，像雪山一样洁白。

访谈时间：2021年4月1日
访谈地点：昆明市五华区
访 谈 人：李志农、宋红雨、周丽梅、和淑清
记 录 人：周丽梅

三　医疗卫生篇

迪庆医疗卫生战线的先行者

梁金华女儿梁琼　口述

迪庆的医疗卫生事业是在废墟上起步的，几乎可以说是白手起家，是从无到有、从小到大、从上到下逐步创建发展壮大起来的。迪庆医疗卫生事业发展的实践证明，只有中国共产党才能实现"以人民健康为中心"。

图1　梁金华照片

【简　介】梁金华，男，汉族，河南漯河人，1933年生，2018年逝世。1948年参加中国人民解放军，1950年随部队南下来到云南，前往迪庆参加平叛剿匪战斗。1951年转业留在中甸县参与医疗卫生建设事业直至离休，是迪庆雪域高原医疗卫生事业的奠基人之一，曾参与中甸县卫生室（中甸县医院前身）、金江卫生所、东旺卫生院组建工作，1986年在金江卫生院离休。

1951—1953年　组建中甸县人民政府医务室、中甸县卫生室；

1953—1956 年　工作于中甸县金江区，参与金江卫生所组建工作；
1956—1966 年　工作于中甸县东旺区，组建东旺卫生院；
1966—1986 年　工作于金江卫生院，任院长。

随军南下　转业从医

我父亲是河南人，他在1948年8月刚满15岁时就参加了中国人民解放军。由于他年纪小，再加上有初小文化基础，组织上把他安排到卫生队，同时兼通信员一职，成为中国人民解放军第14军42师126兵团的1名战士。1949年4月到11月他分别参加了渡江战役和解放大西南战役，1950年初晋升为卫生医助，随后跟随部队南下来到云南。当时，南下部队按照党中央指示，边行军边为沿途群众治病，并派出医疗队、卫生队分赴各地，打开马背药箱，就地接诊治疗，通过医疗服务得到了各族百姓的信任。

图2、图3　梁金华在解放大西南战役和渡江战役中获得的纪念章

在云南时，他所在的一二六兵团过大江、爬雪山、过草原，前往迪庆参加平叛剿匪战斗。在备战过程中，他们边进行党的民族政策、宗教政策教育，边进行高原地区适应性训练，如在军事上进行负重耐力训练、爬山、搭帐篷、过溜索等。为了方便沿途开展群众工作，他们还学习了简单的藏语。由于受到地形、道路和供给等多方面的条件限制，战士们除了携带武器装备外，还要准备高原御寒装备和口粮等几十斤重的行装。他们长途跋涉，横渡金沙江、澜沧江，翻越重重雪山，行军途中遇到了难以想象的困难。据我父亲描述："部队翻山越岭来到建塘草原，雪花狂飞，冷风直灌脖子，那才真是个冷，简直无法形容。"回忆当时的征程，他不禁感慨道："当时的条件苦得很，有的战士在翻山途中冻坏了耳朵、冻伤了腿脚并留下终身残疾，有的被冻死牺牲在了雪山之上。"

1951年，由于当时中甸医务工作人员十分紧缺，在孙致和县长的要求下，父亲和两位战友服从部队命令，转业至地方，留在中甸县从事医疗卫生工作。

在废墟上起步的迪庆医疗卫生事业

解放之前，迪庆各族民众生活在水深火热之中，医疗卫生条件极其落后，没有一所正规的医院，药品靠双手加工，没有一张病床，特别是西医和西药几乎没有，广大乡村牧场只有零星的民间草医和藏医，极度缺乏瘟疫防治技术，各种传染病肆虐，夺走了群众的生命。

早在1944年，云南省卫生处曾派医务工作者到中甸设卫生院开展疾病诊治工作，但是仅维持了一个月。1946年解放前夕，云南省卫生处再次派医生、护士和环境卫生员到中甸筹建卫生院。但是由于药品昂贵，加上当地群众生病时多请喇嘛念经、打卦，一般群众也极少能吃到西药，1949年医疗队伍再次撤回昆明。1950年，在中国共产党领导下的南下大军来到迪庆时，医疗卫生服务就成了党的民族工作、群众工作、统战工作的重点，南下大军一路为人民群众免费送医送药、防病治病。然而，这不能从根本上解决当地长期缺医少药的问题。

1951年，在当时中甸县县长孙致和的要求下，父亲和四十二师卫生队的胡尚虞、和则义两名战友转业到地方，通过吸收丽江专区医院初级训练班的4名护理员，建立了中甸县人民政府医务室，为当地干部和群众提供医疗服务。1952年10月，父亲与张超、唐振炳两人组成筹备小组，在当时的中甸县大中甸中心镇借用两间民房正式组建了中甸县卫生院，开展门诊和住院治疗工作,结束了迪庆州没有固定卫生机构的历史。卫生院建成后,1953—1954年两年间,父亲又带领几名卫生员负责中甸县金江区的巡回医疗工作,深入乡村各家各户,宣传党的卫生政策,并参与组建了金江区卫生所,为当地群众开展防病治病服务工作。

中甸县卫生院建立之初仅有17名医务人员和10张病床,但是当年的诊治病人达到了两千三百人次。后来国家和政府对医疗卫生投入的力度不断加大,卫生院逐步分设了门诊部、住院部、内儿科、外妇科等科室,并于1956年改称中甸县医院。在1960年之后,随着不少高校毕业的医生的加入,加上添置了一批医疗设备,医院的医疗水平明显提高,能开展肠梗阻治疗、疝气修补术、卵巢囊肿摘除术等手术。可以说,迪庆的医疗卫生事业是在废墟上起步的,几乎可以说是白手起家,是从无到有、从小到大、从上到下逐步创建发展壮大起来的。而父亲梁金华是中甸县甚至迪庆州医疗卫生战线上第一批从事西医疗工作的医务人员之一,同时也是迪庆雪域高原医疗卫生事业的奠基人之一,并且一直扎根迪庆高原。

东旺的艰苦岁月

1956年父亲到丽江地委党校学习一年后,服从组织调遣,来到当时条件异常艰苦的中甸县东旺,随工作队开展医疗工作并组建了东旺乡卫生院。1957年初,康巴地区少数反动上层发动武装叛乱,并蔓延到迪庆。由于东旺地理位置特殊,历史遗留下来的民族问题严重,形势十分严峻,中甸县委决定由孙致和县长率领工作队进驻东旺侧庸,工作队员加民兵武装人员共80余人,父亲是其中之一。他身兼两职,既是卫生员,又是战斗员,积极主动配合工作队搞好医疗救治工作,圆满完成了组织交给的艰巨的任务。

在东旺中心村侧庸小组被土匪围困时,80多名官兵同时在三层的藏房中苦熬了好多个不眠之夜。那里海拔高,很多官兵缺氧严重,白天父亲要为因生活困难吃不到饭而生病的战友、工作队员看病,还要做生病队员们的思想工作,坚定他们的思想,使他们树立战胜疾病、战胜土匪的信心。在被土匪围困的最后几天里,父亲他们到藏房的底层牛圈里,深挖了几个大坑,把牛圈里的尿液和粪便渗透到坑里,加热冷却后提供给工作队员饮用。

1956年至1966年在东旺工作的岁月里,他在语言沟通上遇到了别人帮不了的难题。当地藏民基本上不会讲汉话,甚至听不懂汉话,加之他浓重的河南口音,就算是会讲汉语的当地人也很难听懂,但是他还是硬着头皮解决了这个问题,后来甚至能听懂并会讲一些常用的藏语。

军营生活与当地人生活习惯有明显差异,父亲在东旺工作的那些年克服了各种艰难困苦。特别是当地群众缺乏健康意识,思想观念落后,宁愿相信封建迷信,也不愿接受现代医疗技术。但是他从来没有放弃,更没有嫌弃,通过实际工作逐步改变了群众的就医观念。他不知多少次往返于东旺的村村寨寨、家家户户,穿越多少道沟沟坎坎、陡峭山梁,路途中曾无数次遇到豺狼和野狗追咬,遇到过大雪封山,遇到过山洪暴雨。不知多少个日日夜夜,他独自一人徒步翻山越岭为产妇接生,为老人、儿童看病,有时还要用自己微薄的工资为困难群众垫付或支付应急医疗费。由于当时东旺不通公路,运输只能依靠人背马驮,在药品的采购上遇到了常人难以想象的困难和挑战。据父亲回忆,有一次他到昆明采购医院急需药品,来回耗了35天才把药品带回医院。父亲被当地群众视为不可或缺的好"门巴"、有口皆碑的好心人。

家喻户晓的"梁医助"[①]

父亲在东旺有一个家喻户晓的名字叫"梁医助"。更为有趣的是,有个别藏民家里生了孩子,所取的汉名就叫"梁医助",可见当地群众对他的信赖和爱戴。

[①] 部分内容由陈春兴提供,为保持行文流畅,文中统一使用梁琼口吻叙述,在此感谢陈春兴提供的宝贵材料。陈春兴,曾担任东旺卫生院、金沙镇中心卫生院、虎跳峡中心卫生院院长,香格里拉市卫生局副长,迪庆州卫健委办公室主任。

记得是腊月的一个夜晚,村民扎安家属打着火把跑到卫生院,正逢父亲值班,他立即跟着患者家属走了七八公里的山路诊治患者。根据多年行医经验,他判断是高龄产妇难产,凭借多年的临床经验,利用当时仅有的技术手段,孩子顺利生产且母子平安,回到卫生院已经是次日凌晨三点多钟。患者家属对他非常感激,还请他为刚生下来的孩子取名,因为他不善言辞,一时也想不起来叫什么名字好,孩子的父亲就给孩子取名为"梁医助"。后来这个孩子一直未更名。

在金江开展巡回医疗工作期间,父亲结识了我的母亲和运才。母亲是纳西族,当时在金江区吾竹村的小学教书,之后两人结为夫妻并一起到东旺待了整整十年。在缺医少药、群众健康意识普遍薄弱的民族地区,培养医疗卫生人才、留下本地医务人员显得尤为重要。但是,由于东旺乡基本都是藏民,当地学习汉文化知识的人太少,培养当地医生成了当时东旺地区医疗工作最为困难的事。

母亲算是县政府派遣到东旺乡教书的最早的一批教师之一,在东旺教书的那几年,为东旺培养了一些小学文凭的藏民。在当地政府的安排下,选派了母亲的几名学生,到东旺乡卫生所学习西医。其中有朗青、扎青、央宗[1] 3人,都是新联村人,由于文化水平低、用汉语沟通交流困难,从问诊、开处方、认识常用药等开始,父亲手把手教他们医学知识。经过1年多的学习,几位当地藏民基本掌握了一些常用的医学知识。后来在政府的关心与重视下,选派他们跟随省医疗队、上海医疗队进修学习,在不同的工作岗位上发挥了作用。

扎根高原,做一名光荣的医者和民族团结的捍卫者

1966年底,组织上考虑到父亲家里困难,在他没有提出任何要求的情况下,把他和母亲调到金江区工作,使其就近照顾双方老人。他被组织安

---

[1] 朗青,在上海医疗队、省医疗队多次进修学习,成为东旺乡卫生院业务骨干,后来还成为院长;扎青,在上海医疗队、省医疗队多次进修学习,成为新联村赤脚医生;央宗,在上海医疗队、省医疗队多次进修学习,成为新联村赤脚医生、乡村医生。

排到金江卫生院并被任命为院长，一干就是20年。不管是在东旺还是在金江，不论春夏秋冬，不论白天黑夜，父亲最挂心的就是村民们的病痛，哪家有人病了，一个传话（没有电话）过来，他立即带上手电筒，背起药箱，直接上门诊疗。

图4　梁金华（左一）与中甸县医院徐惠书记合影

父亲一直在较为恶劣的环境下生活和工作，积劳成疾，他患上了多种疾病，于2018年6月去世。

回顾父亲在迪庆从医30余年的经历，作为后辈的我们深刻感受到了云南迪庆特别是香格里拉医疗卫生事业发生的翻天覆地的变化。几十年的辉煌成就充分证明，党中央的英明领导是边疆医疗卫生事业发展的根本保证。多年来，党始终把边疆各族群众的疾苦放在心上、抓在手上，因时因势完善党的医疗卫生工作方针，在资金、项目、政策、人才各方面给予云南迪庆特殊照顾和大力支持，建起了一座座现代化的医疗卫生机构，培养了一批批优秀的医疗卫生人才，制定落实了一系列医疗卫生优惠政策，消灭控制了一个又一个顽疾。历史是最好的教科书，比较是最好的方法。迪庆医疗卫生事业发展的实践证明，只有中国共产党才能实现"以人民健康为中心"。从基层只有技术水平较低的赤脚医生到专家遍及医疗卫生机构，从医疗资源匮乏到药品充足、医疗队伍壮大、设施设备齐全等,人民群众在医疗卫生方面的获得感和幸福感不断增强。

访谈时间:2023 年 7 月 19 日
访谈地点:昆明市五华区
访 谈 人:李志农、周丽梅、和淑清、陈菲
记 录 人:和淑清

迪庆"林巧稚"

樊槐之妻谢辉英　口述

在我从事医疗工作的36年中,有一大半的时间,可以说是我生命中最美好的岁月,是在中甸大草原度过的。至今,我已数不清多少生命垂危的病人被我挽救,多少个母腹中的婴儿经我的双手来到人间。虽然离开了中甸,但我对藏族同胞一往情深。

图1　谢辉英与丈夫樊槐合照

【简　介】谢辉英,女,汉族,江西永新人,1932年生。1951年至1956年就读于云南大学医学院,毕业后到昆华医院工作。1958—1975年工作于中甸县医院,是中甸县医院的第一代妇产科医生,对中甸县医院科室建设、医院管理以及医疗卫生人才培养做出了突出贡献。

1951—1956 年　就读于云南大学医学院妇产科；

1956—1958 年　工作于昆华医院，任妇产科医生；

1958—1975 年　工作于中甸县医院，任妇产科医师、住院部主任；

1975—1992 年　工作于昆明医学院第二附属医院，任妇产科主任医师。

【简　介】樊槐，男，汉族，1931 年生，1989 年逝世。1951 年至 1956 年就读于云南大学医学院，毕业后到昆华医院工作。1958 年服从组织安排前往中甸县医院工作，并担任院长，是中甸县医院的第一代外科医生，是中甸医疗卫生事业的奠基者之一。

接受任务，同赴高原

我叫谢辉英，我的丈夫叫樊槐，我俩同为医生。1956 年，我们从云南大学医学院毕业后，一直在昆华医院工作。

20 世纪 50 年代，迪庆的医疗卫生事业十分落后，遇到需要动手术的病人就得用汽车送往丽江医治。其中，有的病人得救了，有的却因为没有及时手术而长眠地下。为了改变缺医少药的状况，中甸县派人到省卫生厅汇报情况，请求派一名妇产科医生和一名外科医生到高原工作。

中甸海拔高，空气稀薄，边远寒冷，生活艰苦，派去的医生不是在那工作一两个月，而是要在那里扎根安家。谁去呢？经过多方考虑，组织认为我和樊槐是最合适的人选。一来我俩是夫妻，同去就不存在夫妻分居的问题；二来供需精准对接，我俩一个是外科医生，一个是妇产科医生。组织找来我俩征求意见时，我俩毫不犹豫地接受了调动，不讲条件。就这样，1958 年夏天，在接受了为期半年的集中培训后，我俩告别亲友、同事，把尚在襁褓中的孩子托付给了长辈，怀着一腔对雪域高原各族同胞的热忱，搭上了开往中甸的货车。

初到高原之时，我们在工作和生活上有许多不便之处，但我们没被困难吓倒。不会藏语，就拜藏族朋友为师；不会吃酥油糌粑，就强迫自己硬喝硬吞；没有新鲜蔬菜，就天天吃腌酸菜。不久，我们习惯了像当地藏民一样生活，不仅能熟练地捏糌粑吃，还能用简单的藏语和病人对话。

是党派我来草原上工作，要谢就谢共产党

在 20 世纪 50 年代后期，迪庆刚结束民主改革，广大的农奴在政治上翻了身，但封建迷信的枷锁还禁锢着一些翻身农奴的头脑，他们不相信医药，生了病不找医生，而是求神拜佛。神药神水成了拴在农奴身上一条无形的锁链。为了砸断这条精神锁链，我们全身心投入到了为百姓治病的工作中。对主动上门看病的患者，我热情接待，专心医治；针对一些观念陈旧或不便于到医院看诊的百姓，我就冒着风雪，身背药箱走村串寨，上土楼、钻帐篷，为群众做好事，同他们讲生病必须吃药的道理。尽管我们把真心都掏了出来，但仍有个别群众相信神药，我出诊看病时，常被拒之门外。但我并不气馁，相信总有一天，当地百姓会逐渐形成科学的医疗观念。

一个寒风刺骨的深夜，我在睡梦中被"砰砰"的敲门声惊醒。我开门一看，来人是驻大中甸三村的女工作人员，她着急地告诉我："三村有个产妇流血不止，快去救救她吧。"我没有迟疑，急忙背起药箱就往三村赶去。

到了产妇家，女工作人员急忙敲门，可是主人却不理会我们。我们还是不停地敲门、喊话，也许是我们的诚心打动了主人家，门总算敲开了。我们说明来意，可主人说什么都不让我们进去。理由是生人进了产妇家，会把吃人的魔鬼带进家里，大人和小孩都要遭殃。我心急如焚，通过女工作人员用藏语询问产妇的病况，才知道是胎盘下不来引起大流血。凭借以往的经验，我十分清楚产妇的处境很危险，不愿意眼睁睁地看着这位年轻的产妇离开人间，有一瞬间想不顾一切冲进门去，但又害怕做出群众不欢迎的事。

我们在门外继续劝说道："产妇的情况很危急，需要马上救治，不然后果不堪设想。"这时，门"吱"的一声又开了，一位老妇人站在门口，

图 2　刚到中甸工作时的谢辉英

说着进来可以,但必须我们做出保证,如果我们把魔鬼带进了家,给大人和小孩带来灾难,要由我们负责。我点了点头,连忙走上楼梯来到产妇的面前,熟练地为产妇剥离了胎盘。

最终,产妇化险为夷。我一颗悬着的心终于放了下来,我的额头上、手上全是汗珠。目睹整个过程的主人家也一改之前怀疑的态度,笑逐颜开,把一碗喷香的酥油茶送到我的面前。主人感谢地说:"谢谢门巴的救命之恩。"我说:"不用谢我,是党派我来草原上工作,要谢就谢共产党吧!"在返回医院的路上,我别提有多高兴了,一来产妇经过救治已无大碍,二来我的工作得到了家属的认可。

在中甸,像这样被病人和家属拒绝、质疑的经历,我一周会遇上好几次。每每遇到难产的、产前产后出问题的,医院都派我出诊。不管白天黑夜、刮风下雪,我随叫随到、用心诊治。久而久之,现代医疗技术的成效让孕妇及其家属对医学产生了信任感。一传十,十传百,当地群众的就医观念有了改变,就连居住在偏僻村落的百姓都知道,"以后生病、接生,再不能靠诵经'消业',最好是去医院,去找谢医生"。

迪庆"林巧稚"

惊险相伴的出诊路

在迪庆工作期间,出诊路上的危险常常如影随形。一来当时局势并不稳定,四处流窜、无恶不作的土匪及叛乱分子常挑起事端,一些干部、积极分子惨遭杀害和侵扰,给我们的巡诊工作带来了很大困难。所以要是百姓捎口信请医院派医生下乡,我们就请民族工作队的同志持枪陪同,有时病人情况紧急来不及通知民族工作队的同志,我就把潘锦云同志给我的手榴弹放在药箱里,独自一人冒着危险前去诊治。二来迪庆高山路远、地形复杂,各族群众居住分散,出诊常常需要翻雪山、过森林,未知的危险总是突如其来,让我们防不胜防。

图3 谢辉英(中间)正在为迪庆各民族同胞问诊

记得有一次,我正在金江区开展巡回医疗工作。收到医院紧急通知,要我和几个医生立即赶到东旺去控制在那里蔓延的麻疹。东旺是中甸县最偏远的一个区,去东旺得翻越海拔4300多米的雪山。我们赶到雪山脚下的第二天,摸黑就向雪山顶上攀登。俗话说,雪山上的气候就像小孩的脸一样,一会儿笑,一会儿哭。刚刚还是晴朗的天空,一会儿变得风雪交加。

· 137 ·

等我们快攀到山顶时，一团乌云向我们头顶飘来。彼时的我已气喘吁吁，两腿像灌满了铅，只好坐下来休息。刚坐下来，同路的医生们一声喝道："不能坐！"便拉着我赶忙起身，拖着我翻过了雪山。后来我才知道，翻雪山最怕的就是坐下来休息。古往今来，不知有多少人贪图一时的喘息，坐在雪山上再也没有醒过来。

又一次，我到三坝开展巡回医疗工作。在回县医院的路上，我和同事误入了一片遮天蔽日的原始森林，只见林地上覆盖着厚厚的腐叶，树梢上洒下丝丝阳光。我们就借着这点光亮在老林里跌跌撞撞地穿行。尽管我们累得一身汗，走了很多路，可就是走不出密林。当时，林子已渐渐暗下来，如不尽快走出老林，就会有碰到野兽的危险。正当我俩万分焦急时，眼前忽然出现了一条小路。有救了！我们沿着那条牦牛走过的小路，穿出了原始森林，接着又踩着深及膝盖的水，绕过险恶的草滩，才走出了泥泞的草地。

今天没有的，将来一定会有

我和丈夫没来中甸之前，曾对即将奔赴的县医院有过无数的想象，觉得县医院一定会有一个像样的住院部、门诊楼以及齐备的医疗器械。但事实却不像我们想象得那样。中甸县医院是由一座庙宇改建的，物质条件艰苦，没有自来水，所有人都指望一口井过日子。县医院只设有门诊部和住院部，没有分科，更不要说先进的医疗设备，就连一些必需的器械也没有。

尽管这样，我们并没有灰心，只因为记住了一位领导的话："今天没有的，将来一定会有。雪山草原上一定会盖起高大宽敞明亮的医院，会有齐备的医疗器械，世世代代缺医少药的各族百姓将不再为看病发愁。"

后来，真被这位领导给说中了。1962年，党和政府拨来一笔经费用于建县医院。听到这个消息，我俩整天乐呵呵的。拿到钱后，时任医院院长的丈夫就亲自审阅图纸，选择院址，奔波于中甸与昆明之间，订购药品和X光机、心电图机等医疗器械。在短短一年多时间里，我们在小龟山建了迪庆"林巧稚"

砖混结构的门诊部和土木结构的住院部,又逐步建设完善了儿科、外科、妇产科、中医科及放射室、检验室、制剂室等辅助科室,中甸县医院总算有了一定规模。但万万没有想到,这座新建好的医院竟成了我俩的"罪证"。

1966年夏天,"文化大革命"的风暴席卷雪山草原。我的丈夫作为中甸县医院院长,被扣上了"走资派"的帽子。一天,我丈夫拖着被造反派踢得紫青的腿回到家中就倒下了。我把他扶上床后,痛苦地问道:"他们批斗你到底是为什么啊?""说我贪大求洋,要把中甸医院办成正规医院。"丈夫愤怒地说,"办成正规医院有什么错?难道缺医少药才对吗?"

在丈夫被打倒后不久,我被造反派扣上了"反动学术权威"的大帽子,同样被批斗、打骂。那段时间,我的处方权被取消了,只能在住院部做护理工作。我的丈夫因常年外出踏雪巡诊,加之在被批斗时必须站立,患上了严重的脉管炎①,一只腿坏死被截肢。

1971年初,由于医生紧缺,我的处方权恢复了,我继续投入到了医疗工作中。一天深夜,一阵急促的敲门声惊醒了我。门外站着一个藏族小伙和院领导,说尼汝有产妇难产,要我出诊。"到尼汝去?"我脑子里闪出了一个问题。从县医院到尼汝,少说也有几十里路,路上要穿过密密的森林、泥泞的草滩,弄不好还会遇到恶狼。莫说一个妇女深夜和一个陌生人去尼汝,就是白天走,也叫人有些害怕。但是,当我得知产妇危在旦夕、病况并不乐观的时候,刚才闪过的念头全消失了,便赶忙随那位藏族小伙去了。

草原上的深夜是宁静的,茫茫的草地上看不到一丝光亮,听到的只是牧场上放牧人吓唬野狼的吼叫声。我骑在马上,沉默不语。脑海里浮现了那些年出诊时的艰难情景,以及被批判时所受的委屈,顿时心里五味杂陈。牵马的小伙子似乎看穿了我的心思,对我说道:"门巴,你是好人,你为我们治病,我们是不会忘记你的。"听了这话,我的眼里热泪滚滚,

---

① 血管闭塞性脉管炎是一种常见的慢性复发性中小动脉和静脉阶段性炎症性疾病,下肢多见,表现为患肢缺血、疼痛、间歇性跛行、足背动脉搏动减弱或消失和游走性表浅静脉炎,严重者有肢端溃疡和坏死。

我感激藏族同胞们对我的理解、信任、同情和支持。

多面手的全科医生

我常常说,在缺医少药的草原上,需要的是多面手的全科医生,不但要掌握妇产科技能,还要学习内科、外科、骨科等知识;不仅会医病,还要能和群众打成一片,种青稞、挖洋芋,甚至去处理一些意想不到的事。一名肠梗阻的病人,指名要我给他医治,我没有推脱,为这名病人清除了梗阻。一个骨折病人请我为他治病,我努力钻研医疗技术,使这位患者甩掉了拐棍,重新走上了工作岗位……

让我终生难忘的,是我为一位右腿化脓感染的病人做截肢手术的经历。那是一个大风雪的日子,寒风呼啸着,大地白茫茫一片。当时,两个身披白雪的藏民牵着一匹载人的枣红马,急匆匆走进医院,请医生救救病人的命。这位病人患的是开放性粉碎性骨折,严重化脓感染,用普通的治疗方法是不可能治好他的病的,若要保住生命,必须动大手术,截去病肢。

截肢手术应由外科医生来做,可外科医生出差到昆明去了。把病人送往丽江医治吗?一是风雪这般大,病人走不出这茫茫的草原;二是病人的病情和经济条件不允许再考虑到外地去医治,截肢手术的任务就落在了我的肩上。尽管过去我曾当过截肢手术的帮手,但毕竟是助手而不是主刀,万一自己做手术出了差错,那是要负全部责任的。若怕担风险,我也只需要说一句我是妇产科医生,不会外科手术,就可把病人推出医院。但我想到的是自己是党派来的医生,决不能把病人推出医院去不管。

当我决定做截肢手术的消息传开后,大家都为我捏了一把汗。手术那天,我早早地来到手术室,提前做好了手术前的准备工作,觉得万无一失了,才拿起手术刀。几个钟头过去了,当我缝完最后一针时,累得几乎站不住,脸变成了一张白纸。一个多月后,病人截肢的伤口长好了,垂危的生命被救过来了。出院那天,病人拄着拐杖,特意来与我道别:"门巴,谢谢你了,没有你这样的好门巴,我死定了。今生今世我永远不会忘记您的恩德。"

我把他送到医院门口,又目送他骑马消失在草原上。在我几十年的医疗生涯中,有过许许多多这样的事叫我难以忘怀。

留下一支带不走的"门巴"队伍

20世纪五六十年代,中甸县医院的医务人员只有四五十人,其中外地的包括来自上海的外科医生龙善曾,来自丽江的中医和即仁,来自大理的麻醉和妇产科医生杨彪,以及来自昆明、大理、丽江等地的护士,如孙接义、寸虹等。而真正土生土长的护士只有扎追、卓玛几人,有能力动手术者,更是寥寥,只有妇产科医生木学清、外科医生杨秀山。总体来看,县医院的骨干基本都是外地人,他们也像我和丈夫一样,常年坚持深入农牧区,开展疾病普查、送医送药的巡诊工作,夫妻两人同在一所医院工作的现象十分常见。

尽管如此,我们的医疗队伍并不庞大,要想提升百姓健康水平、改变高原缺医少药的状况,光靠外地医生还不够,必须有大批本民族的医疗工作人员。为了给迪庆当地留下一批本土医生,从1959年起,在县卫生部门组织下,县医院几乎每年都招收一批来自各个乡镇、稍有文化基础的青年前来医院参加培训,培训班老师由中甸县医院的外地医生们担任。

在培训班,理论和实践教学各占半天时间。毕业于上海医学院的梅心良医生负责理论教学,讲生理解剖知识、常见病的诊疗及药品器械使用等,我和龙善曾医生则分别负责妇产科及外科的实践教学。龙医生上海口音重,学员常常听得云里雾里、不知所云。龙医生知道后就耐心地将教学内容写在纸上,以图示众,并放慢语速,把每个知识点讲深讲透。碰上机会上手术台或者出诊,就让他们跟着,在旁观察。如何护理、问诊、接生,以及需要注意的事项,我们全都教授。我常教导学员:"既然选择了当医生,那就必须时刻管理好自己的情绪,露出笑脸询问病情。病人遇到这般好态度的医生,不吃药,病都能好一大截。再者,医生和病人之间的关系,应该是亲兄弟姐妹的关系,我们要对病人多加关怀。"

就这样,我们培养了一批又一批的当地卫生人员,他们中不少人曾是放牛娃、奴隶、家庭主妇……经过培训，这些医生分布在迪庆的各个医疗基层，成了中甸乃至整个迪庆州卫生系统的骨干。事实上，培训他们的意义远不止于提升他们的技术水平，科学观念的传播也很关键。比如我们培训的刘松、央宗、青翁等迪庆本地人，他们的亲朋好友大多是当地的藏族，原来一直持有陈旧保守的就医观念，对现代医学不理解、不信任。可一旦他们的家中、村中有了第一位土生土长的医生、护士，情况就截然不同了。因为是"自己人"，百姓会更容易接受，并不断相信现代医疗手段，找他们看病的当地人越来越多，无形中就达到了宣传科学观念的良好效果。这支带不走的"门巴"队伍为当地医疗卫生事业做出了很大贡献。

我和藏族同胞难以分开

1975年，为了照顾因脉管炎截去左腿、只身留在昆明的丈夫，组织调我到昆明医学院第二附属医院工作。在我从事医疗工作的36年中，有一大半的时间，可以说是我生命中最美好的岁月，是在中甸大草原度过的。至今，我已数不清多少生命垂危的病人被我挽救，多少个母腹中的婴儿经我的双手来到了人间。虽然离开了中甸，但我对那里的水土和百姓一往情深。

有时，藏族同胞会从雪山深处的牧场里给我捎来喷香的酥油；有时，草原上又给我带来一袋香甜的糌粑。对于来昆明找我的藏族同胞，我热情接待，按藏家的习俗请他们喝酥油茶。对于远道来昆明看病的迪庆各族同胞，我亲自为他们治病，或者找最好的医生给他们治疗。

距离并没有把我和雪域高原的感情与缘分拉远。这些年来，从雪山草原上来昆明找我看病的各民族同胞，少说也有上百人。我身在昆明，心里却思念与牵挂着迪庆质朴的人民。这一生，我和藏族同胞难以分开。

访谈时间：2022年1月1日
访谈地点：昆明市五华区
访 谈 人：李志农、和淑清、李立夫
记 录 人：周丽梅

藏族人民的好"门巴"

朱兰溪 口述

回想起校领导对我们说的话,"你们是国家用数百万农民一年的粮食供出来的大学生,希望你们毕业之后都能做好思想准备到祖国最艰苦、最需要的地方去",于是,我暗下决心,到祖国最需要的地方去,扎根边疆、报效祖国。

图1 朱兰溪照片

【简　介】朱兰溪,男,汉族,广东省乐昌县①坪石镇人,1931年生。

---

① 乐昌县原为广东省下辖的县级市,由韶关市代管;1994年撤县设市改名为乐昌市。

本科毕业于中山医学院①医疗系专业，在工作中自学中医。从1959年开始先后在德钦县医院、迪庆州卫校、迪庆州人大常委会工作，1992年退休。曾多次获得"五好职工""少数民族地区科技工作者""优秀共产党员""云南省民族团结模范"等荣誉称号。

1959—1981年　工作于德钦县医院，负责医疗部工作，曾任副院长；

1981—1987年　工作于迪庆州卫校，曾任党支部书记、校长；

1981—1992年　任第六届、第七届迪庆州人大常委会副主任。

出身贫寒，立志从医

我自小家境贫寒，8岁那年，我感染了疟疾。持续发热、出汗和酸痛乏力让我日渐消瘦。为了凑够开药和注射复方奎宁注射液的两个银圆，我的母亲向邻居苦苦哀求，打了借条后才好不容易借到。这样的经历使我暗下决心要成为一名医生，为病人解除痛苦。

1951年，我刚参加工作之时，正处于全国人民卫生事业兴起时期。在"面向工农兵、团结中西医、预防为主、卫生工作与群众运动相结合"的卫生政策号召下，20岁刚出头的我随同家乡的土改工作队赴农村开展卫生工作②。那是我第一次接触医疗卫生工作。在一年多的时间里，我们的工作队得到了老百姓的认可，看着当地的医疗卫生状况得到了改善，群众的卫生意识有了改变，我的医生梦想更加坚定了。1953年，上级要求推荐在土改工作队中经过锻炼的干事报考中山医学院，经过考试我幸运地被录取了。作为一名城市贫民出身的中学生，我从没有想过有一天能走进大学的殿堂。

1954年，我进入中山医学院。我和我的同学都是经过基层锻炼后被选

---

① 现中山大学中山医学院前身。1957年，广州医学院改名为中山医学院；1985年，改称中山医科大学；2001年，原中山大学和中山医科大学合并为新中山大学，并成立了中山大学中山医学院。

② 当时的任务主要包括开展巡回医疗工作，为贫困病人免费治病，在群众中宣传党的卫生工作方针和卫生科学知识，调查乡村卫生疾病状况等。

藏族人民的好"门巴"

图2 1959年朱兰溪大学毕业证书

拔来的调干生①，不仅学杂费和生活费全免，国家每个月还给20多块钱的调干补助。那时的学习压力很大，除了医疗系的专业课程外，我们还要学习数理化、俄语等课程；加之受到"大跃进"的影响，原本六年的学制被压缩成了五年。但带着一股斗志昂扬的干劲和坚持不懈的韧劲，我努力学习，克服重重困难，顺利地完成了学业。

到祖国最艰苦、最需要的地方去

1959年，我大学毕业之际，班里有一些同学选择到工作条件优越、待遇较好的港澳地区就业和定居。但回想起校领导对我们说的话，"你们是国家用数百万农民一年的粮食供出来的大学生，希望你们毕业之后都能做好思想准备到祖国最艰苦、最需要的地方去"，于是，我暗下决心，到祖国最需要的地方去，扎根边疆、报效祖国。

毕业不是休止符，而是充满希望的新起点。那年夏天，我们一行13人被分配到祖国西南边疆云南省，住在省政府所在地五华区的招待所里，等待再次分配。初到昆明，我看到城里只有东风路、金碧路等几条由鹅卵石

---

① 从1953年开始，凡是国营企业、事业单位和机关、团体以及中国人民解放军系统的正式职工，经组织上调派学习或经申请由组织批准离职报考中等专业学校和高等学校的，都称调干生。

和青石板铺成的主干道，每隔几十分钟才有一班公交车，与广州相比就像是一个偏僻落后的小城镇。见此情景，我也曾有过彷徨和犹豫。在再次分配中，我被分配到了云南省海拔最高的迪庆州德钦县医院。

在出发去德钦的路上，我们坐着班车经过丽江先到了中甸。20世纪五六十年代的中甸虽然是州政府所在地，但是百姓还过着食不果腹、饥寒交迫的生活。当地也没有像样的宾馆或者招待所，我们只好在老百姓家里借宿过夜。我记得我们住的是楼上住人、楼下饲养牲畜的双层木楼，楼层之间只是简单地用木板条和竹子隔开，踩在楼板上不时发出吱吱声响，让人害怕。

从中甸到德钦要翻越海拔4200多米的白马雪山垭口，当时还没有固定的班车经过，我好不容易搭到一辆部队兵站运粮食的货车，但是司机却以"你是难得见到的大学生，万一路上出事我赔不起"为由拒绝了我。在苦苦哀求之下，我终于征得同意爬上了车，开启了前往德钦的漫漫长路。

刚上路看着沿途的景色，我还觉得新鲜，可是在面对从白马雪山迎面扑来的刺骨的寒风时，我开始瑟瑟发抖。没有想到的是，我们需要睡在车上，在雪山上过夜。那时，德钦一带经常有土匪和野兽出没，司机在睡前发给我一杆冲锋枪，交代我如果晚上遇到危险就传口令给他，倘若没人答应就直接开枪。那一夜，我彻夜难眠，不敢闭上眼睛，一是害怕遇到危险，二是气温太低，我有些高原反应，头昏胸闷。好不容易熬到天亮，我继续坐了大半天的车，终于到了德钦县城。当看到狭窄的街道、坑坑洼洼的土路、肆意在街上走动的牛羊，我的心顿时凉了半截——这完全不是我想象中一个县城该有的样子。

刚从低海拔的广州平原来到高海拔的民族地区，我在身体、饮食、语言、风俗习惯等方面都感到不同程度的不适。首先，迪庆空气稀薄、气候严寒，是高血压、冠心病、风湿等高原病频发的地区，刚到时我经常胸闷、气短、头昏、流鼻血。在饮食上，在德钦几乎看不到绿色蔬菜，当地藏族主要吃的是苞谷粑粑、糌粑、酥油茶和牛羊肉。最初闻到牛羊肉和酥油茶的味道，我很不适应，当饿到忍不住的时候，我就用从广东带来的白糖加开水拌饭吃。面对这样一个陌生而又艰苦的环境，我没有畏惧，快速地调整好心态。既然选择到边疆来，就要做一名合格的支边青年，好好工作、默默奉献。

走村入户，培养百姓医疗卫生观念

20世纪五六十年代的德钦生活条件恶劣，医疗卫生水平很低，整个地区缺医少药，基本医疗卫生状况也很差。特别是在农牧区，农牧民缺乏卫生保健意识，人和牲畜生活在同一个屋檐下，粪便不能及时清理，厕所很少，甚至有的家庭没有厕所。而且根据当地的风俗，产妇只能在牛棚里生孩子。同时，在当地除了有少数民间藏医外，农民基本没法接受医疗卫生服务，"小病靠扛，等活；大病听命，等死"是当地人面对疾病的常态，有时迫不得已就用"求神拜佛""寺院打卦"等办法为亲人祈求消灾、保平安。因此，德钦的老百姓饱受疾病摧残，人均寿命很低，婴儿和产妇的死亡率较高。

为了增强当地民众的医疗卫生意识，我们利用晚上空闲时间进村入户，把老百姓组织起来，给他们宣传卫生知识。在宣传中，我们尽量使用通俗易懂、朗朗上口、便于理解的宣传标语，如"房前屋后常打扫，妇女时时记心上""手脚要常洗，头发要常理""推行新法接生，减少母子死亡"等，宣传的次数多了，许多老百姓也能把这些话脱口而出，一些传统的观念逐渐地改变了。

此外，为了改善农村的环境，我们还发动群众开展清洁卫生活动，清扫垃圾和消灭蝇蛆，组织群众打扫房舍、清理粪便。经过我们的努力，德钦的医疗卫生状况得到了整体改善，农民群众的卫生意识得到了增强，他们开始逐渐相信讲卫生、新法接生的好处。

自建手术室，完成重大手术

在早期，德钦县在医疗卫生人才培养和医院基础设施建设上存在很多薄弱环节。像我工作的德钦县医院，所有初级卫生人员、中级卫生人员和行政人员加起来只有30人左右，而且其中很多人学历低、临床经验缺乏、技术水平较低，无法独立开展诊疗。在这样的条件下，就更别谈掌握影像、检验、麻醉等技术的医技师和能够独立开展手术的医生了。

至于医疗设备，当时整个德钦县医院没有一台麻醉机，也没有供氧和供暖设备，只有一张简易的手术床、一个阑尾拉钩、四个止血钳和一些简单的辅助设备。在我眼里，德钦县医院小得就像一个庙宇，硬件设施和条件比1951年我在土改卫生队时还差，无法想象这竟然是整个德钦县最好的医院。

我常听同事提及，德钦县医院只在1957年做过一个阑尾手术，此后就再没有开展过任何手术。但是，手术室和手术设备对医院而言，至关重要。因此，为了解决手术室问题，我在医院找了一间十几平方米的空房子，自己动手粉刷后用紫外线和硫黄进行消毒，并托人从昆明买了供氧机、无影灯、常用的手术器械等设备。至此，德钦县医院有了一个简单的手术室，也能够开展一些手术。此后几年，胃穿孔、肠梗阻、肠吻合及一些妇产科手术相继开展了起来，解决了当地群众无处治病的问题，也解决了因到更远的州里、大理、丽江等地接受治疗增加经济负担或耽误病情的问题。

记得有一次，燕门区有个藏族孕妇前来就诊。她患有卵巢囊肿三年，胎儿在腹中因受到巨大囊肿压迫已无生命体征。但是她的家人曾去喇嘛寺打卦，说如果去了医院在半路上就会没命。由于恐惧，她迟迟不愿来医院治疗。后来等到实在无法忍受病痛折磨，她才在村干部的再三劝说下来到医院。

面对这个病号，我感受到了来自多方面的压力。首先，开展手术风险大、难度大，就算放在大医院里也算是疑难杂症了；而在这里，既没有专业设备，也没有专业人才。其次，县里的领导反复嘱咐我，要把这台手术当作一项政治任务来完成，务必把病人救活，这意义重大。

我没有任何退路，在做足思想准备之后，我决定带着三个中专毕业的医生赌一把。这台手术耗时四五个小时，我们取出的囊肿壳有一个脸盆那么大，从中抽出的黏液将近四斤，需要用两个桶来接，而腹中的胎儿取出来时已有臭味，手术取得了成功。后来，我们把巨大的卵巢囊肿送至昆明进行病理分析，被诊断为黏液性卵巢囊肿。

后来，我们得到了县里领导的夸赞，当时迪庆州还没有人做过这么大的手术，这台手术的成功在德钦县引起了不小的震动。之后，当地百姓生病，很少再去求神拜佛、打卦治病，而是选择到医院里，相信科学的治疗。

图3 朱兰溪在德钦县医院工作期间获得"五好职工"荣誉称号的奖状

下乡巡诊，获得百姓信任

在德钦县医院，每年有一个月的时间，我们会组成医疗队，下乡义务巡诊，到各个村镇给当地百姓免费看病、治疗、发放药品。只要是有人在的地方，不管路途有多遥远我都去过。

我印象最深刻的是去羊拉翻越甲午雪山的场景，因为羊拉被称为德钦交通的"口袋底"，是名副其实的交通死角，直到1999年才修通了公路。那时从德钦县城步行到羊拉需要三天。途中，由于没有歇脚点，有两个晚上只能露宿山林。每次，我就在地上铺着随身携带的一块油布，身上盖点树叶和树枝将就着过夜。

尽管路途遥远且艰辛，但是每次看到老百姓脸上的笑容，所有的辛苦都变得微不足道。也是这样在一年又一年的下乡巡诊中，我和当地百姓的感情和信任建立起来了。

刚到德钦时，我听不懂当地的方言，更不用说少数民族语言了。下乡巡诊过程中，与老百姓的沟通交流存在困难。为了解决这个问题，我每次下乡都随身携带一个小本子，用拼音标注藏语中常用的生活和医学用语发音。没到半年我就可以不带翻译，独自一人前行了。尽管有时医学上的部分专有名词我没法讲清楚，但是经过一番比手画脚的交流，基本不存在理解障碍。

然而，因为医疗条件和设备的落后，有时候面对病情严重的病人和其家人期盼得到救助的眼神时，我依旧有很大的压力。我曾经碰到过一个病情很严重的病人，一个18岁的男孩，他的腿被搅进瓦厂搅拌泥土的机器里，造成粉碎性骨折，腿部内部渗满了泥土。这样的情况，如果选择截肢会相对容易，粉碎性骨折加上受泥巴污染，到大医院治疗也很难保住这条腿。

面对家长的苦苦哀求，在做好充分的手术准备之后，我和一个傈僳族助手一起开展手术。我们把他那些粉碎的骨头一块一块拼回去，配合使用大量的抗生素用夹板固定上，并用钢丝、钢板缠好。历时八个多小时的手术，术后用中西医结合的方法，我们保住了他的腿。

出院一个多月之后，男孩可以拄着拐杖走路了。他的母亲眼含泪水，握住我的手一直说："噶真切①、噶真切。"那一天，我觉得那一句话是最贵重的礼物。

组建州卫校，培养医疗人才

迪庆州于1974年就在维西开办了卫校，但是最初几年由于资金和条件有限，学校无固定校址，曾先后借维西县医院、维西中学、中甸县防疫站的场地艰难办学。当时学校无专职教师，课程只能由从医院借调的医师负

---

① 噶真切在藏语中是感谢的意思。

责，没有完整的教学计划和教材，也没有教学仪器和设备，办学条件十分落后。直到1980年，学校落地中甸县城，新建了教学楼、食堂和教工宿舍，这才结束了游击式办学的状态。

1981年，由于工作需要，我被调到州里主持重新组建迪庆州卫校的工作。刚去时，学校只有我一个光杆司令，师资力量非常薄弱。面对这样的情况，我倍感责任重大。

我认真地分析了开办卫校存在的问题，我认为，首先要加强师资队伍建设，提高业务素质，增置教学设备。于是，我便有了一个大胆的想法：停止招生两年，进行整顿、调整和充实。向上级反映情况和我的想法后，迪庆州卫生局同意了我的决定。在停止招生期间，我们相继开办了中医进修班、西医理论进修班和妇产科进修班，并发展了十几名同志到学校任教。为解决教师职称晋升问题，学校还开设了初级和中级定职、晋职班，并成立职称评审委员会，先后为100多名进修班成员评定职称。这样一来，师资问题就基本解决了。

在考察迪庆州医务人员的结构情况时，我发现当地护士比医生还紧缺，而且护士的专业技术水平较低。因此，1983年，学校重新招生时，我提出，开办卫校首先要办的是护士班，并下决心要让迪庆卫校在全省打一个翻身仗。

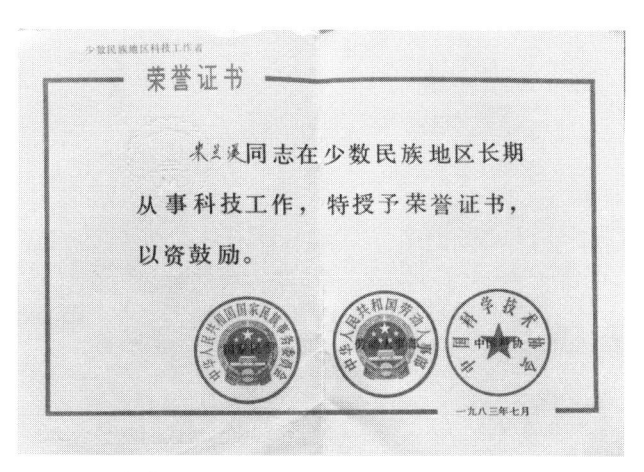

图4 1983年朱兰溪获"少数民族地区科技工作者"称号证书

在护士班，我教授的是解剖学和外科学，一周八节的课程有时让我忙得喘不过气来。但是我咬紧牙关、下定决心一定要把护士班办好，于是在教学过程中不断加强督促、认真辅导、提高教学质量。

最后护士班在参加全省中专毕业理论统考时，获得了全省第三名的成绩。回想起在维西办学的那几年，迪庆卫校在全省 15 所卫校中排名倒数第一。当时省卫生厅都震惊地评价我们说："你们这样的办学水平，这样的教职员工，能够取得这样的成绩实属不易。"

在州委、州政府的大力支持下，后来学校的设备和资金都慢慢变充足了，办学质量和效益得到了提高，我们办完护士班又办了医士班、助产士班等。迪庆卫校不断发展成熟，为迪庆州各个乡镇和州县医疗卫生部门培养了一批批下得去、留得住、用得上的中级卫生专业实用型人才。

访谈时间：2021 年 4 月 23 日
访谈地点：昆明市官渡区
访 谈 人：李志农、和淑清、张辉、陈经宇
记 录 人：和淑清

要谢就谢共产党

和爱琴　口述

自踏入高原那一天起,我们就将各族百姓视作亲人。对待工作,对待患者,所有人不分民族、不论贫富,只要是患者的事,就是大家的事。

图1　和爱琴照片

【简　介】和爱琴,女,纳西族,云南丽江人,1928年生。1948年参加革命,先后任丽江华坪县医院副院长、华坪县妇联主任、永胜县妇联主任。1962年,她与丈夫一同来到德钦,扎根高原,从事医疗卫生事业。其间,她帮助群众改变医疗卫生观念、就医观念,并集中外地干部人才资源提升德钦县医院医疗技术水平。1983年离休。

1953—1962年　先后任丽江华坪县医院副院长、华坪县妇联主任、永胜县妇联主任;

1962—1975 年　工作于德钦县医院，担任党支部书记，后任德钦县卫生科副科长、县妇联副主任；

1975—1981 年　工作于迪庆州招待所，任副所长；

1981—1983 年　工作于迪庆州托幼办公室，担任主任。

在革命中成长

我出生在丽江白华嘉乐村的一户佃户家庭。在封建社会"女子无才便是德""女子头发长见识短"、长到10多岁就要许配人家的世风下，我受到了"丽江妇女会"倡导的妇女解放、男女平等的女权运动的影响，参加识字班、加入"姊妹会"①，为自己争取平等的社会地位。

1948年初，郭耀南②和李刚③等同志受党组织指派，在文瑞区（属今黄山街道）安乐村办起了农民识字班。在教人识字的同时，他们还利用课堂宣传进步思想、排演进步歌舞。不久，我所在的文华村也兴起妇女识字热潮。我白天干活，晚上赶去妇女识字班。从学习简单的汉字，到接触革命思想，从一笔一画，到如何解放自己，我的思想实现了完全的蜕变。

在识字班中，中共地下党组织按照滇西工委指示精神，注重发现妇女积极分子，成立党的外围组织"姊妹会"，把率先接受进步思想的妇女联合起来作为革命主力军。1948年3月，我加入"姊妹会"，抓住一切机会

---

① 姊妹会是1948年初，在丽江地区由纳西族妇女成立的最早的革命组织。1949年3月，姊妹会改为民主妇女联合会。姊妹会通过演唱《兄妹开荒》《一朵红花》《牛永贵受伤》《金凤子》《满三娘》《山那边呀好地方》《解放区的天》等革命歌曲和歌剧，让妇女更好地融入了新队伍，接受了先进思想。

② 郭耀南（1924—1979），纳西族，云南丽江人。1945—1947年在省立鹤庆师范学校求学，后因参加学生运动而被开除。1947年11月，加入党的外围组织"中国民主青年同盟"。历任"中国民主青年同盟"丽江支部书记、中共丽江支部支委、中共丽江县工委委员、中共丽江县委委员等。

③ 李刚，纳西族，云南丽江人，1919年生。1944年开始在省立丽江中学当体育教员，1948年8月加入中国共产党。历任中共丽江县工委委员、中共丽江县中心县委副书记兼丽江县直联大队大队长、丽江县人民政府第一副县长兼丽江县云岭游击队大队长、中共丽江县委书记、丽江县人民政府县长等。

向劳动妇女宣传进步思想。与此同时，妇女组织被封建旧势力视为眼中钉、肉中刺。1949年春，《劳喂歌》①在宏文村演出，我们遭到国民党的监视和捣乱。一名旧势力代表中途大声呵斥道："这是谁家姑娘？拉下来，没家教，扇她几耳光，送回家去！"现场嘈杂一片、叫嚷不绝。不久，甲长还亲自带人去我家，怒斥道："若你继续演出，就对你不客气！"但我顶住压力、毫不畏惧，继续走村串寨演出，开展革命。

图2 和爱琴（右一）与边纵七支队老战友合影

随着全国革命形势的发展，在中共地下党与本地先进女青年的带领下，丽江的革命浪潮一浪高过一浪。我们通过上街示威游行②、动员女青年回乡参加民兵组织③、开展"四反"运动④等方式，号召妇女团结起来，

---

① 《劳喂歌》是"姊妹会"自编自演的以纳西语为主要语言，以反对国民党征兵、征粮和征税为内容的活报剧。
② 1949年5月1日，丽江城乡各界群众一万五千余人参与示威游行，展示革命力量，占游行队伍三分之一的妇女群众手拿镰刀、肩扛斧头，以排山倒海之势行走在丽江古城的大街小巷，公开表达妇女群众要革命、求解放的强烈愿望。
③ 党组织根据情况，耐心细致地做好思想工作，让大部分女青年回家乡参加民兵组织。到1949年底，丽江解放前，丽江有50多名女青年加入部队，被编入中国人民解放军滇桂黔边纵队第七支队三十一团、三十四团和三十五团，从事炊事、医务、政工等工作。
④ 1949年7月10日，丽江永胜地区针对社会普遍存在的懒惰、吸大烟、赌博、酗酒四种行为，开展"四反"运动，得到了广大妇女的支持和拥护。

控诉封建社会,勇敢斗争。全县燃起了妇女运动的烽火,丽江妇女把对反动政府的满腔仇恨化作一团团革命的火焰,迫切希望从封建的桎梏中解脱出来,让丽江早日解放!

1950年2月,我跟随部队到华坪,继续从事革命工作。随着华坪解放,军队接管了已解放地区,我从部队转业成为华坪县医院的一名妇女干部,负责打针、发药和后勤工作。回过头想想,那些年在革命活动中所学习到的先进思想,一直深刻地影响着我。

端痰盂的女干部

1962年,因我丈夫和凤楼工作调动,我们一家来到德钦县。我也从华坪县医院调到了德钦县人民医院工作。刚到人民医院,给我留下最深刻印象的就是痰盂了。由于医院唯一的卫生间在大门旁,为了方便住院的病人,我们为每间病房配备了痰盂。

可不久病房里传来一股刺鼻难闻的气味,苍蝇和虫子漫天飞舞。进出查房的医务人员不得不屏住呼吸,在恶劣的空气环境中同病人沟通病情。我一看,原来是一个个痰盂,都快装满要溢出来了,怪不得臭气熏天!可病人和家属却没有主动倾倒和清洗痰盂的意识与习惯,有的家属实在忍不住了,把头转向一边,或者跑出病房外透透气。

这样下去可不行!于是,我便每天早上提前半小时到医院,将每个病房的痰盂端出来倒掉,再带去卫生间刷洗,晾干后才放回病房。一来二去,病人家属见到一个医院干部每天早早地把痰盂刷得洁亮如新,不嫌脏臭,还连续几天将痰盂一个个在病房里摆好,都不好意思起来,也逐渐意识到了自己的问题,开始主动帮忙清洗痰盂。我趁着机会,耐心地跟他们讲解病房环境清洁对病人和家属健康的重要性。就这样,卫生科学知识在医院里传开了,一些家属会在上卫生间时顺手把痰盂带去刷洗,逐渐养成了爱清洁、讲卫生的好习惯。

摒弃旧观念，相信科学医疗技术

解放前，德钦县没有一所医院。老百姓生病了怎么办？疾病和死亡带来的恐惧使他们寻求宗教上的慰藉。解放后，尽管科学医疗技术已经在当地有了起步，但老百姓的就医观念依然没有改变，他们认为生病不是神作怪，就是鬼作祟，始终优先依靠"老办法"，请喇嘛、东巴打鼓诵经、设坛祈佑消灾。只有在花了大笔钱，病情却没能好转的时候，他们才半信半疑地到医院看病。可一旦听到医生说要用西医治疗时，他们就抗拒万分。

图 3　和爱琴（左一）与时任德钦县医院院长陈秀芳合影

记得有一回，一个小伙子抬着他的阿妈翻山越岭来医院看病，诊断出来是阑尾炎，医生建议立即开刀手术。小伙子听了很着急，说什么都不愿意在同意书上签字。"手术"是什么，他和许多老百姓一样，都是第一次听说。听到要动刀子，他就一直摆摆手。因为在他们的认知里，身体里的所有东西都是佛祖赐予的，绝不能用刀子这类危险利器来伤人，这不仅是对佛的大不敬，个人的生命也会受到威胁。可是阿妈倒在床上疼痛得不行，必须马上做手术才行。不管我们怎么劝说，家属依然拒绝在同意书上签字。小伙子心急如焚、泪如雨下，就是断定手术会要了阿妈的命。眼看病人情况紧急，我再次上前跟家属做工作，稳住他的情绪，耐心地说道："不是所有的东西都是佛祖赐予的，现在你的阿妈患有严重的炎症感染，这是后天导致的，但只要通过手术切除发炎的阑尾，阿妈就不会有大碍。你抬着她走了那么远的路，目的不就是要阿妈活着吗？"在我们的劝导下，小伙子终于签下同意书。最后，藏族阿妈的性命保住了，小伙子也改变了对手术的认知。他激动地拉着医生的手，称赞医生是"活菩萨"，并说道："还是手术好，折磨阿妈的东西终于取出来了！"看到这样的情景，医生也很感慨，笑着叮嘱道："小伙子，我们不是'菩萨'！回去之后，还请你转告身边人，是现代医疗技术治好了阿妈的病，下次生病了，可一定不要拖着，要来医院看病才行。"

医疗下乡，培养基层保健员

经过几次病人拒绝就医的事情，我们意识到，想要改变老百姓对现代医疗的认知态度，不能仅仅等在医院里，必须把宣传工作做到老百姓的家门口。因此，每到周末和节假日，我们便组织由医生、护士、后勤人员组成的医疗队，带着药品、医疗器械和宣传资料，下乡入村开展义诊和卫生宣传活动。只有不断让老百姓听到和接触到，他们才会从心底里认可现代医疗。

什么是科学的医疗？去医院看病是不是要花很多钱？医生能像喇嘛、东巴那样给我们治病吗？老百姓见到我们，充满了疑问。一来他们对医疗技术不信任，二来他们对国家医疗政策不了解。了解老百姓的心理后，我们便"对症下药"。

首先，每到一村，我们就把曾到医院接受过诊疗的村民召集来，开村民座谈大会，请他们分享个人住院经历，讲述现代医疗的治疗体验及效果。听到了周围人的亲身经历，许多人对现代医疗的态度从排斥转向了信任。

其次，加大对国家对少数民族地区医疗照顾政策的宣传力度。1960年以前，迪庆州实行免费医疗制度；1960年以后实行收、减、免相结合的制度。因德钦是边疆贫困少数民族地区，群众居住分散，信息闭塞滞后，很多人都不了解这项惠民政策。在反复宣传后，百姓们消除了"看病要花很多钱"的顾虑。

最后，我们积极开展巡回医疗活动，让偏远地区的农牧民生病时能够得到及时的救治。不管是在村里、在路上，还是在田间地头，我们走到哪儿，就看到哪儿，还免费为群众发放药品，讲解用药、饮食注意事项。经过巡诊，我们也掌握了一些年龄偏大、不便出门且常年吃不上药的病人的情况，定期为他们送药上门。后来，巡回医疗活动受到了老百姓的欢迎，每到一个地方，老百姓知道后都会聚集过来寻医问药，一些人还会追着我们问："医生，你们下次什么时候再来呢？"

村子走多了，我们渐渐和老百姓熟悉起来。他们也不再"谈医色变"，而是"生病就到县医院"。但是，许多偏远山区的农牧民看病依然存在困难。一来到县里的道路崎岖陡峭难行，有的急诊病人被耽搁在路上；有的则望而却步，干脆就等在家里，导致错过了最佳的救治时间。二来当时的基层保健员[①]力量十分薄弱，不仅数量少，专业知识也十分缺乏。

为此，我们抓住一切机会，大力培养基层保健员。我们定期把各村各队的保健员组织起来，开展集中培训，向他们讲授规范诊疗。对农村常见病、多发病防治进行专题讲解，通过指导保健员临床实践、独立完成医疗任务等方式锻炼他们的实际操作能力。1963年，我们共培养了102名保健员，保证了全县各村各队都有保健员，并且还给他们配备了一些常用药和简易诊疗仪器，缓解了急诊病人看病难的问题。

推广科学优生优育观

受到传统习惯的影响，农牧民的生育观念较为落后。他们普遍认为"生孩子是最脏的，是最丑陋的事""生孩子母亲的死活是命中注定的"。

---

① 1950年，德钦县卫生院培训农村保健员38人。在学习结束后，让他们向卫生院领取药品，回本村替村民治疗一些常见病。1959年，县卫生院又培训了保健员70人。

由于缺乏必要的避孕常识及避孕工具，德钦妇女生育过多、过密。她们既不愿接受产前检查，也排斥接生员①帮忙。为避免冲撞神灵，产妇被禁止在室内生产，只能在牛羊圈、草料房或荒野中生产。分娩时也不借助任何器具，常采取蹲式、跪式、站式，自生自接，如遇难产或大出血，往往束手无策。孩子出生后，不进行任何消毒处理，仅用碎碗片、瓦片、石片或剪刀割断脐带，再用头发、牛羊毛或麻绳包裹肚脐，把孩子用温水洗净、用布包裹。这种简单原始的操作非常不卫生，使得新生儿常遭受破伤风感染。由于妇女一生产完就下地劳动和做家务，产褥期缺乏必要调养、休息，妇女妇科病频发且十分严重，死亡率很高。当时流传着这样的顺口溜："只见娘怀胎，不见儿走路""生娃娃如过鬼门关，一只脚在阴间，一只脚在阳间"。

要彻底消除生育上的陈规陋习，提升母婴的健康水平，就必须加大对妇幼卫生知识及惠民政策的宣传，深入农牧区推广新法接生，培训接生员。可推广工作说起来容易做起来难，一开始我们便吃了"闭门羹"。没等我们来，村子就散播着各种闲言闲语，"生娃的事儿多害羞啊！""他们是来教女子怎么生娃哩"，一传十，十传百，听到这些妇女们都不好意思地捂起脸来，纷纷避而远之。最后筹备好的推广会，只有几个妇女来参加。看到这样的情况，我有些泄气，但转念一想，旧观念已经在老百姓的意识里根深蒂固，通过开会的形式在大庭广众之下推广显然行不通，所以要转变宣传策略。

后来，在村干部的协助下，我们到每个妇女家进行家访，像朋友一样一对一谈心。事实上，许多女性对生育问题都有许多难言之隐，但是无处倾诉。我们抓住机会，就孕期检查的必要性和好处、孕期保健的意义、旧法接生的危害性、住院分娩的好处、新生儿疾病筛查等逐一进行讲解。此外，我们还宣传生育健康知识，普及妇幼保健常识，让她们了解生育过密、过早，生育期过长对母婴健康的危害，以及晚婚晚育、优生优育的好处。原来难以启齿的问题，变得清晰明了，越来越多的女性开始重视优生

---

① 1951年，德钦县卫生院刚建立就培训了接生员45人。次年，复训了接生员45人，建立了三个接生站。

优育的问题。很多时候我走在村头，便有一些妇女叫住我，大大方方地询问一些生育问题。

为减轻百姓的经济负担，我们积极宣传党和政府对住院分娩孕产妇的优惠政策，如对每一位住院分娩的产妇给予少额奖励，发放婴儿服和日用品等，以此吸引妇女主动来医院接生。此外，我们还大力培训接生员，将旧产婆改造为新法接生的推广者。我们与县保健站合作进行培训，力求理论联系实际，把门诊和教学结合起来。在为学员传授产科医学知识、保健常识及新法接生的步骤、注意事项的基础上，我们还有计划、有步骤地带领她们实地观察并进行认真操练，使其完全掌握产前检查、消毒接生、产后护理等卫生技术，积累必要的诊治经验。学员结业时，我们给她们发放药箱、脐带包、产包等，并定期进行复训，设立接生奖励制度。几经努力，德钦县医院与乡卫生院逐渐形成了强有力的妇幼保健网。

在整个优生优育的宣传推广过程中，我们坚持宣传教育、坚持群众自愿、坚持提供服务。经过长期的宣传，村民的生育观念逐渐得到了改变，母婴健康状况得到了极大的改善[1]。家里一有孕妇临近生产，他们要么请接生员到家里接生，要么前往县乡卫生院（室）待产。德钦县妇女的住院分娩率、新法接生率都有了明显提高[2]。

"血，我们来献！"

20世纪六七十年代的德钦县医院没有条件建立血库，加上位置偏僻、山高路远，一旦病人急需输血，几乎不可能从外地调配血浆，我们只好在本地想办法。

首先，我对医院的全体职工发出号召，在填表、体检、采样之后建立了医院职工的血型登记册，我也将他们的血型铭记于心。但由于当时医院

---

[1] 1981年至1983年，德钦县连续三年被评为"云南省计划生育工作先进县"，1986年又被评为"全国计划生育工作先进县"。
[2] 从1953年至1975年，使用新法接生的婴儿数累计达1267人，与1952年的3人形成明显对比。

职工不多，再除去几个体质不合格的，依旧难以应对急需用血的情况。为此，我把德钦县所有机关单位走了个遍，请党支部和领导带头行动，向员工发出号召，令我感动的是几乎所有适龄职工都签署了无偿献血的同意书，并在采样之后做好了血型登记。

当时德钦还没有保存血浆的技术和设备，每次遇到患者做手术需要输血时，只能在确定所需血型和血量之后临时通知符合条件的职工和机关干部。每到这时，干部们就算是在休假，也会及时赶来医院。有一次，燕门区一位得了阑尾炎的患者被六个人用木板抬来医院看病，由于不及时就医，加上路途上的耽搁，已经造成多处穿孔化脓，需要及时输血进行手术。检验完患者的血型后，我们赶紧通知了三位血型相同的单位职工前来手术室门口等待。害怕献血者体力不支，我告诉他们每次献血不能超过200毫升。那一次，三个人总共献了600毫升血，病人得到及时救治，转危为安保住了生命。

献血结束后，我都会及时给他们煮红糖鸡蛋补身体，还自掏腰包购买红糖、酥油等营养品表达感谢。尽管很多职工都表示献血后可以继续上班，但我依旧联系其所在单位的领导，请求给献血者半天的假休息。长期以来，各单位十分支持医院工作，县医院从未出现过急需用血而无人献血的情况。

小小的医院，大大的关爱

小小的德钦县人民医院里，却奋斗着来自四面八方的医务工作者。外省的如山西、四川、广东、河南等，本省的如永胜、剑川、丽江、鹤庆、怒江、临沧、宾川等。自踏入高原那一天起，我们把医院当成了家，将各族百姓视作亲人。对待工作，对待患者，所有人不分民族、不论贫富，只要是患者的事，就是大家的事。医生们关爱患者、关心同事，常常发生温暖人心的故事。作为医院的党支部书记，我时常倍受感动。

病人不分白天黑夜地被送来，我们就按照先来后到和病情的轻重安排病人，为病人登记办手续、安排床位。平时医生看病，我们就辅助医生给病人换药，换洗床单被褥。一有大手术，我们就协助医生护理和照顾病人。要是碰巧没电，我们就双手打手电筒，充当"无影灯"。术后的病人需要补充营养，我们亲自上灶台给病人做营养餐。要是有病人去世，我们也毫不忌讳，帮家属抬尸体，料理后事。

当时德钦县农牧民贫困程度较深，一旦生病住院，就更捉襟见肘。随行陪护的家属，往往是一没钱、二没粮。遇到这样的情况，我就做主把食堂的粮食借出来给病人，并逐一登记，然后向县民政科，甚至县粮食局申报粮食，等病人经济宽裕了，再进行归还。实在没能力、还不了的，我们也不追债，医院自己想办法解决。为保障病人家属休息，医护人员主动腾出部分办公室、值班室，并准备一些被褥给他们。我们总会想方设法给他们提供吃的和住处，让病人安心治疗。

医院职工每年都有14天探亲假，但对从外省或省城来的外地干部而言辗转到家，多则七八天，少则四五天。这样一来一回，他们在家的时间屈指可数。我常扪心自问，这些外来干部本可以在城市里工作和生活，却为了边疆人民，不远万里奔赴迪庆。唯有加倍关心、照顾他们，我们才无愧于心。

于是，我结合医院实际，出台制定加班换休制度，规定将外地职工每人每年的探亲假延长至25天，让他们集中工作、集中休息，并常在会上教育本地职工要多体谅外地同志的不易。方案一出，不仅外地干部纷纷感激，也得到了所有本地干部的一致赞成和支持。一位干部紧紧地握着我的手说："外地干部克服生活工作上的各种困难，远离亲人来高原帮助我们，他们值得尊敬、值得学习，我们应该互相帮助才对。"后来，每逢外地干部探亲，许多本地干部就争着抢着向我申请值班。

德钦医疗事业的卓越发展

德钦县人民医院[①]初建之时，医疗水平较为落后，只有五名医护人员，

[①] 德钦县卫生院建于1951年，位于县城大营房，其前身是援藏委员会升平镇医疗站，后于1957年改为县人民医院。

设备十分简陋,全院只有4张病床,医疗设施只有显微镜1台、手提式高压消毒器1台、血压表1个、比色器1个、血球计算板1块,资产加起来不超过3000元。医院的工作主要是搞卫生宣传,因条件有限只能医治一些小病小痛。

经过了70余年的发展,德钦县人民医院已成为以西医为主,藏医、中医、西医三结合的综合县级医院,也是当时全县唯一的一所二级综合医院。回顾德钦医疗事业的发展历程,离不开外地倾力援助的医护工作者,也离不开党和政府、上级部门对德钦县人民医院的关爱。

20世纪60年代,继毛主席提出"把医疗卫生工作的重点放到农村去"后,一大批来自全国各地的大、中专毕业生响应党的号召"到祖国最艰苦的地方去",他们作为赤脚医生和卫生员,被组织分配到各县乡工作,开拓德钦县卫生事业。后来,来自全国各地的医务人员源源不断地来到德钦①,他们改变了当地群众的就医观念,提高了当地的医疗水平,为迪庆医疗卫生事业发展做出了巨大贡献。总体来说,这些受过正规临床医学教育和培训的医护人员的专业技术过硬,且认真负责。他们的到来,使各卫生院医疗技术水平得到了提升。

党和政府高度重视民族地区卫生事业的发展,除了对德钦拨付大量资金,还帮助筹建县卫生院、防疫站、保健站、区卫生所并购置医疗设施。在20世纪七八十年代,德钦县医院在上级部门支持下,逐渐配备显微镜、X光机、救护车、心电图机等先进医疗器械,这为医院开展一些复杂、难度系数极高的手术提供了基本保障。

为充分利用设备资源,发挥医学人才作用,我动用人事权,将部分乡卫生所医生调到德钦县医院工作,并安排在医院外科、产科、眼科等各个

---

① 1953年至1956年,国家相继从外地调入15名从医学院校毕业的中级医务人员,丽江专员公署卫生科又分给其腹部手术器械及药品;1958年至1965年,上级又为德钦县分来一批大、中专毕业的医生,县医院开始组建内科、外科、妇产科、中医科、儿科、五官科、皮肤科等,医疗水平有了质的飞跃。1969年,来自上海(上海华山医院"六二六"先遣医疗队一行12人,在张敬德医生的率领下到达德钦)、昆明、丽江专区医院医疗队被下放至德钦羊拉、霞若、拖顶等卫生院,县卫生院的13人也被下放到各卫生院。与此同时,德钦县各卫生所也把医务人员进一步下放到农村,共29人,占卫生所总人数的52.8%。

部门，请他们带动现有医护人员学习先进的医疗知识和技能。随着新医护人员的加入，德钦县医院医疗技术水平有了很大提高，如外科方面，能开展开胸、肺叶切除、甲状腺切除、肾脏切除等手术；产科方面，能进行各种妇科诊治手术，熟练应对各种难产情况；眼科方面，能开展白内障摘除术等；骨科方面，能开展各种固定术，小儿麻痹矫正术等，大大缓解了德钦县百姓各类疑难险疾病的诊断和治疗困难。

70余年过去了，德钦县医疗卫生事业从无到有、从小到大，取得了卓越的发展，为各族群众构筑了一道坚实的健康屏障。我们作为最早来到德钦，为德钦医疗卫生事业服务和奉献的普通医务工作者，从一线退了下来。然而，我始终难以忘怀在德钦县医院的点滴过往。我们兢兢业业、倾注心血，那是我这辈子最热忱、最温暖的记忆。

图 4　年过九旬的和凤楼、和爱琴夫妇（摄于 2022 年）

访谈时间：2021 年 3 月 2 日
访谈地点：丽江市古城区
访　谈　人：李志农、周丽梅、陈经宇、和淑清
记　录　人：周丽梅

我是共产党派来的"门巴"

杨公衍　口述

在迪庆工作30多年,我们的付出难以言说。尽管我有几次机会可以调回湖南老家或到昆明工作,但边疆民族地区缺医少药,这里更需要我。

图1　杨公衍照片

【简　介】杨公衍,男,汉族,湖南长沙人,1938年生。1965年毕业于湖南湘雅医学院医疗系,1968年到迪庆工作,先后就职于中甸县金江卫生所、中甸县防疫站、东旺卫生院、中甸县医院、迪庆州医院,1999年退休。获得各级表彰10余次,获得"白求恩奖章""省先进工作者""全国优秀科技工作者""五一劳动奖章""卫生系统优质服务先进个人"等多项荣誉,1993年起享受国务院政府特殊津贴。

1968—1970 年　工作于金江卫生院；
1970—1972 年　工作于中甸县防疫站，担任站长；
1972—1976 年　工作于东旺卫生院，担任负责人；
1976—1993 年　工作于中甸县医院，担任院长和党支部副书记；
1993—1999 年　工作于迪庆州医院，担任内科主任和名誉院长。

会讲纳西话的湖南医生

我是土生土长的湖南长沙人，初中和高中就读于湖南师范学院附属中学，1965 年从湘雅医学院[①]医疗系毕业。在求学过程中，我接受过很好的政治思想品德和科学文化知识教育，也接受过严格的医疗知识和诊疗技术的培训，为从事医疗工作打下了牢固的基础。

在那个年代，"到农村去，到边疆去，到祖国最需要的地方去"是最响亮的口号，作为一名祖国培养的城市知识青年，我在分配志愿书上庄严地写下了"到祖国最艰苦的地方去"。最后，我被分配到了云南迪庆藏族自治州中甸县。

1968 年夏天，我和另外 47 名一同被分配到云南的同学乘坐火车从长沙抵达昆明，之后又继续乘坐部队的军车[②]从昆明到达白汉场兵站，然后再搭乘拖拉机到达中甸县城。

到达中甸后，我被分到了离县城 170 多公里的金江卫生所。金江卫生所是中甸县第一个区级卫生所，成立于 1955 年。说是卫生所，其实就是几间小瓦房，坐诊、开药、打针、住院、收费都挤在小小的十几平方米的空间里。当时诊断器械只有一些简单的外科设备和传统"四大件"——听诊器、血压计、体温表和压舌板。因此，在缺乏辅助诊断器械的条件下，我们

[①] 1987 年，湘雅医学院更名为湖南医科大学；2000 年 4 月，原中南工业大学、长沙铁道学院与原湖南医科大学合并为中南大学，并组建中南大学湘雅医学院。

[②] 在当时背景下，从昆明经过丽江到达中甸的固定班车较少，所以很多时候需要顺路搭乘部队或者兵站运送粮食的军车。白汉场兵站位于今丽江市玉龙纳西族自治县九河乡境内。

基本只能按照临床经验进行诊断。整个卫生所的医护人员和行政人员加起来只有七人，药房里只有一些常用药，病情稍重的就只能转到县医院治疗。

卫生所没有电话，也没有任何交通工具。出诊时，我们就背上药箱步行前往各个村寨。金江区是纳西族聚居的地方，当地人很少接触外地人，在与老百姓沟通以及进行治疗的过程中，语言不通给我的工作带来了重重困难。我意识到要适应工作环境，就必须学会民族语言。

因此，不论是在工作中，还是在日常生活中，我都尽一切可能去接触当地群众。当地人成为我的语言老师，每次我都抓住机会开口说话，说错了就及时纠正。在不长的时间里，我就基本掌握了工作、生活中常用的简单当地语言。用方言和民族语言进行交流不仅减少了在治病过程中的语言障碍，当地群众也从心底里接受了我这个外地医生，他们把我称为"会讲纳西话的湖南医生"。

图2　杨公衍在中甸农村义诊

在金江卫生所工作了两年后，我被调到了中甸县防疫站。那时县防疫站才刚成立，工作条件很好，但没有实质性的工作，不能满足我救死扶伤、直接为群众解除病痛的要求。在我的强烈要求下，我被安排到东旺卫生院①工作。

---

① 当时叫东旺地区医院。1959年10月，东旺民族工作队医疗小组成立东旺卫生所，有医护人员3人。1970年，东旺卫生所改为东旺地区医院；1979年5月，东旺地区医院改称东旺公社卫生所；1984年中甸县设区建乡，公社卫生所（院）全部改为区卫生院。

赴东旺，与麻疹疫情作战

东旺被称为中甸县"北极"，地处东旺河谷横断山脉断层地带，最高处海拔5000多米，相对高差2600多米。境内险峰林立、深谷密布、山高路险，处于交通闭塞、出门就得翻山越岭的状态，艰苦的环境和条件可想而知。但是我没有半点犹豫和迟疑，在接到通知后的第二天，我毅然背起行囊和书籍，怀揣着毕业分配时"到祖国最艰苦的地方去锻炼和考验自己"的理想，翻越海拔5000多米的东旺雪山，按时到东旺卫生院报到。

东旺的卫生事业非常落后，缺医少药，医疗水平不高，许多藏族群众还保留着靠求神拜佛和去寺院打卦来治病的习惯。除了自然环境恶劣外，饮食习惯也让我难以适应。在湖南我们吃的是米饭，到金江的时候吃的是被当地人称为"沙沙饭"的苞谷饭，由于东旺是藏族聚居区，每天能吃的只有酥油茶和糌粑。我只好学着当地人的样子捞糌粑，然后就着酥油茶硬吞下去。

1975年，中甸县暴发了一次历史上罕见的麻疹[①]，疫情很快蔓延到了东旺地区。由于来势汹汹，不少病人患上肺炎、脑出血等并发症，加上缺医少药，抢救不及时，许多村子都出现了死亡病例，老百姓一片惶恐。

当时我被安排到疫情较严重的上游乡[②]，乡里感染的病人从小到几个月的婴幼儿到七十几岁的老人，几乎覆盖了所有年龄段。到藏民家出诊，常看到地板上和火塘边都躺着病人。在没有针对麻疹病毒的特效药物和有效疫苗的情况下，我们采取了"三不"政策，即麻疹病患不出门、麻疹易感人群不出门、医护药品送上门，用预防、隔离和治疗并举的办法挨家串户、不分白天黑夜地诊治病人。西药用完了，我接连给县里打了8次电话；药品送不上来，我们就自己上山挖中草药作为补充。等疫情稍有好转，我

[①] 麻疹为中甸县较流行的传染病之一，死亡率居各种传染病首位。在1975年的麻疹大流行中，共发病6151例，死亡22人。
[②] 1988年中甸进行行政区划改革，区改乡，乡改行政村。因此文中的东旺区上游乡即现在的东旺乡上游村。

就跑到县里拿了州防疫站给的1000元购药款买了药，第二天就赶回东旺。整整一个月，为了守护危重病人，医务人员每晚最多只能睡4个小时，我的体重足足减轻了5公斤。还好县里派了医疗队，肆虐东旺的麻疹终于被控制住了。

图3　杨公衍在冬季下乡出诊

改变旧习，出诊险路

在东旺期间，我们的工作任务就是走村入户，改变村民们的卫生观念，给百姓们送医上门。我亲眼看到由于医疗条件太差，病人在送往外地治疗途中就失去了生命，有的则无法外出治疗而使病情加重。我和卫生院的其他医生常常在条件十分简陋的情况下，成功施行了肠坏死切除、截肢、剖宫产等外科手术。每做一台手术，从打包、消毒、麻醉、开刀到手术后清洗，我全都自己动手，挽救了不少危重病人的生命。

受传统观念影响，当地视妇女生育为不洁之事。孕妇只能躲到牛厩里分娩，连起码的卫生条件都不具备。分娩时基本采用坐产、蹲产、站产的方式，用未消毒的刀或竹片、瓦片断脐。婴儿出生、哺养、成长更是要经历十劫十难，未出生时有流产、难产之患，出生时有感染破伤风之危，成长又在麻疹、百日咳、痢疾等多种疾病及饥寒威胁之中，婴幼儿死亡率高达40%—50%。产妇因生育致病、致残和致死者甚多。遇到难产或大流血死亡时，则请喇嘛念经超度，当作"血鬼"送走。民间流传着"生儿如过鬼门关，儿奔生来娘奔死"的说法。

见此情况，我到东旺后，把各大队的5名赤脚医生集中起来，一是培训和推广新法接生，二是一同到村里向妇女宣传新法接生的科学性和旧法接生的危害性。渐渐地，当地的生育陋习被革除，新法接生得到了推广和普及，大大降低了产妇和婴儿死亡率。

为了方便病人救治，出诊成为家常便饭。有一次出诊路上的惊险遭遇，我现在回想都还觉得惊心动魄。一天，我到一个叫龚刹卡的村子去抢救一个难产的孕妇。经过长达四五个小时的抢救，产妇和婴儿终于脱离了危险。孩子父亲感激地说："如果没有杨医生，我不知道我的妻子和孩子现在会在哪里，是杨医生救了我们一家。"

当时天色已晚，但是想到第二天要到另一个村子出诊，我只好打着手电筒往回赶路。手电筒亮度又不高，一不小心我走错了路，回头往病人家走吧，又离村子太远，心想"糟了"。荒山野岭孤身一人，心中一紧张，我全身直冒冷汗。

在荒山野岭中我迷失了方向，只好冒险一步一步顺着悬崖往下滑。经过几个小时的折腾我终于回到了卫生院，在灯下一看，裤子被刮得稀烂，脚、手到处血迹斑斑。第二天再往回看时，不禁心惊胆战，那么陡的悬崖峭壁真不知前一晚是如何在黑暗中滑下来的。

藏族阿妈口中的"活菩萨"

1976年，我被调到中甸县医院工作。中甸县医院的前身是1951年中国人民解放军四十二师卫生队成员梁金华、胡尚虞、和则义等人为群众防病治病建立的中甸县人民政府医务室，直到1956年才一步步发展改称中甸县人民医院[①]。1958年首次分配了从云南大学医学院毕业的外科医生樊槐和妇产科医生谢辉英到中甸县人民医院工作后,医院科室建设逐渐起步发展,设有儿科、外科、妇产科、中医科及放射室、检验室、制剂室等辅助科室。为了方便农村和牧区的群众就医,我们经常组织巡回医疗队上山下乡,医务工作者经常顶风冒雪送医送药上门。

1977年的一天傍晚,巡回医疗队来到金江区。刚到卫生院,就有人告诉我:"有个病号已经等你多时了。"我来不及吃晚饭,就急忙赶去找到病人,只见一个11岁的男孩脸色苍白、手捧腹部、呻吟不止。我们马上会同卫生院的医生会诊,在场的一些医生认为是急性阑尾炎,而我的诊断是急性肠梗阻,如不及时手术,等到肠坏死,可能会危及孩子生命。为了救人,我冒着风险把病人推上了临时手术台。不巧,那一天电站停电,只能靠病人家属举着一个5节电池的手电筒照明。经过紧张的手术,我和卫生院的梁金华医生一起,从孩子的梗阻部位取出180多条蛔虫,小孩终于得救了。

后来,我再次碰到了这个男孩的父亲,他告诉我:"儿子那次病好后,身体一天比一天强壮,他发奋读书,现在已经成为《春城晚报》驻迪庆的记者了!"每当听到患者或家属捎来的话,我内心总是充满了感动。

记得在1997年4月的中甸县人代会上,有一个小伙子拉着我的手说:"杨医生,您还记得我吗?"我左看右看怎么也想不起来。他告诉我:"我叫高宏斌,在中甸县广播电视局搞藏语播音,如果小时候遇不到您,也许现在就成了哑巴了。"经他一提醒,我的脑海中隐约想起了这样一件事。20多年前,一位藏族阿妈抱着一个满口流血的孩子一边哭喊,一边向卫生院跑来。我一检查,小孩舌头中部五分之三被咬断,必须立即清创缝合。想

---

① 1950年,中国人民解放军驻中甸,四十二师卫生队为人民群众防病治病。1951年,四十二师卫生队梁金华、胡尚虞、和则义转业地方,通过吸收在丽江专区医院初级训练班培训的4名护理员,建立中甸县人民政府医务室。1952年10月,中甸县卫生院成立,有医护人员17人,病床10张,在县城北门街借用民房2间开展门诊、住院治疗。1953年10月,在仓房街建成卫生院,有35间土木结构的业务用房,医护人员增至20人,分设住院部、门诊部、内儿科、外妇科,设病床20张。1956年,中甸县卫生院改称中甸县人民医院。

不到刚打完麻醉，小孩就停止了心跳，一旁的藏族阿妈"哇"的一声大哭起来。我赶忙进行人工呼吸，通过紧急抢救，小孩才慢慢恢复了呼吸。紧接着，我为他缝好了舌头，止住了流血。藏族阿妈感激地扑通一声跪在我面前："医生，您就是活菩萨啊！"我赶忙扶起她说："您不要叫我活菩萨，我和他们一样，都是共产党派来的'门巴'。"时隔多年，想不到站在我面前的那位身体健壮、口齿伶俐的藏族小伙子，就是当年那个调皮捣蛋、把自己舌头咬断的小男孩。

图 4 杨公衍给藏族孩子看病

全心全意为患者服务

后来，我被推选为县人大常委会副主任、州人大常委会委员。别人认为我的职位变了，找我看病就难了。但是无论多忙，是上班时间还是节假日休息，只要有病人找我，不论干部、农民，不分远近亲疏，无论白天黑夜，我都会一心一意为他们服务。

我爱人退休之后在医院大门旁开了一个小卖部，与其说这是一个便民杂货店，倒不如说是一个为方便患者而设立的日夜服务的义务诊所。我发现前来的人更多的不是日用杂货的买主，而是有病求医的患者。无论是什么样的病人都能得到我周到的治疗，而且在这个杂货店里看病，我从来不收他们的钱。

每当下班回到家，我已是筋疲力尽之时，常常刚坐下休息不久或端起饭碗准备吃饭，病号就找上门来了，我从未有过怨言。在杂货店开张不到一年的时间里，前来诊治的病人就有近2000人。每天从早到晚，这间杂货店里总是热热闹闹的，聚集了当地的各族百姓，有人唠着家常，有人手里拿着药。

当地人总会把我看成无病不治的"神医"，但我深知我只是像曾经的樊槐和谢辉英夫妇一样把先进医疗技术带到这片土地的普通一员，救死扶伤是我们的天职。在我们当中，还有许许多多内地医生不远万里来到迪庆，吃苦耐劳、不计得失，把血汗洒在广阔的高原和雪山上，将医学技术和知识贡献给迪庆高原，把宝贵的青春奉献给各族人民，有的甚至为发展少数民族的卫生事业献出了宝贵的生命。

尽管有很多次机会，我可以被调回湖南老家或到昆明工作，有时看到我的同学，有的当上了湖南医科大学的校长，有的在国家重点实验室工作，我的心中难免有点失落感，但想到自己为边疆民族地区服务，虽然没有什么大的科研成果，可是把党的关怀和温暖送到了千千万万群众的家中，为各族群众解除了疾病的痛苦，心中感到很踏实和坦然。在即将退休的时候，我毫不犹豫地推迟了退休时间，因为医院还需要我，我怎么能忘记党和人民的培养呢？

把好的技术和接班人留下

长期在边疆民族地区工作，我时刻严格要求自己，掌握更多医学知识，惠及更多当地百姓。我在工作之余每天坚持学习，再慢慢摸索和实践，所以不论是做如剖宫产、截肢等外科手术，还是诊治一些内科的病，我都基本没有问题。

但我心里很清楚，一个人的力量是渺小的，团队的力量则是无穷的，仅靠我们几个外地来的医生的力量是远远不够的。培养一批本地的医疗人才，对于满足当地群众的看病就医需求至关重要。所以，我立下誓言要努力培养出一批本地医疗人才。不管是在中甸县医院当院长还是后来到迪庆州医院担任内科主任，我都特别重视培养当地的少数民族医务人员。

"授人以鱼不如授人以渔"，在每次的坐诊和手术中，我都会手把手教他们、指导他们。渐渐地，当地医疗卫生队伍有了很大发展，当地医务人员在医院职工中的比例越来越高。他们当中有不少成为业务骨干。另外，我的儿子阿勇，1997年从迪庆州卫校毕业后，也留在了迪庆，成了一名内儿科医生，继续从事着我未竟之事业。

在迪庆的30多年时间里，我亲眼见证了迪庆的医疗卫生事业从极其落后的局面到全州医疗卫生网逐渐形成的过程。过去缺医少药、各族人民看病难的状况已经改变，如今农牧民有了自己的健康档案，头疼脑热时在家门口就能得到医治，看病就医也有了新型农村合作医疗，广大群众从医疗卫生事业发展中获得的实惠越来越多了。

2000年，我被国家授予了"白求恩奖章"，我心里很清楚，我离白求恩"毫不利己、专门利人"的境界还差得很远。我一定不辜负党和人民的期望，即使退休，也要尽可能用实际行动当好迪庆各族人民的好"门巴"。

访谈时间：2021年3月26日
访谈地点：昆明市五华区
访 谈 人：李志农、和淑清、周丽梅
记 录 人：和淑清

留下一支带不走的医疗队伍

杨畅根、杨梅瑞夫妇　口述

1974年我女儿出生的时候,时任县委书记阿学让他媳妇在县城的路口等了好几天才为我们买到了我在月子里吃到的唯一一只鸡。这样的感人事迹数不胜数。如果没有当地藏族群众的帮助,我们很难在德钦坚持下去。

图1　杨梅瑞、杨畅根照片（摄于 2022 年）

【简　介】杨畅根,男,白族,云南剑川人,1939年生。杨梅瑞,女,白族,云南剑川人,1942年生。两人均毕业于昆明卫生学校,1971年调到德钦工作。杨畅根先后工作于德钦县革委会卫生组、德钦县卫生局。杨梅瑞工作于德钦县医院和德钦县防疫站。在德钦工作的二十几年间,他们夫妇为德钦的医疗卫生事业做出了重要贡献。

杨畅根:

1971年5—9月　　工作于德钦县霞若卫生所;

1971年10月至1974年　　工作于德钦县革委会卫生组,任组长;

1974—1986 年　工作于德钦县卫生局，任副局长、局长；

1986—1991 年　先后调任德钦县机关党委书记、县委办公室主任；

1991—1995 年　任德钦县委宣传部部长。

杨梅瑞：

1971 年 5—9 月　工作于德钦县霞若卫生所；

1971 年 10 月至 1974 年　工作于德钦县医院；

1974—1994 年　工作于德钦县防疫站，获"医学微生物主管检验师"职称。

和藏族同胞的不解之缘

（杨畅根　口述）

和藏族同胞的不解之缘，要从我小时候说起。

我出生在旧社会，1949 年，我刚满 10 岁。那一年，我的家乡剑川发生"四二暴动"，我们党领导的剑川武装起义成功了，剑川全境解放，人们载歌载舞庆祝胜利。然而国民党保安团、共革盟闯入剑川。于是，剑川的第二次围城战和沙溪围歼战又开始了。剑川一度成为滇西北武装斗争的中心。

新建的中国人民解放军滇桂黔边纵队第七支队（以下简称七支队）大多是少数民族同胞，他们顽强战斗、不怕牺牲。其中，以斯那尼玛为队长的三十一团藏族骑兵队[①]火速赶来，浴血奋战，最终取得了胜利。

那时候我虽小，但有许多听到和看到的事迹深深印在我脑海里，至今难忘。有一天，在我们村子背后的纱帽岭，几百名七支队战士和藏族骑

[①] 1949 年，在滇西工委的领导下，由李烈三、鲍品良等出面招募藏族同胞，组建了隶属于中国人民解放军滇桂黔边纵队第七支队三十一团、三十五团的两支藏族骑兵队。同年 8 月，在维西人民革命浪潮的影响下，德钦一部分觉醒的藏族农奴，骑马挎枪，被编为三十三团三营藏族骑兵队。1950 年 1 月 13 日，原三十一团、三十三团、三十五团的三支藏族骑兵队合编为中国人民解放军滇桂黔边纵队第七支队直属骑兵大队。1950 年 3 月，骑兵大队改编为中国人民解放军二野四兵团第十四军直属骑兵大队，斯那尼玛任大队长（原为三十一团藏族骑兵队大队长）。

兵队整装待发。我们一大群儿童跟随大人一道去观看。那场面十分壮观,战士们精神抖擞、满怀豪情。藏族骑兵队大概有30人,他们骑着战马,排成"一"字形,身背长枪、腰插藏刀、手握缰绳,挺着胸膛,眼睛注视前方,排头兵举着的红旗在风中飘扬。出发令一响,他们便向沙溪方向进发,咯哒咯哒的马蹄声和呼哈呼哈的吆喝声震天响,那动人的场景令人难忘。

在沙溪阻击战中,骑兵队战士伍金因用身体掩护战友而牺牲了。在剑川围城战中,欠尼则仁、罗济戛、汪汝江和干玛四位骑兵战士遭敌军的迫击炮轰炸而牺牲。还有两位战士负伤,老百姓用小木船从剑湖划到我们村附近,村里农民协会的干部们用担架把两位受伤的战士抬到协会所在地中奎阁。村里的群众闻讯后蜂拥而至,带来一些甜食、鸡蛋、糯米等,还请来医生救治。可是名叫曾安巴的小伙伤势太重,于第三天深夜,这位血洒剑川的藏族小伙献出了宝贵的生命。村里的人们按照当地白族习俗,把烈士安葬在俯瞰剑湖长满青松的上登坡,以此方式寄托人们的哀思。伤员其尼养好伤后,群众依依不舍地把他送回骑兵队。

从那之后,藏族骑兵战士英勇顽强、不怕牺牲的奉献精神永远激励着我,让我从小就对藏族同胞怀有一种深厚的情感,对藏族人民生活的地方充满了向往。冥冥之中,这为我在人生中与藏族同胞产生密切的联系埋下了伏笔。

到德钦去,到最艰苦的地方去

(杨畅根 口述)

1959年,我从昆明第二卫生学校毕业后,被分配到丽江专员公署卫生科工作,那时候的丽江专区还代管着迪庆和怒江两个州。我大多数时间都被地委抽调到工作队去农村工作,与贫下中农同吃同住同劳动。爱人杨梅瑞,1961年从昆明第一卫生学校毕业后被分配到丽江专区卫生防疫站工作,我们于1969年结婚。

1970年4月,杨梅瑞产假刚结束。在当时"把医疗卫生工作的重点放到农村去"①的背景下,她在第一批的下放名单里。面对这种情况,我想,一个弱女子带着婴儿下基层如何开展工作呢?于是我向上级革委会提出一同去的申请,经过几个月的时间,上级终于同意调动。那一刻,我的脑海里再次浮现了藏族骑兵队的英雄事迹,于是我们选择了德钦县霞若公社。

图 2　身着藏族服装的杨梅瑞

1971年5月初,我俩带着刚满1岁的儿子离开丽江,经巨甸到达德钦霞若。到巨甸后就没有公路了,我们便请马帮驮行李一道前行,沿金沙江北上。那江岸正如古人所云:"两厓峻极若登天,下视此江如井里。"盛夏的金沙江峡谷如蒸笼一般闷热,没有一丝风。把孩子背在背上,热得受不了,只能抱在怀里。赶路的那几天,我们在野外起火做饭,晚上只能露宿山林。经过三天长途跋涉,我们终于到达德钦县霞若公社。那里属于白马雪山自然保护区,是世界自然遗产三江并流的核心腹地。那里生活着傈僳族、藏族群众,以傈僳族为主,群众生活极为贫困。

---

① 1965年6月26日,毛泽东提出要把医疗卫生工作的重点放到农村去,随后卫生部党委下发《关于把卫生工作重点放到农村的报告》。因为这一指示是6月26日发出的,因此又被称为"六二六"指示。

本来是在此安营扎寨,但又接德钦县革委会通知,调我到县革委会卫生组工作,调杨梅瑞到县医院工作。我们在霞若整整四个月,9月初,我们又启程了。顺着珠巴洛河与马帮一道北上,越过海拔4000多米的格里雪山,走了三天半到达奔子栏。又越过海拔4292米的白马雪山垭口,才到达云南的北极,全省海拔最高的县城——德钦县城。

全方位培养医疗人才

（杨畅根　口述）

德钦位于青藏高原南部,是滇、川、藏三省区接合部,生活有藏族、傈僳族、纳西族、白族、彝族、汉族等十几个民族,其中藏族占了80%。解放前,德钦是政教合一的封建农奴制社会,经济极其落后,人民生活艰苦。1950年德钦解放后,党和政府十分重视人才的培养,把一批又一批的青年男女送到云南民族学院、西南民族学院学习,从学汉语开始,再学文化,然后学医疗科学技术。他们学习结束后回来投入工作中,再经过几年的实践磨炼,成了德钦当地医疗卫生战线上的主力军。加上上级党和政府又派来一批批来自广东、上海、湖南、四川等省市和来自省内昆明、曲靖、红河、昭通、玉溪、楚雄、临沧、大理、丽江等地的医疗卫生人员,他们吃苦耐劳,勤奋工作,与当地各族人民建立了深厚感情,为德钦的医疗卫生事业和人民健康做出了巨大贡献。

由于特殊的地理环境和历史原因,这里的医疗卫生条件与内地相比有很大差距,内地来的医疗卫生人员随着时间的流逝,多年在高海拔、缺氧环境下工作,身体逐渐受到影响,有些因家庭、婚姻等原因不得不调离德钦。而本地人员技术力量薄弱,又因十年"文化大革命"的影响,学校停课,没有毕业生,医疗卫生人员不足的问题日益突出。对此,我们采取了两方面措施。一是办培训班培养一批新生力量,充实到卫生队伍中;二是把在职人员有计划、有步骤地送到上级医院进修学习,提高业务水平。

开办培训班遇到了很多困难,我们没有相关的教学设备,也没有专门的教师。但是决心已定，就得迎难而上。于是我们因陋就简开办了两期学习班，每期学制两年，学员是由各乡党委选派的优秀知识青年，每期学员20人。我们请在职医生和老护士长当授课教师，没有教室就在会议室讲课，没有模型就通过绘图讲授。一段时间后他们便跟随医生和护士在病房实习，边学习边实践。医生、护士长认真讲课，学员刻苦学习，取得的效果还是不错的。经过几年的实践磨炼，他们逐步能独立工作。学员阿青布入了党，后来当上了佛山卫生院院长；郭举圣能熟练掌握腹外科手术；刘红英、布称成了护理领域的骨干；鲁拉任妇幼保健站站长，后来还被提拔为副县长。

提高技术水平，一方面是在工作实践中把掌握的知识和实践结合起来，不断总结、不断提高；另一方面是到上级医院、防疫部门进修学习新知识、新技术。我们有计划、逐步地把医疗卫生人员送到省第一人民医院、昆明医学院第二附属医院、省红十字会医院和省防疫站，通过三个月、半年或一年的学习，学员们都有很大的进步。傈僳族医生余文荣熟练掌握了腹外科手术，藏族医生张银培、斯那白九和阿称回来后带动了其他医生共同进步。来自德钦县最偏远的羊拉卫生院的鲁茸医生到省第一人民医院进修外科回来后就开展了腹外科手术，解除了以往一些外科病人转到县医院治疗需走三天路、翻越海拔5000多米的甲午雪山之苦。从省防疫站进修回来的医生着手开展食品卫生监测，制定了防疫措施，逐步控制和消灭了疟疾、麻疹、百日咳等传染病。

没有良好的服务质量，就难以达到好的医疗效果。因此，我们在提高医疗卫生技术水平的同时，也重视服务态度和服务质量的提高，做到两手抓、两手都要硬。我们要求医务人员要把病人当亲人，关心病人、体贴病人，全心全意为病人服务，不计较个人得失。1978年，迪庆州委书记来到德钦，听到群众对德钦县医院的各项服务深表满意，他在进一步了解情况后对此予以赞扬。之后不久，迪庆州卫生局在德钦召开了以"改善服务态度，提高医疗质量"为主题的经验交流会，来自州内各医疗卫生单位的相关负责人参加了此次会议。会上，德钦县医院相关人员做了重点发言，大家互相交流、取长补短，对德钦县医院的工作给予赞扬。

随着改革开放的不断深入，社会经济持续发展，科学技术日新月异，国家对医疗卫生工作的投入力度不断加大，德钦县医疗卫生事业和人民健康水平发生了翻天覆地的变化。

扶持藏医药发展

（杨畅根　口述）

藏医药是祖国医学宝库的重要组成部分，是藏族人民在长期的劳动生产实践中同疾病作斗争的经验总结，它有着系统和完整的理论体系。藏医药以雪域高原独特的植物、动物和矿物为原料，用独特的炮制技术，对常见病、多发病有很好的疗效。德钦的藏医用药除少数从药材公司或辗转托人从外地购买外，绝大多数都是就地取材，自采自用。通常藏医用药有300多种，多按藏医经典或验方配成固定的方剂，少者三五味药，多时可达百味。

德钦县过去基本全民信仰藏传佛教，藏医药人员都是喇嘛或活佛。"文化大革命"期间，藏医药人员都遭到冲击，县医院和燕门卫生所的藏医门诊被迫关闭，藏医被辞退回家，乡下的藏医药人员也挨批挨斗。那时候，在农村推行合作医疗，赤脚医生由村里推选的几位稍有点文化的年轻人担任，经过短短几天培训就上岗就诊，用中草药防病治病。表面看似轰轰烈烈，实际上农村还是缺医少药。

1978年党的十一届三中全会胜利召开，贯彻了党的正确路线，藏医药事业和其他战线一样迎来了发展的春天。于是，我们对全县藏医药情况做了全面调查，发现老的藏医相继去世，现有的藏医药人员也逐步进入老年，有的疾病缠身，后继无人的状况令人担忧。

1980年初，我们在奔子栏召开了藏医药工作座谈会，县医院和各卫生所的领导参加了会议。我们特别邀请了德钦县的将初、南主、此称江初、阿吾吉称、阿翁吉泽、仁增翁泽、斯那定主等15名藏医药人员[①]参加。座

---

① 这15名医药人员分别为：来自奔子栏的将初（活佛）、南主，阿东村的此称江初（活佛），尼农村的阿吾吉称（活佛），荣中村的阿翁吉泽（活佛），拖拉村的仁增翁泽（活佛），石底村的斯那定主、格能，春多罗村的安主，禹功村的生吴、鲁茸此称，巴东村的佳拉，茨中村的格龙，巴美村的托丁，溜筒江村的迪青龙美。

谈会上，我们共同学习党的十一届三中全会精神，强化思想认识，消除疑虑，畅所欲言。大家觉得难得有机会欢聚一堂，便交流经验，有说有笑，不时也有争论。会上大家都表示要振作精神、大胆工作，愿把自己的技术和经验传授给年轻的卫生人员。

会后不久，佛山乡四个村的卫生员自带伙食和行李到云岭荣中村拜阿翁吉泽为师。老藏医高兴地接收了他们。经过半年多的学习，他们学会了藏医一般诊断方法，掌握了100多种藏药的药理知识。之后，县医院恢复了藏医门诊。1987年，德钦县卫生局在云岭乡开办了藏医班，学制三年，招收学员20人，请云岭的几位老藏医当老师。这样，德钦的藏医药事业又逐步发展起来了。

图3　20世纪70年代杨畅根、杨梅瑞一家四口在德钦

雪中送炭

（杨梅瑞　口述）

初到德钦县医院工作时，医院人少、设备简陋，科室只是简单地被分

成内科、外科、儿科、产科。实际上我们医务人员无法固定待在某个科室，都是听从统一安排。我时而搞检验，时而搞护理，时而到药房划价、拿药。一段时间后，我就到防疫站去了。防疫站里人也少，每个人不能专搞一项工作。我既搞微生物检验、水质检验，又做库房管理，其余时间主要负责写防疫简报。我参加水质调查，写了《德钦县城水质调查分析报告》《德钦县炭疽病流行概况及病原菌的首次分离鉴定》，并参与编纂《德钦县卫生防疫站志》。

德钦县城是全省海拔最高的县城，气候寒冷，每年至少有半年时间雪封山，与内地交通中断。初到德钦的那几年，因为高原反应我血压低。但周围同事们都很关心、体贴，经常问长问短，给我增添了战胜低血压的勇气。短短几年后，我就慢慢适应了高原环境。另外，不论是单位同事，还是百姓群众，他们的热情、善良和无私帮助总是一次次感动着我们。

我在县医院工作的那几年里，单位领导考虑到我丈夫要经常出差，而我除了繁重的工作任务外还要照顾家里的两个孩子，因此，除了在需要紧急做手术的情况下，从来没有给我安排过一天夜班。在平时，周围的同事和朋友都会帮我们照看孩子，让我们安心工作。托儿所的老师像对待自己的孩子一样帮忙精心照管孩子，有时放学时间我没空去接孩子，老师就会把孩子送到医院来。可以说，我的孩子是在藏族同事和朋友的帮助下带大的，也正因如此，我儿子会讲一口流利的藏话，当地藏族朋友还给他取了一个藏族名字"阿宝"。

1974年4月的一天，我的儿子在户外玩耍，不小心从一丈多高的石壁上跌下去，昏迷不醒，被路过的商业局职工何兴旺看见，立即抱往医院抢救。县委副书记央中同志急忙跑来告诉我们。我们赶到医院时，医护人员正在抢救。周围的职工及老百姓知道后跑来看望，都十分关心。当晚，孩子苏醒过来了，经过几天治疗痊愈出院。

冬天冰雪到来之前，周围不知名的老百姓经常来问我柴火、木炭准备好了吗。如果还没有买好，他们就积极帮助联系。我们冬天的柴和炭从来没有缺过。

图4 杨梅瑞和儿子阿宝

县委书记阿学是本地人,是省里表彰的民族团结先进工作者,对外来同志非常热情,也非常关心。他从来不直呼我名字,总是跟着他的儿女们很亲切地喊我嬢嬢,喊我儿子阿宝。这一喊,我心里有说不出的感动。论职务,他是县委书记;论年龄,他比我大。他是把我们当作亲人一样看待呀!1974年4月,我女儿出生,那时候正值大雪封山,街上除了几家国营公司和几家店铺外,什么也没有。按规定食品公司供应每人每月一斤腊肉,瘦瘦的,还带一点儿骨头。县委书记和我家同住在矮小的土掌房里,他家老小七口人,生活拮据。但他看到我家情况便觉得过意不去。阿学书记的爱人扎拉茨姆每天跑到升平镇以东的路口等候,看从农村来的人是否带着鸡来卖。她等了几天,终于给我们买到了一只鸡,那是我整个月子期间吃到的唯一一只鸡。这样的深情厚爱,我怎能忘!

党的十一届三中全会召开之后,为落实方针政策,丽江地区防疫站领导给我来信,希望我回原单位工作。我回信感谢领导对我的关心,并说德钦也需要我,我与德钦建立了深厚感情,我不能离开,德钦已经成为我的第二个故乡。别人总说我们俩对德钦的医疗工作做出了贡献,但是我们心里清楚,如果没有德钦各族群众的帮助,我们其实什么都做不了,甚至都无法在那里生活下去。今天德钦的繁荣局面是外地干部和当地群众一起奋斗出来的。

访谈时间：2022 年 3 月 10 日
访谈地点：大理白族自治州剑川县
访 谈 人：李志农、周丽梅、张佩佩、和淑清
记 录 人：和淑清

� 民族教育篇

到迪庆最艰苦的羊拉去

王　境　口述

在翻越海拔4000多米高的甲午雪山垭口时,我的呼吸越发困难,迎面飘来的雪花打在脸上,就像针刺一样疼。一个念头突然在我的脑海里闪现,那就是,羊拉的学生年纪那么小,他们哪能经得起此般艰苦,要想走出大山、走向外面的世界,根本就难如登天。唯有教育,才能彻底改变他们的命运!

图1　王境照片

【简　介】王境,男,汉族,云南弥勒人,1943年生。1965年9月毕业于昆明师范学院外语系俄语专业,同年到迪庆州德钦中学任教。1968年,服从组织安排到最边远、最艰苦的羊拉公社开办初中班。1973年,创办羊拉中学(后来的德钦三中),共在羊拉任教11年。他历任德钦一中初中部教导主任、副校长，德钦县教育局局长，德钦县副县长，迪庆州政协教科文委员会主任，迪庆州教育局局长，迪庆州教委主任等职。1996年被云南省人民政府评为"扫除文盲先进个人"，1998年被云南省教育委员会评为"云南省中小学勤工俭学先进个人"，被中华人民共和国教育部评为"全国优秀教育工作者"。2000年退休。

  1965—1968年 工作于德钦中学，任外语教师；

  1968—1980年 先后工作于羊拉甲功完小附设初中部、羊拉中学；

  1980—1984年 工作于德钦一中，任初中部教师、教导主任；

  1984—1985年 工作于德钦五中，任副校长、教导主任；

  1985—1991年 先后任德钦县教育局局长、德钦县人民政府副县长；

  1991—2000年 先后任迪庆州政协教科文委员会主任、迪庆州教育局局长、迪庆州教委主任。

教师生涯在德钦中学起航

  1965年，我在昆明师范学院①的外语系完成了学业。作为党培养的师范人，我们每个毕业生都想为国家的教育事业做点贡献，所以大家争着抢着要到边疆去，到最艰苦的地方去，到祖国最需要的地方去。最终我如愿以偿，被分配到德钦中学任专职俄语教师。

  德钦中学刚创办时只有一栋简陋的土掌楼房。我到的那年，学校已有了宽敞的教室、活动场地和装了上下双层床的宿舍。听说那是施杏芬校长带领全体师生搬运砖瓦、背石头、平整地基、冒着风雪上山伐木运料，一砖一瓦慢慢建起来的。1965年，学校开办了两个新生班，全校共有4个班级，在校学生总共183人，教职工15人。我们的老师，都是服从组织安排，带着一腔热忱从内地到德钦工作的。他们从不计个人得失，有的连续几年不回家，一心扑在教学工作上。很多老师多次牺牲休假时间，翻越海

---

 ① 昆明师范学院为云南师范大学的前身。

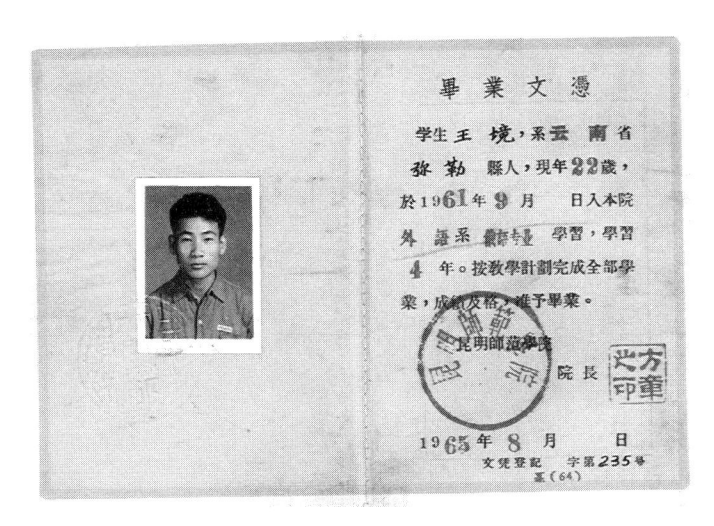

图 2　由昆明师范学院外语系颁发的毕业证书

拔 4000 多米的白马雪山垭口和格里雪山，步行 10 多天到金沙江沿岸进行家访，动员流失学生回校。

学校位置偏僻，给我留下最深刻印象的便是我们的教职工兢兢业业，各族学生淳朴好学，师生之间关系密切。当时，我们将"既来之，则安之；既安之，则务之"当作生活和工作的格言，时刻践行，一心扑在工作上。由于学校里人手不够，每个老师都身兼数职，不仅要承担日常的教学工作，一些学校的行政事务也分担在了各个老师的身上。校长施杏芬同志，除了抓学校全盘工作外，还兼上政治课；杜泽民老师负责学校秘书工作，还要上语文课、音美课；胡铭学老师负责教导处的教务工作，还上数学课和体育课；赵举礼老师主管全校师生的教导和思想工作，还负责语文、政治、历史等课程的教学；牛宿光老师主上数学课，并兼任学校会计、校医、打字员等。全校上上下下各有任务，日日夜夜各有所忙。

特殊时代下的环境难免艰苦，最考验我们这些内地老师的是德钦的冬天，高寒气候冷得不行。我们冷，孩子们也冷，两边脸颊常冻出疮。老师要写黑板字，手冻成了"红萝卜"，拿粉笔都很费劲。有时拿起了粉笔，可一使劲就生疼。最难受的是冻伤的手会脱皮，有时皮刚脱，又被冻伤了。后来我们才知道，脱上几次皮，春天也就不远了。

那时我们老师和同学同吃同住。喻寿增同志既是学校的财务人员，又是食堂事务处处长，负责保管粮油和全校的伙食。在他的带领下，每天早上5点，天还没亮，就由两个学生一组轮流做早点。午饭和晚饭由两个炊事员带一两个学生，由他们做近200人的饭菜。一日三餐都吃苞谷饭，虽口感不好，但可以吃饱充饥。为了改善伙食，我们带着学生开垦蔬菜地，种白菜、包包菜、萝卜；学校也拨了买肉专款，一个礼拜能吃上两顿肉。厨房做饭要烧柴，每个礼拜六，师生们就一同上山砍柴，一天把一周要烧的柴火储备好。有时遇到食堂伙食开支困难，师生们就一起到石棉矿厂、养路段挣取收入，维持学校教学工作正常运行。

春暖雪融，正是播种时节。师生们一同背着棉被，到远离学校的里仁卡山上种洋芋，晚上就地宿营。大家忙累了，就在简单的帐篷里休息，老师们讲故事，或者同学们唱藏歌，笑声、歌声回荡在山野中。到金秋时节我们又一起收获劳动果实，储备冬菜。师生们也一同修球场、建校舍，同吃一锅饭，同喝一桶酥油茶。在学习、劳动和生活中，老师和学生培养了非常亲密且深厚的感情。

路途艰险，到最艰苦的羊拉去

在德钦中学任教快三年的时候，我的教学生涯发生了转折。

1968年，国家发出了"读高中不出公社，读初中不出大队，读小学不出村"的号召，德钦中学随即撤销。除留下三个职工看守校园外，学校全体教师都被分到了各区（乡）公社中心小学及大队完全小学，着手开办附设初中班。

德钦县教育局很快下达了指示，希望抽调一名教学能力强、吃苦耐劳、积极肯干、热心民族教育事业的老师到羊拉甲功完全小学开办附设初中班。当得知这个消息时，我毫不犹豫地打了自荐申请报告，并递交了上去。

教育局的领导十分诧异，羊拉乡地处滇、川、藏三省区的接合部，是德钦县乃至整个迪庆州最贫困、最偏远、"最北极"的一个乡。这个从城里来的汉族大学毕业生，哪能吃得这般苦、受得这般累？看到他们迟迟没有做决定，我直接跑去找领导，斩钉截铁地说道："相比学校其他老师，我年轻力壮，又没有家庭负担，因此去羊拉最合适不过了。何况毛主席教导我们，越是艰苦的地方，青年人就越应该去！"看到我态度坚决，领导最终批准了我的请求。

1969年1月16日，我带着简单的行李，随着年前最后一支进羊拉的马帮，从德钦县出发。那日，鹅毛大雪笼罩着整个德钦县，气温已骤降至零下20多度，路上几乎看不见一个人影，唯有马帮不时发出的叮零零的响声。一路上，我们所见的山岭、树林几乎全被积雪覆盖，路边的电线杆有一半都被埋在雪中。好几次，我都因看不清路面，差点陷进雪坑。随着海拔的升高，空气变得越来越稀薄，每爬几步，我就不停喘气，头痛、气短、胸闷，一种轻飘飘的失重感接连向我袭来。我的脸色逐渐变成了铁青色，手冻得又红又肿，双腿走得直发麻，每挪一步都很煎熬。

一位赶马人看我实在走不动，就建议我拉着马尾巴爬着走。于是，我紧紧拉着马尾巴，深一脚浅一脚地艰难前行。行进时，载着我行李和书籍的马匹面对万丈深渊惊恐而起，马背上的驮鞍翻在地上，滚进深沟，我的书籍散落一地，有的再也找不回来了。

因为沿途人烟稀少，吃住全靠自己，我们走到哪里，就睡在哪里。由于高寒缺氧、气压低，加上没有高压锅，我们吃了好几天的夹生饭和干粮。夜幕降临，我们就把帐蓬搭在雪山脚下树林环抱的草地上。到了深夜，草地上积满冰雪，冰寒刺骨让人直打哆嗦，添再多柴火、裹再多衣服也无济于事，我久久难以入眠，就连在睡梦中，都是呼呼的风声。

第二天，天没亮又继续赶路。在翻越海拔4000多米高的甲午雪山垭口时，我的呼吸越发困难，迎面飘来的雪花打在脸上，就像针刺一样疼。一个念头突然在我的脑海里闪现。羊拉的孩子年纪那么小，他们哪能经得起此般艰苦，要想走出大山、走向外面的世界，根本就难如登天。唯有教育，才能彻底改变他们的命运！想到这里，我又咬紧牙关，继续往前走。

最终，在雪地里艰难步行四天后，我到达了羊拉。

从"外地老师"到"羊拉女婿"

羊拉,藏语意为"牦牛角尖上的村庄"。单从地名来看,艰苦的条件便可想而知。那时的羊拉还是"三不通"。一不通路。"人在天上走,鹰在脚下飞"是当地人对羊拉险峻道路的最生动形象的描述。羊拉境内没有一寸公路,行走靠脚,运输靠马。去县里,要走上单程80多公里的人马驿道,穿过陡峭的悬崖,脚踩滑动的砂石,随时可能遭遇意外。二不通电。夜里黑漆漆的一片,当地人用废旧器皿或小酒杯,再加上线头当捻子,就做成了简单的煤油灯,用来照明。三不通水。高寒地区水很稀缺,往往是一水多用,洗脸洗碗洗手洗衣后再洗脚,直到变成黑泥汤也舍不得倒掉。

我在羊拉的首要任务,就是创办附设初中班,又称"戴帽中学"。这是一种全新的教学模式,校址设在小学,学生在小学毕业后继续用两年时间学习语文和数学。在教师来源有限的情况下,除了我之外,其余都是从小学里抽调出来的老师。由于附设初中班兴起于特殊的历史年代,缺乏必要的办学条件,没有统一的教学大纲、教学计划和教材,没有起码的教学设备,基本上只有一本《毛泽东语录》。因此,语文教学以毛主席著作为教材,数学则主要教学生算数和记账。然而,办初中班就像是"摸着石头过河","学朝农"、"开门办学"、参加政治运动占用了学校的大量教学时间。

首先要了解羊拉孩子们的具体情况。羊拉教育起步晚,入学率和办学效益在各乡镇中属于相对较低的地区,普及教育规划也被列为较晚实现的第三类片区,是全县基础教育发展的重点和难点。根据学生的家庭信息,我翻山越岭、挨家挨户地去走访,询问孩子们的具体情况,了解他们在学习上的困难。羊拉地广人稀,居民住得分散。跑得多了,和老乡们都熟识了,一些路闭着眼睛走也不会迷路。一些家长热情地端来酥油茶,亲切地说:"王老师,喝了我们羊拉的酥油茶,你就是我们羊拉人了!"

晚上回到宿舍,我凭着记忆和教学经验,摸索山区教学规律,再结合羊拉学生的实际,自己编写语文和数学的教材。很多时候,我在昏暗的煤油灯光下思索,脑海里反复闪过羊拉孩子们渴望知识的眼神,既纯粹又动人，继而又埋头写起来。最后，我起草的教学计划和大纲得到了校领导的表扬，教材受到了学生的喜欢，初中班顺利地从无到有办起来了。

除了传授课本知识外，我们也想尽办法丰富学生的课余生活，带着学生一起打篮球、打乒乓球，教学生拉二胡、弹三弦、弹月琴，排演红色文化主题节目。每到下课后，小小的操场上就热闹起来。羊拉的学生十分活跃，对文体活动充满了热爱，这边的弦子刚响起来，那边就传来阵阵歌声。

1973年，经迪庆州委批准，羊拉公社甲功附中正式升级为普通初级中学，更名为德钦三中。1975年6月，因为一场突发失火，三中大部分校舍被烧毁。德钦县教育局下发了一笔房屋修缮费，由学校组织修建。建楼的任务就落在了师生的肩上，从设计图纸、搬砖运瓦、凿眼推刨，再到加工装修，大家都一起干！老师当主力，学生做辅助，男生主动承担力气活，女生也不闲着，帮忙打下手。羊拉的孩子懂事、勤快，从小就帮家里干活，扛砖运木他们都争着抢着去干，不怕脏不怕累，这让我特别感动。在老师和同学们的齐心协作下，终于建成了包括24个房间的砖混结构楼房。

长期在羊拉生活和工作，我不仅感受到了羊拉老乡们的亲切，也深刻地理解了什么是"羊拉精神"。可以说，羊拉是条件最艰苦、位置最偏远的乡镇，但越是面对艰难困苦，羊拉人就越是勇往直前，并自发形成了一种"特别能吃苦、特别能奉献、特别能协作"的"羊拉精神"，这一精神融进了每个羊拉人的血液和灵魂，成为羊拉人奋勇前进的强大精神动力，也深深感染了我，让我下定决心"帮助孩子走出大山，通过知识改变命运"！

1978年，我幸运地遇到了卓玛姑娘。在羊拉乡亲们的见证下，我们在校园里举办了简单的婚礼，羊拉的干部职工、学校师生都纷纷来祝贺，给我俩送来了毛主席的红宝书和金光闪闪的毛主席像章，祝愿我们吉祥幸福。大家欢聚在一起，我们就像一家人一样。我从一个外地老师变成了地地道道的羊拉人，不仅学会了打酥油、做糌粑、蒸苞谷粑粑，学会了养猪养牛，还学会了藏语。工作之余，我发挥木工特长，亲自盖了一幢藏汉元素相结合的房屋，建造起了我和卓玛的家。不久，我们的三个孩子相继在这里出生，我为三个孩子取了藏汉双语名字。

回忆起在羊拉的岁月，不禁感慨万千。在迪庆工作的33年间，我有近一半时间在羊拉度过。我一共教过13个班约500名学生，他们通过刻苦努力，用文化知识改写了世代贫困的命运，全都走出了甲午雪山，成了军队、行政、金融、教育、卫生等领域的有用之才，其中就包括省扶贫办原主任阿扎、著名藏族歌唱家宗庸卓玛、州政协副主席肖托丁等。让我感到慰藉的是，许多年轻人从羊拉走出来，并没有忘记生养他们的土地。他们学了本领后又回到羊拉担任教师，继续播撒着教育的希望种子。

"统考"和"扫盲"，迪庆教育上台阶

1985年，我离开了让我不舍的羊拉，调任德钦县教育局局长，并在之后相继担任德钦县副县长、迪庆州教育局局长。无论身居何职，我始终认为我是一名普通的人民教师，时刻要求自己保持诲人不倦、孜孜以求的优良品质，并保持兢兢业业、全心全意的工作态度。

在羊拉的工作经历让我深刻地认识到，迪庆高原因特殊的地理位置和人文条件，在教育方面与内地存在较大的差异，不能一味地照搬内地的教育教学经验，必须因地制宜、因材施教。因此，我利用一切机会奔赴各县的乡镇开展实地调研，走访州内的每一所学校，全面精准地掌握每所学校工作的实际情况，探索一条行之有效的边远民族地区教育发展的路子。

图3 1998年王境被教育部评为"全国优秀教育工作者"

20世纪90年代，学生家长的教育观念发生了较大转变，都希望自己的

孩子上好一些的高中。但乡镇出题难易程度存在差异，高中生源呈现不均衡的现象。这样的情况越来越严重，因此，家长和老师反应非常激烈。

  为了确保县里初中升学考试的公平公正，在多次的调研和考察后，我立即拍板："推行统考！"在德钦县这个偏远的地区推行统考，这还是头一回，消息一出立马成了热议话题。1993年，我们在县里设立了专门的招生办公室，作为统考的职能部门，主要负责中考组织、考试环境管理、考试安全维护、考风考纪整肃等工作。由于是全县统一出题的考试，各镇各校都绷紧了弦，学生也更认真地对待。考试后县教育局组织全县的教师流水作业式阅卷，并由专门的统计小组负责登记各校、各班的分数，在全县排名次，最后由教育局通报到各学校。

  经过几年的摸索和完善，统考政策完全在全县推行开来，学校和家长对这次考试改革非常重视，且都非常满意。现在回头想想，统考不仅缩小了各城乡教学点的教学质量差距，增强了学校教学的统一性、规范性、科学性，还使我们在探索少数民族人才培养的道路上迈出了关键性的一步。

  "扫盲"[①]是迪庆教育又一项重要的工作。教育部门高度重视扫盲工作，并专门成立扫盲办公室，抽调一部分教师专职从事扫盲工作。随着工作的开展，越来越多的老师加入了扫盲工作行列，迪庆州也掀起扫盲高潮[②]。

  进入20世纪80年代后，扫盲教材越来越丰富。《新华字典》和《婚姻法》是扫盲常用的教材。在早期由于教材供不应求，只能由老师逐字逐句地抄写，再传给农牧民。对于迪庆人民来说，刚开始学习发音、识字有

[①] 迪庆的扫盲教育始于1950年，扫盲对象主要是广大农村青壮年。起初，扫盲教育以小学校、公共场所为教学点，由农村小学教师组织为农民青年授课，让青年人在学文化的同时，亦能理解、领会党的政策，提高阶级觉悟。

[②] 为进一步扩大农村扫盲工作范围，自1955年起，根据丽江专员公署的指示，迪庆三县积极培训扫盲教师，仅在1955年到1956年，维西县就培训民办教师186人。为了让迪庆各民族人民都能写上字、会算数，教师们背着黑板到田头、工地教学，受到广大农牧民的热烈欢迎。后来受"文化大革命"影响，全州业余教育被学习班、政治夜校、文艺宣传队等所代替，扫盲工作逐渐瘫痪，进而导致农村中的文盲、半文盲人数逐年上升，复盲现象十分突出。直到1975年，全州扫盲教育工作才逐步恢复。同年，德钦县就开办扫盲班101个，参加学员达3267人。中甸县开办业余政治、文化夜校175所，参加学员达5060人。之后几年，随着扫盲工作的大力开展，各民族脱盲学员人数急剧增加，如在1986年，全州脱盲798人中，就有汉文脱盲282人、藏文脱盲60人，彝文脱盲76人，傈僳文脱盲380人。

些困难，有的人甚至连数字都数不过来，但是他们对于学习都非常积极认真。那会儿，一些人在班上学习了一个汉字后，放学路上也一直念叨着，见到我后还反复请教："王老师，中是中国的中，国是国家的国！我说得对吗？"他们回到家里干活时候也不忘接着学。几个月后，许多同学都学会了成百上千个汉字，不仅能读书，还能写信了！

为进一步提高扫盲成效，1993年，迪庆州教育局业余教育办公室还组织州藏学所的王晓松，州教育局的李继先、阿茸宝等同志编写藏文版扫盲教材，次年印刷发行后，成为迪庆藏民族聚居区扫盲工作的主要课本。1995年，迪庆州教育局拟定下发《1995—2000年迪庆州扫盲工作实施细则》，年内共扫除青壮年文盲4537人，远超省里下达给迪庆扫除4000人文盲的任务。

迪庆扫盲工作能取得如此大的成就，离不开社会各界力量尤其是教师们的支持。冬去春来，从不遮风雨的田间地头到宽敞明亮的夜校教室，老师一直是扫盲工作的主力军，他们手把手地教农牧民识字学文化，并配合进行时事、政策和法律教育以及生产技术教育，切实有效地提高了全州各族人民群众文化素质。

跨越式发展的迪庆教育

关于迪庆教育事业的点点滴滴，在我脑海中挥之不去。作为迪庆教育工作者，我感触颇深。新中国成立后，在党和政府的高度重视和悉心帮助下，迪庆教育从几乎一片空白的境况中逐步发展起来。

解放前，迪庆民族教育基础薄弱，幼儿教育一片空白，解放后才逐步发展起来。到1996年，全州有6所幼儿园。解放前，迪庆州的小学仅在江边河谷地区有几所。到1996年，全州小学就星罗棋布地分布在迪庆的村村寨寨，达949所。为构建完整的教育体系，满足迪庆现代教育事业的发展需求，解放后的中甸和德钦陆续兴办中学[①]。至21世纪，一个涵盖幼儿

[①] 到1996年，全州共有普通中学27所（完全中学6所，初中21所）。解放前，迪庆根本没有中专学校，但到1996年，迪庆州有中专学校3所，全州每万人口中，就有大专生55人，中专生（含高中生）446人，初中生1290人，小学生4242人。

园、小学、中学、中等职业技术学校、成人学校及大专院校的教育结构网络在迪庆初步形成,迪庆开辟了社会主义现代化教育的新纪元。

可以说,迪庆州的民族教育事业实现了跨越式发展,这离不开党和政府的高度重视与大力支持。在结合迪庆多民族特点的基础上,国家从教学设备、师资培训、招生就业、经费划拨等各个方面,予以迪庆政策上、资金上、人力上等各方面的扶持。

一是设立各类专项,增加教育经费拨款。自解放以来,国家大幅增加教育经费,设立了"边疆和少数民族地区教育补助费""少数民族地区补助费"等专项,加大人民助学金和勤工俭学经费投入力度,为少数民族学生提供衣食及学习用具。党的十一届三中全会召开前后,国家在财政极度困难的情况下,仍逐年增加少数民族地区教育经费,并陆续增设了"边疆地区事业补助费"、"支援经济不发达地区发展资金"以及部分地区性、临时性的补助专款[①]。这些专款和补助费有很大一部分都指定用于发展民族教育事业。

二是解决师资问题,提高教师待遇。自解放以来,国家大力宣传,鼓励并推动社会各界特别是知识分子和内地大中专毕业生到边疆、到民族地区从事教育工作,并选派大量大中专师范院校毕业生到迪庆的各中小学任教,被选派到迪庆任教的教师克服了高山缺氧、条件艰苦、交通不便等困难,长期奋战在教育一线。为了让他们在迪庆高原安家扎根,国家出台政策,提高教师待遇,如将迪庆原有的大批民办教师转为公办教师,增拨边疆民族地区的教师培训费,有计划地组织各县开办教师进修学校及选派少数民族教师到内地深造,鼓励他们参加电大、函授和自学考试等。之后,国家逐步解决了中小学教师工资、住房、入党、家属子女"农转非"与升学就业等各类难题,迪庆师资无论是在数量上,还是在质量上,都得到了前所未有的改善。

三是按照民族特点,制定特殊照顾政策。由于迪庆历史上与内地形成

[①] 仅在1995年,全州教育投入就比"七五"末增长了47.6%,比1994年增长18.4%,占当年地方财政收入(5469万元)的77.1%,占当年地方财政支出(20713万元)的20.3%。

的巨大差距，国家规定少数民族学生入学年龄可适当放宽，享受助学金的比例和金额都可略高于汉族学生。在进行小学招生时，我们扩大招生名额，以各类优惠奖励政策，鼓励农牧民子女入学；在进行中等学校招生时，我们实行同等成绩下优先录取少数民族学生和适当降低录取分数线，让更多少数民族学生享受优质的教育。基于迪庆多民族特点，我们分不同情况，实行多层次、多规格和多种形式办学，如寄宿制民族中小学和中学民族班。为了减轻学生上学负担，国家又对少数民族学生实施免费教育。

岁月不居，时节如流。看到迪庆教育突飞猛进的发展，我们培养的成千上万的学生，如今成了医生、教授、工程师、教师……奋斗在迪庆的各行各业，我们这些教育工作者心里总是充满了感动。现在想起昔日那些义无反顾进藏、并肩奋斗的同事和"战友"，内心十分温暖。我们是那个年代最为普通的人民教师，怀着最朴素的情感，积极主动地投身国家的民族教育事业，将满腔热血无怨无悔地洒在了迪庆这片热土，将最美的青春献给了迪庆教育事业，把最好的年华留给了三尺讲台。现在回头来看，这是命运乎，缘分乎？谁又能说得清楚。

访谈时间： 2021 年 10 月 26 日
访谈地点： 昆明市五华区
访 谈 人： 李志农、周丽梅、李立夫
记 录 人： 周丽梅、邬迪

我们的杨老师

杨增适　口述

40多年来,德钦县的教育事业取得了伟大的成就,国家投入的教育经费亦连年增加。在德钦县历史上,没有一个朝代、一个政党对教育有过如此巨额的投入。

图1　杨增适照片

【简　介】杨增适,男,白族,云南鹤庆人,1940年生。1959年从丽江师范学校毕业后到德钦工作,先后就职于升平完全小学、德钦县文化工作队、德钦一中、迪庆州志办公室和迪庆日报社。在1959年至2006年的40余年时间里,他为迪庆州的民族教育和文化发展事业做出了重要贡献,被授予迪庆州"德艺双馨"文艺工作者、云南省修志先进个人等称号。

1959—1965 年　工作于升平完全小学，教授语文和图画课；

1965—1973 年　担任队长组织德钦县文化工作队；

1973—1990 年　工作于德钦一中，担任高中语文教师；

1990 年退休后接受迪庆州志办公室和迪庆日报社返聘，先后担任《迪庆州志》副主编、《迪庆州民族志》主编和《迪庆日报》副刊编辑。

欢迎穿灰衣裳的红汉人[①]

德钦地处川滇藏交界处，历史上就形成了三省区商品交换和流通的聚散点，僧侣、商人和朝圣的康巴人南来北往、络绎不绝。从清代开始，就有不少回民和四川汉人来到德钦开采茂顶铜矿和马鹿场银矿。民国时期也多有外地人来此经商，并长居于此，形成了经济文化与内地密切交往的局面。但是，由于长期处在封建农奴制，并且国民党残余势力常常利用当地少数民族上层故意制造事端，德钦的民族、阶级、敌我矛盾错综复杂。

受此影响，德钦国民教育发展与内地有较大差距。土司、头人不愿让子女学汉文，每当被分配入学名额时，常雇用农民子弟或者派家奴子弟入学。经过数月或半年又轮流顶替。一直到解放前夕，全县识汉字人口仅占5%；加之当时内战迭起、匪乱不断，教育经费经常没有着落，有的学校被迫停课，德钦县小学教育基本处于瘫痪状态。

1950 年，德钦虽然已和平解放并建立县级人民政权机构德钦县设治局，学校也逐步恢复办学，但大部分土司和头人给当地百姓灌输了"汉人来教你们的子女，读好了就会被带去内地回不来了，所以不要去当汉人的

[①] 红汉人是当时西藏和西南少数民族对解放初期中国工农红军的称呼。20 世纪五六十年代，共产党领导下的解放军和工农阶级的服饰基本为色彩单调、款式单一的深灰色工装，因此人们常用"灰衣裳的红汉人"表示共产党领导下的解放军、工农阶级和知识分子等，与对国民党军队的称呼"黄衣裳的白汉人"相对应。

学生"的理念。因此，新中国成立后恢复教学的省立德钦第一小学①，由于开办汉文教学受到传统势力的阻挠，几乎招不到学生；学校曾派7名教师下乡动员儿童入学，一个月后仅动员到8名学生。

1957年后，土匪叛乱被彻底平息，民主改革取得了胜利。贫苦农牧民在政治上翻了身，生活水平得到一定改善，人民过上了安宁祥和的生活。人们目睹了共产党和解放军为群众办实事的初心，逐渐愿意将自己的孩子送去学校接受国民教育。但是，师资力量的严重不足，制约着学校在质量上和数量上的发展。因为聘请不到教师，有的村社办不起学校，许多适龄儿童仍然读不上书。

当时，担任副县长的吉福②为世袭德钦土司。在党的民族、统战政策的感召下，他带动各实力派系为德钦县的安定团结发展做出了积极贡献。看着百废待兴的德钦，在经济、社会、文化、教育各方面都落后于内地，吉福提出"为了德钦的发展，欢迎灰衣裳的红汉人来，不要黄衣裳的白汉人"，并向丽江地委提出派遣教师、工人、干部到德钦的申请。

初到德钦

1959年，我从丽江师范学校毕业。那年的应届毕业生数量最多，仅中师毕业生就有三个班近160名。根据当时的情况，上级主管部门提出的分配方案是：全部到基层中小学任教，原则上不准升学、不准改行；根据"先边疆，后内地"的原则，首先满足怒江、迪庆两州的需要。

当时我刚满18岁，和大多数毕业生一样，我服从分配，愿意到艰苦的地方去锻炼。1959年8月，学校正式公布毕业分配名单，共有初师和中师

---

① 1935年，云南省教育厅制定《实施边地教育计划》，决定在贫瘠边地县设立省立小学；1936年设立省立德钦小学，由国立丽江师范学校监督，由设治局局长周毓琼兼任校长；1946年停办。新中国成立后省立小学恢复教学，1951年校址在佛山乡下阿松村；1952年校本部搬迁到燕门茨中村，阿东小学、华丰坪小学为其分校。

② 吉福（1905—1967年），男，藏族，德钦县升平镇人，世袭德钦土司，在地方上有较高威望。德钦和平解放后，吉福被任命为德钦设治局副局长兼协商委员会副主任。1952—1957年初，吉福担任德钦县副县长；1957年迪庆藏族自治州成立后，吉福被选为迪庆州第一届人民委员会副州长。

100名学生被分配到迪庆州，其中德钦35人①，我被分到德钦的升平完全小学②。

8月17日，我们乘坐客车从丽江出发，那时丽中公路上的客车刚开通不久，经过一整天颠簸，傍晚时分才到迪庆州府中甸县城。8月20日，我们分乘三辆马车，沿着正在紧张施工的中德公路向德钦进发，次日到达奔子栏。到半路，马车师傅听说东竹林一带有零星叛匪活动，不愿继续前进。我们只好改为步行，扛着行李，一路上提心吊胆。经历了三天的艰难行程，全体人员安全抵达德钦县城升平镇。

当年的德钦县城很小，两条狭窄得几乎被土掌房挤破的青石板街道，包裹着一座不土不洋的两层楼房，墙壁上用水泥装饰出立体的"百货商店"四个大字。这是当时升平镇最体面的楼房，上下两层，不用十分钟便可逛完。商店东面、南面的两栋新房，是全县最高党政机关——工委会、人委会，如今称为中共德钦县委会和县人民政府。

五六十年代的德钦小学教育

对于教师稀缺的德钦县，我们这批新老师的到来，无异于雪中送炭，为边疆民族地区的学校输送了新鲜血液，同时也带来了教育教学的新理念、新方法。德钦县办学的重点和难点都在农村，学生85%以上都在乡村。那一年（1959年），德钦县新开办了学校14所，学校数量几乎翻了一倍，连最边远的羊拉区也办起了两所初级小学，县里的完全小学从4所增加到6所，到年底全县学校数量达37所，实现了乡乡有小学的学校格局，

---

① 根据杨增适口述，在分到德钦的35人中，有中师毕业生15人，6个来自丽江，9个来自鹤庆，分别为：牛宿光、孙河、元学志、尹助汤、王重库、叶永河、辛宽福、杨有烈、杨增适、杨锡林、和家凤、张盛文、张锦堂、刘润昆、陈永康。绝大部分人都在各自的岗位上履行了"献身民族教育事业"的诺言，坚持在德钦工作30年直至退休。

② 升平完全小学即德钦县示范小学的前身，办学历史可追溯到清末民初的私塾教育时期，学校先后改名"升平国民小学""省立德钦升平镇实验中心学校""德钦县小学"。新中国成立后，学校定名"德钦县升平镇人民小学"，1959年之后改名"高峰完全小学"，一直沿用到1982年。1983年起学校正式更名为"升平完全小学"，学制改为六年。1992年，学校更名为"德钦县示范小学"。

教学秩序恢复正常。与之对应的是学生人数和教职工人数的增加，学生人数达到3177人，教职工达104人。另外，藏文学校改办成了以汉文为主兼藏文的学校，部分完全小学开设藏文课，实行双语文教学。

我所在的升平完全小学，在校学生有100多人，分五个年级。当时的校长是来自大理剑川的赵树根，是解放后学校的第四任校长。刚到时，简陋的住房以及短缺的教学和生活物资都在考验着我们。学校因陋就简，都是旧房子，墙是土坯墙、地是土地板、窗是木格窗。教室里的黑板实际就是由一块相对平整的木板，跟前总是几支短得不能再短的粉笔，桌椅板凳高低不等、歪歪斜斜地立在教室中央。

学校有座两层楼高的大殿，听说原来是江西会馆的祠堂大殿①。我们刚到时，大殿还保持原样，只是没有了神像和祭祀所用的物件。正堂宽敞，可容纳数百人，由于刚去时校舍和教师不足，低年级都被安排在正堂里学习。幼儿班、一年级、二年级，有的班朝东，有的班朝西，用的是长条的课桌板凳，每班数排，黑板放在各班前面。老师常进行复式教学，一个人同时上几个班的课。上课时有的班教语文，有的班教数学，有的班做作业。老师的讲课声、学生的朗读声和回答问题声，偌大的正堂常常人声鼎沸、此起彼伏。

最初教师宿舍只有两间，男女老师分别共用一间。那间宿舍既是白天的办公室，也是晚上需要点着油灯照明的备课室。到1963年学校新建成一栋二层的土木结构的瓦屋面房子，楼下是一间教室和一间简易图书馆，楼上四间用作教师宿舍，我们才开始住得宽敞一些。学校有一个伙食团，为了省下柴火费，伙食团烧的柴全由老师自己砍。每周末一早我们都要早早出发，走上几里公路到砍柴的地方，砍上一周要使用的柴，再背回来。每砍一次柴，肩头都要疼个两三天。

当时的学生也很简朴，有的穿补丁衣裤，有的打赤脚上学，他们都是各个生产队推荐出来的，由生产队给每人提供一条毯子、一床草席，每顿

---

① 整栋楼长约18米，宽约6米，高约6米。据《德钦县志》记载，清光绪初年（1875年）会馆重建，从维巴迪、叶枝等地请来石匠，组织畜力驮来砖瓦进行修建。馆内供奉岳飞、关羽等画像，有经常性的祭祀活动。

饭提供苞谷粑粑。当时老百姓"畏惧汉人老师教书"的观念已经淡化，为了促进更多学生到学校上学，省教育厅规定所有学生一律免收学费和部分书籍费。即便如此，由于农村家庭生产劳作的压力，依旧有一些适龄学生宁愿帮家里放牛放羊、种地做饭，也不愿到学校里来，或者读了几年就辍学回家。每到这个时候，我们都要组织一名当地老师和外地老师到学生家中进行家访，用最朴素的语言给家长做思想工作、讲"知识改变命运"的道理。由于交通闭塞，有些学生家里离学校很远，要集中召开家长会在当时并不现实。家访成了老师了解学生家庭情况的唯一办法。尽管老师需要花费较大精力，但只有这样，老师才能在了解本班学生家庭情况的基础上更好地、有针对性地进行家庭教育指导。家长与老师的联系也得以加强，对子女在学校各方面的成长情况掌握得比较全面。老师的一次次家访，更坚定了家长要让孩子认真接受学校教育的信心和决心。

图 2　1963 年升平完全小学毕业班师生合影留念（第二排左二为杨增适）

注：图片来自《德钦县示范小学 100 周年纪念册（1912—2013）》。

1961 年，省教育厅首次分配 2 名大学本科毕业生到德钦，从昆明、丽江等地分配下来的中师毕业生更是逐年增加，小学教师外出进修提高的机会也越来越多，教师的政治素质和业务水平发生了根本性的变化。1965

年，经过三年贯彻中央"两条腿走路、多种形式办学"的方针，德钦县在大部分区公所、乡公所所在地办了简易完全小学，为更多的适龄儿童提供了读书机会。那年，学校数量增至57所，在校学生将近3000人。在条件艰苦、教学艰难、待遇也不高的高原地区，小学教育质量得到稳步提升，我们向当地百姓交出了满意的答卷。

"润物细无声"

我在小学主要教授语文，并负责全校的图画课和音乐课。在缺乏学前教育、普遍使用少数民族语言的环境下，刚入学的学生基本听不懂汉语，语言隔阂让语文课的教学显得尤为困难。识字难，识字教育更难，但识字对于刚接触汉语的低年级学生来说，是一项重要的任务。低年级学生在识字过程中普遍存在死记硬背、只会写而不懂其含义的状况。

为了将汉语教育与当地的藏语语言文化特色融为一体进行教学，我在刚到的三个月里努力学习藏语，学会了基本日常表达。于是，在此基础上，我尝试着进行多元化教学。通过查阅字典基本掌握课本中的生字后，学生们自己制作生字卡，并通过猜字谜、编顺口溜、儿歌记忆、表演动作等形式进行巩固，平时也会通过写校名、班级名、同学名、学校里的花草树木的名字来丰富识字素材。每次遇到像电影那种他们平常很少接触的东西的拼音时，我就借此鼓励他们说："只要把书读好了，你们就能走出大山，去外面接触更多的新鲜事物。"经过将近两年的训练，当地少数民族学生到三年级时就基本能用汉语进行简单的交流了，语文成绩也有了稳步上升。

在升平完全小学任教期间，我还担任学校少先队的总辅导员。学校有少先队大队，班级有中队，班内分小队。那时，要成为一名少先队员可不是一件容易的事情，要先个人申请，少先队小队推荐，中队全体讨论表决通过以后才能提交给大队，以获得其批准。少先队的活动内容主要是协助学校开展文娱、体育活动。其间，我带领队员在学校定期开办"学习园地"展览，主要负责展出各班的优秀作文、书法和美术作品。一些作文高手、字写得好看的、图画得漂亮的，都会成为学生心目中的"偶像"，被当作小作家、小书法家和小画家。有时，我也会把自己写的文章，画的雪山、牧场、藏族人物等美术作品在"学习园地"展出。在那个不能人人都有课外书看的年代，"学习园地"成了学生的精神家园，有学生说它就像新华书店一样。而我想通过这样的激励方式培养学生的学习和文艺兴趣，希望这样的文化氛围如"润物细无声"的春雨一般，滋润一批批学生，让他们获得良好的美学素养和艺术气质。

后来，少先队新增了一项内容是帮助住校的乡下同学砍柴、种洋芋。每个星期天，我带领中队的少先队员到离县城三公里的山上，力所能及地帮助住校生砍柴、背柴。虽然每个学生背不了多少，但是人多力量大，住校生的柴火总是堆得高高的。那时，学校里有一位来自农村的孤儿叫金安，为了照顾他的生活，我就让他搬来我的宿舍住。那时的学生和老师尽管都不富裕，但学校里形成了助人为乐的良好风气，大家团结友爱、互相帮助，亲如兄弟姐妹。

文化下乡，过溜索到村寨

1965年12月，根据省委"边疆民族地区成立文化工作队"的指示精神，德钦县委组建了文化工作队，并派我去开展组织工作。于是我离开教育战线，转战文化行业。

文化工作队成立初期仅有11名队员，除我之外，还有几名藏族、纳西族和满族队员，主要负责编排和演出一些受群众欢迎的民族歌舞节目和《红灯记》《智取威虎山》等京剧节目。本着"农闲多办，农忙不办"的原则，除了在县城演出外，我们还会在重大节日和传统节日期间组织群众性文艺活动，下乡放映幻灯片。当时没有什么交通工具，我们也没有什么道具，很多时候我们都是背上简单的行李、几套衣服、几件乐器、一部半导体收音机、幻灯机步行前往各个村寨。

德钦县崇山峻岭与沟壑江流纵横交错，许多村庄都坐落在深山幽谷之中，溜索成为当时最常见的交通工具。那时下乡宣传政策、访贫问苦、送医送药，甚至学生上学都得过溜索。溜索与人们的生产生活、工作息息相关，当地群众中流传着"不会过溜不算好男好女"的说法。我们到各个区和村寨组织文艺活动时也不时需要过溜索。初过溜索，我双手颤抖地握住钩着溜索和麻绳的溜帮，一动也不敢动。同伴在我身后一推，伴随着滑轮摩擦溜索的声音和风声，十几秒钟的时间便到了对岸。后来，随着过溜索的次数不断增多，过溜索便像家常便饭一样不再使我害怕了。

在那个精神、物质贫乏的年代，我们文化工作队到各个村表演，深受老百姓的欢迎。那时的村民一听说文化工作队要来表演，都非常高兴、十分热情，我们的演出和播放的幻灯片几乎是他们唯一的文化娱乐来源。如果碰到当地传统节日，我们表演结束后，当地村民会为我们献上藏族民歌。

图3 杨增适在梅里雪山前留影

在一次次下乡活动中，我们通过自身专长为百姓带去了欢乐，带去党和政府的关心和慰问，我们因此被评为"云南省先进文艺宣传队"，上山下乡的先进事迹在云南广播电台多次播报。同时，我们也通过倾听老百姓的声音、了解老百姓的生活，为自己的创作吸取了养分。当时，我们根据迪庆在"农业学大寨"中粮食大丰收、水利交通大发展的情景创作的歌曲《大寨红花遍高原》被收录于《云岭歌声》中，和《阿佤人民唱新歌》一起在云南各民族地区广为传唱。

重返教育，因材施教

1973年，我离开德钦县文化工作队，回到教育战线，在燕门农中工作几个月后，调到德钦一中[①]担任高中语文教师。

那时德钦一中刚恢复办学不到两年，初中学制由两年改成三年，而且开办了高中班，从初级中学发展为了完全中学，每年招收初、高中各一个班。另外，为了提高德钦县原有师资队伍素质和教学质量，1972年和1973年县教研组在德钦一中分别开办了一期在职小学教师培训班和一期初中数学教师培训班，为德钦教育事业输了血。

由于受"文化大革命"影响，很多在校学生曾一度中断了初中教育就直接升到高中，因此基础很差。在授课过程中，除了完成基本的高中教学任务外，我把初中教材里的文言文作为辅助资料给他们重新讲解，一方面让他们打牢基础，另一方面也想通过比较简单的内容让孩子们增强自信心。

这些孩子明显缺乏自信、胆子不够大，在课堂上我鼓励学生踊跃回答问题，并让他们感受到老师的鼓励和表扬，努力帮孩子找到自信。在我每周一次的作文课上，我要求他们在两节课内完成一篇命题作文，并在后一周进行评讲。我常常鼓励他们说写作文就是"我手写我口"，你想说什么，写下来就是作文，没有什么难的。为了打消学生对作文的恐惧心理，在评讲课上，我都会留出大半的时间请学生上讲台朗读他们的作文。起初不少学生在讲台上手脚发抖，声音也小得像蚊子叫。渐渐地，他们声音越来越洪亮了。经过半年的交流学习，孩子们慢慢进步了，从刚开始孩子的羞

[①] 德钦一中的前身为德钦中学。

涩，课堂气氛死气沉沉，再到后来课堂活跃，同学们踊跃发言。在当时的思想观念、经济条件和政治运动的影响下，他们能坚持读到高中实属不易，我希望他们都能走出大山进一步接受教育。

当时的生活虽然很艰苦，但同学们都很勤奋。记得一个从明永村来的男孩子很喜欢读书，经常每天天还没有亮就起来背书，但是因为家庭贫困，没有换洗的衣服，经常一件衣服穿上几个月。在得知情况后，我把我的一件外套送给了他，并告诉他这是对他勤奋学习的奖励，等他读书成才后，会得到比这个还多的奖励。后来他被保送到云南民族大学，之后当上了德钦县的副县长。每次见面他总会说起，"我永远感谢杨老师，在我读高中的时候，他给了我一件衣裳"。

我在德钦一中工作达 15 年之久，1984 年时，我担任高十二班的班主任并教授语文课。到高考时，在 38 名考生中语文及格 12 人，有 30% 的学生升入大专，这个成绩在当时的德钦是非常了不起的。这批学生毕业回来，多数回到家乡各中学任教。值得一提的是，我在德钦一中的 15 年间，学校里已经有了不少本地大专学历的老师，如政治系毕业的特古、中文系毕业的汤志红、函大中文本科生李忠义、历史系毕业的王四新等。那时，本地教师十分尊重我们这些外地教师，我们也热心指导刚毕业回来的本地教师，大家其乐融融，都在一起为德钦的教育事业奋斗着。而在那之前骨干教师清一色是内地人员，如今曾经的德钦一中学生回到母校延续着教书育人的使命，一支符合"四化"要求的当地教师队伍已经逐渐茁壮成长起来了。

由于有一个好的领导班子，有一支乐于奉献的教师队伍，德钦一中的教学质量稳步提高。1994 年在全州 4 所完全中学达标晋级评估中，被评为二级二等中学。40 多年来，德钦县的教育事业取得了伟大的成就，国家投入的教育经费亦连年增多①。在德钦县历史上没有一个朝代、一个政党，对教育有过如此巨额的投入。

从 19 岁走进德钦，直到退休，我都没有离开过迪庆。我将我一生中最

---

① 仅 1991 年至 1993 年，德钦一中三年内的教育基建投资就达 222.3 万元，新增校舍面积 6113 平方米。

宝贵的青春年华献给了边疆民族地区的教育事业，迪庆人民亲切地称我为"我们的杨老师"，我很感激迪庆高原的人民把我当作自己人。

访谈时间：2021 年 7 月 20 日

访谈地点：丽江市古城区

访 谈 人：李志农、陈经宇、和淑清、周丽梅

记 录 人：和淑清

德钦的第一所中学

牛宿光 口述

德钦中学在办校初期清一色都是外地老师,他们都是无条件服从国家分配到德钦工作的内地青年知识分子,是他们奠定了德钦县现代中学教育的基础,为德钦培育了大量的本地人才。

图1 牛宿光照片

【简 介】牛宿光,男,纳西族,云南丽江人,1940年生。自1959年从丽江师范学校毕业至德钦县工作以来,他与众多外地教师一同参与德钦中学的创建工作,通过调整教学计划、掌握藏语、提升教学能力等方式,使德钦中学的教学质量稳步提高。"文化大革命"时,他坚守初心,为斯农附设初中班学生编教材、备教具,保证教学质量。在1987年调任迪庆州民族师范学校校长后,他加强校风建设,从源头把好迪庆师资的质量关。1989年退休。

  1959—1969年 工作于德钦中学,曾任德钦县文教科职员;

  1969—1972年 工作于斯农附设初中班;

  1972—1975年 工作于德钦中学、德钦县教育局教研室;

  1975—1984年 先后任德钦县文教局秘书、德钦县文教局副局长、德钦一中校长、德钦县文教局局长;

  1984—1987年 工作于迪庆州民族中学,任党支部书记兼副校长;

  1987—1989年 工作于迪庆州民族师范学校,任校长。

解放初期的德钦教育

  德钦县是迪庆州内以藏族为主体民族的多民族聚居区,解放前长期处于封建农奴主和僧侣贵族联合专政的"政教合一"制度统治下,政治、经济、文化发展都与内地存在较大差距。学校教育更是几近空白,除喇嘛和神职人员通晓文字外,文盲率在98%以上。当时全县仅有"一所半"学校。一所是位于县城所在地的升平小学,半所是位于汉族聚居区的华丰坪小学。之所以被称为"半所",是因为该校常因资金、设施、师资等得不到保障而停停办办。解放前的德钦县两所学校的学生人数不足百人,教师不足十人,全县受教育人数不到总人口的千分之一。

  为彻底扭转这一局面,1950年德钦县和平解放后,首先恢复了原县立小学,并改名为德钦升平镇人民小学。自那以后,根据德钦地广人稀、交通不便的实际情况,为方便广大农牧民的子女就近入学,党和政府从内地调入一批教师增强德钦的师资力量[①],并开办了不少学校。

  1959年,丽江专员公署文教科从丽江师范学院的毕业生中分配给德钦

[①] 来自丽江的元学志、和春、和继典、和志杰、和凤楼、赵景春、刘占宇,来自鹤庆的杨增适、杨福宏、龚福寿、李正柔、杨淑仙,还有其他来自昆明、剑川、大理的老师都在这一时期来到德钦支援边疆地区教育事业。

县 35 名中小学教师，为响应毛主席"到边疆去、到祖国最艰苦的地方去"的号召，毕业之际，我毫不犹豫放弃了在丽江师范附小的工作机会，报名前往德钦县任教。

德钦现代教育起步晚，与内地有着截然不同的特点。一是这里文盲率高，文化基础薄弱。解放前当地识字的人不足总人口的千分之一。解放后学校少，儿童入学率低。二是农牧民普遍生活贫困，经济发展水平低。德钦虽然于 1950 年解放，但是 1957 年才开始进行土改，人民生活贫困，广大农牧民送孩子上学读书的意识薄弱。三是"政教合一"的社会背景束缚了人们学文化的积极性。一些农牧民宁愿送子女入寺为僧尼，也不愿送子女入学；不仅读书入学的人少，学生入学后升学率也不高。根据民族地区的这些特点，实事求是发展德钦县的现代教育，是 20 世纪五六十年代我们这批外地老师的使命和责任。

发扬"南泥湾"精神，建设德钦中学[①]

1957 年以前德钦县没有初中，直到 1958 年叛乱平息，民主改革工作全面铺开后才有。在"多快好省建设社会主义"的历史时期，县人民政府决定从全县 20 多名小学毕业生中招收学生组建初中班，德钦县中学由此开始了艰苦的创建历程。新组建的德钦中学暂设在茨中完全小学，1959 年正式确立在德钦县城附近的开谷建立德钦县第一所民族中学——德钦中学，招收初中和师训各一个班。

德钦中学的创立，是德钦教育事业发展进入新阶段的重要标志。为了解决师资问题，1958 年秋天省教育厅派来杜泽民和胡铭学两位老师。杜泽民是四川南充人，胡铭学是昆明人，他们俩是德钦中学第一批具有大专学历的老师，也是第一批从内地到德钦工作的支边教师。来自大理洱源的施杏芬也是德钦中学的创建者之一，在 1959 年到 1966 年期间担任第一任校长。在之后的一两年里，不断有来自丽江和大理的老师加入德钦中学的师

---

① 德钦中学为德钦一中的前身。1971 年，中央逐步拨乱反正，教育形势有所好转，德钦中学恢复办学，并改称德钦县第一中学，简称德钦一中。

资队伍中，他们都是无条件服从国家分配到德钦从事教育工作的内地青年知识分子。不管工作多么繁重，生活多么艰苦，思乡心情多么急切，他们中没有任何人要求调动或转行。可以毫不夸张地说，德钦中学办校初期清一色都是外地老师，他们留下了知识，奠定了德钦县现代中学教育的基础，为德钦培育了大量的本土人才。

德钦中学创办时，一无校舍，二无设备，三缺老师。记得我刚到德钦中学那年，师生们全都挤在一栋土掌房里，上层是教室，下层是宿舍，房间大小不一，但都潮湿昏暗。常年被烟熏火燎的隔板和楼楞比上了黑漆还要黑，三个石头垒成灶，就是我们的"厨房"。教师备课、批改作业和学生上晚自习，全围在一盏用墨水瓶做成的煤油灯旁。而所谓的教室根本没有基本的教学设备，屋里除了稀稀拉拉的几张"缺胳膊少腿"的桌凳外，冉无他物。一到冬天，寒风凛冽，教室黏土破洞的窗户难以抵御，寒风钻进衣裤，让每个人都把手缩到袖筒里。而由于土掌房的下层原是农家的圈房，长年堆积的牛粪、马粪，不仅引得蚊虫四处乱飞、嗡嗡作响，还散发着难闻的味道。

面对校舍条件差、粮食不够吃、教具不够用等各种困难，校长施杏芳以身作则、吃苦在前，带领大家"自己动手，丰衣足食"。在做好教学管理工作的同时，他带领杜泽民、胡铭学、和伯卿、赵举礼等同志清扫房间、修理桌椅门窗，带学生一起开荒种地、挣生活费，终于使德钦中学在极端困难中站稳了脚跟！

1960年，德钦中学终于有了一笔建校资金。在三年困难时期，这笔钱尤显珍贵。为减少开支、减轻国家负担，校领导带领我们继续发扬自力更生、艰苦奋斗的"南泥湾精神"，白手起家、共同建校。冬去春来，师生们挤在简陋狭小、教室寝室兼用的帐篷里打通铺，一边坚持讲课、学习，一边参加建校劳动。从搬石头、掏河沙、烧石灰、运水泥、伐木运料，到平地基、背土筑墙、清扫卫生，我们加班加点、样样都干，节假日也不休息。几个月里，我们吃的是粗粮素菜，住的是破旧帐篷，常常手被划破，脚被砸伤，但大家对建校运动有着饱满的热情，从不叫苦叫累，只怕事情做不好。

1960年底，兴建的教室和宿舍拔地而起。1962年，我们又继续在校外陡坡上挖出了一块面积1000多平方米的活动场地。到1965年底，德钦中学已建成拥有8间教室、10间宿舍的综合教学楼，宿舍安装有玻璃窗，上下双层床取代了之前的大通铺，师生终于结束了搬迁不定的日子。由于宿舍床位紧缺，无法为教师提供单独的房间，我们就主动把大的宿舍让给学生，每两位教师住一间狭小的寝室兼办公室的房间，以保障学生休息质量。由于在建校过程中我们精打细算，师生积极参加义务劳动，学校共为国家节约基建资金8000多元。

实事求是，办好民族教育

由于德钦小学教育基础薄弱、小学入学率低、毕业生少等原因，在德钦中学创办的前几年，少有学生报考中学，招生计划往往远远高于报考人数。例如在1961年和1962年，计划招生50名，但报考人数却分别只有43名和44名。而进入中学的许多学生连最基础的识字断句、加减乘除都未弄懂。加上我们的学生多是来自羊拉、霞若、拖顶等偏远山区的少数民族，基本只会讲民族语言，遇到问题，听不懂，也不敢问，自卑感强，学习动力不足，学习效果不好。

为了让学生尽快适应初中阶段的学习，解决小学基础差、文化素质低的问题，我们采取了两种办法巩固学生的基础。一是开办预备班。当时全县全部小学毕业生加起来不足50人，成绩参差不齐。我们将成绩达不到小学毕业水平的学生召集起来开办预备班，用一年的时间精选小学教材内容进行补课，经考试达到毕业水平的才能升入初中。二是对初一新生进行文化测验摸底。根据他们对小学课程的掌握情况，我们花半年时间为他们查缺补漏，之后再用两年半的时间授完初中课程。为了让汉语能力低的学生也能尽快掌握知识点，教师铆足了学习劲头，随时随地都在翻开小本背诵和记忆藏语中的教学用语、日常用语，每天熟悉三五句。长期下来，竟能脱口而出，同时用藏、汉两种语言授课。语言障碍的破除不仅让学生能听懂课堂知识，也使老师听懂学生的疑惑点，便于老师"对症下药"。

通过以上做法，德钦中学升学的人数再攀新高，升学质量也有了质的飞跃。1964年至1965年间，德钦中学参加丽江地区12个县的高中、中专升学考试成绩排名靠前，被评为全区的"先进学校"。1965年，初五班毕业时，全班学生都报名参加了升学考试，绝大部分学生都被录入省内及地区内的高中和中专，大部分人在日后成了迪庆州建设的骨干力量。

自建发电站，告别煤油灯

1961年至1962年，德钦县政府组织修建了历史上第一座水电站——水磨房电站，但由于电站装机容量小、电力不足、电压不稳、与学校相距太远等问题，始终没能让德钦中学实现通电的梦想，全校师生仍靠松树明子和煤油灯照明。解决用电问题，成为每位老师心头的一件大事。

为了让德钦中学的学生能早日用上电，老师们绞尽脑汁地想办法、出主意，终于打听到停工的石棉矿厂有几台闲置的发电机。学校便向县计划委员会提出申请，获批后，我们组织一支师生队伍出发前往石棉矿厂借发电机。机房里，三台发电机看着不大，但其中两台都在200公斤以上，最小的一台主机机体重量也在80公斤左右，如何跋涉30多公里的山路，把发电机搬到学校，让我们大伤脑筋。经过反复研究，我们最终选择了一台发电量仅有3.75千瓦，重量最轻的发电机。山高路远，加之人力又少，我们花了两天时间才把机组的主机、轴承及变速轮等配件运回学校。光是主机，就得四个人扛，我们把12个人分成三组，三组轮流扛，运输过程十分艰辛。

由于学校经费紧张，我们只请了两位师傅来建站，辅助工全由师生充当。老师和师傅一起勘测选址，很快确定了沉沙池（又称前池）、水轮机、变速轮、主机机座的位置。方案敲定，我们就备料，放线开挖基槽，制作构件等。疏浚引水沟、开挖基槽等工作以及所需石料、沙子等原料的储备工作全部由学生在劳动课上完成，学校仅购买了制作水轮机和木制渡槽所需的木料和泥作部分所需的水泥。

德钦的第一所中学

建站期间，师生承担了很大部分工作。例如做木工活，水轮机及渡槽的构件由木工师傅完成，而它的安装全部由师生承担。70 米开放式的渡槽，需要 30 多个支架，安装、加固支架，铺底板，订侧板等工作也全部由师生完成。为了防止渡槽漏水，师生们还把板子拼接的缝隙用麻皮一点一点、一绺一绺填满塞紧，以确保工程质量。在泥作方面，除挖基槽和备料外，石脚支砌、混凝土浇筑等环节的辅助工作由师生完成。在泥木工程推进的同时，师生们还亲自动手完成了供电线路内外线的布线工作。

1963 年，经两个多月的苦干、巧干，工程已基本竣工，终于迎来了试机。那天中午，全校师生都来参观开闸放水，随着水轮机的转动、主机运转，合上电闸，所有房间的灯泡都亮了，现场一片欢腾。各种仪表显示的数据和机器运转情况都说明我们成功自建了发电站！

建设发电站的经历让师生们受益匪浅。比如在加固支架、加装斜拉条的过程中，学生真真切切地理解了三角形稳定性的实际运用。发电站的建成，不仅极大改善了学校师生的照明条件，也启迪了孩子们的思维。一天，离城 30 多里的阿登贡（今阿东村）小学的老师带着 20 多名学生来到德钦中学，对我们说："我的学生们从没有到过县城，更没有见过电灯。我把他们领到这里，想请你们发电，让我的学生看看电灯吧。"我们当即满足他的心愿，不仅放水发电，让孩子们欣赏发光的灯泡，还带他们到机房参观。眼看水倾泻而下，推动水轮子转，电灯被点亮，几个藏族小孩不停喊着"约称哩[①]，约称哩……"，还联想到自己村里也有很多这样的水沟。

由于发电机供电量有限，仅能满足师生日常照明需求，所以我们将最大的便利让给学生，优先保障学生用电，并按本校电力使用制度进行管理。如要求在学生教室安装 6 个 60 瓦的灯泡，而在后勤职工宿舍仅能安装 1 个 40 瓦的灯泡，在教师宿舍安装 60 瓦和 100 瓦的灯泡各一个。但 100 瓦的灯泡，必须等学生晚自习结束，教室灯灭后才能使用。发电站的投入使用，让德钦中学彻底告别了点煤油灯的历史，圆了师生们的电灯梦。直到

---

① 约称哩，是藏语"奇怪了"的意思。

两年后县发电厂青远石发电站建成投产，自建发电站才停止使用。但全校师生自力更生、解决实际问题的精神，依然感召着一代又一代的德钦中学人。

勤工俭学，防止困难学生流失

德钦县作为一个经济发展水平低的贫困县，有大部分群众无力承担学生上中学的费用。国家虽然给予免收学费、书籍费，发放寒假补助费和比内地高的人助金的特殊政策与待遇，但仍不足以保障大部分学生的生活和学习。学生入学率低，巩固率、毕业率更低。

每年暑假，学校的老师们都翻山越岭、穿林过江地挨家挨户开展家访工作。尽管辛苦，但是我们知道每个学生背后都有一个家庭、一个家族，只有通过老师引导学生，学生带动家庭和家族，才能逐步改变整个社会的教育观念。有一年假期，我照例到霞若、拖顶家访，路过一个村庄时听说有个女生可能要辍学。于是，顾不上一天的奔波，晚饭后我又徒步三公里赶到她家。进屋一看，四周墙壁一片漆黑，除了一张床、一床破棉絮，屋里几乎没有其他家具。尽管我费尽口舌，反复劝导家长，但她母亲还是告诉我，家里根本拿不出来钱供孩子上学，想让孩子早日务农、嫁人。10多天后，我把所有在农村的学生都召集回了学校，却唯独没能带回她，负疚感从那之后伴随了我的教书生涯。

类似的情况，在德钦县数不胜数。德钦县很多家长都守着"耙锄落地稳，牛马为根本"的老传统，认为读书无用，让孩子从小就放牧干活、做起背夫、准备嫁人……正因如此，能来学校并坚持读完书的孩子屈指可数，过程十分不易。来读书的学生，往往是在背负一个贫穷家庭沉重负担的同时，还得翻雪山、蹚冰河、穿丛林、走独木桥，独自扛行李走上七八天的路，突破经济上、心理上的重重阻碍。眼见此，我们暗下决心，一定要竭尽全力帮助他们解决生活困难，通过知识帮助他们改变未来。

德钦的第一所中学

图 2　1963 年德钦中学初中三班毕业留影（第一排左二为牛宿光）

为贴补学生开支，解决学生生活困难，我们带领学生利用劳动课及课余时间勤工俭学，一起开荒种地、拾粪种菜、砍运柴火、建场养猪。至1964 年，我们全校师生在荒山上开垦菜地 4 亩多，洋芋地 10 多亩，养猪15 至 20 头，当年收获蔬菜 1 万多斤，洋芋 2 万多斤，成功把学生每月人均伙食费从原来的 10 元降至 6.8 元。德钦中学做到了柴火、蔬菜自给自足，肉食部分自给。

每年寒暑假，学校组织学生勤工俭学，到石棉矿厂、养路段、砖瓦厂参加有偿劳动。这样一来基本解决了学生的学习、生活费用问题，减轻了家庭经济负担，让学生能够在校安心学习；二来培养了师生的劳动观念，老师和学生同吃同住同劳动，不嫌脏、不嫌累，营造了自力更生、艰苦朴素的良好校风。在 1964 年至 1966 年间，德钦中学与石棉矿厂达成协议，学校每年抽一个月的时间，组织学生来石棉矿厂参加劳动。仅 1965年一次 32 天的劳动，我们的学生就剥离矿表层的土石 8492 立方米，采矿 7849 公斤，全校共收入 12000 元，每个学生平均收入 56 元，解决了人均 8 个月的生活费问题。勤工俭学活动的开展不仅有效解决了学生的食宿问题，还大幅增强了学生家长送孩子上学的积极性，中途辍学的学生急剧减少，真正实现了学生进得来、留得住、学得好。毫不夸张地说，绝大多数学生都是因为有勤工助学的补贴，才顺利完成学业的。

特殊时代下的信念坚守

在"学制要缩短，教育要革命"的年代里，1968年11月14日，《人民日报》刊登了山东省嘉祥县马集公社马集小学教师侯振民、王庆余提出的"将所有农村公办小学下放到大队来办"的建议。不久，全国各地掀起了"初中不出队，高中不出社；村村办小学，队队办初中，社社办高中"的浪潮，德钦县也不例外。为方便贫下中农子女上学，德钦县内中心小学全由原来的六年制改为五年制，下属大队的初级小学变成完全小学，并附设了初中班[①]，学制两年。1969年，德钦中学除留下三个职工看守校园外，其余教师均被分散到各公社创办附设初中班，我被分配到了斯农完全小学工作。

在"课程设置要精简。教材要彻底改革，有的首先删繁就简"的指示下，斯农完全小学初中班面临的直接问题是无大纲、无教材、无多余教师，仅开设语文课、数学课，全由我一人负责。因条件所限，我就凭着以往的教学经验和记忆，自拟教学大纲。教材则主要参照内地教材，根据学生实际情况自编，用边编边教的办法解决。

尽管当时学校教育曾一度陷入瘫痪状态，不时有停课闹"革命"现象发生，但我只有一个信念：不管时局如何，都不能耽误了孩子！在当时的条件下，我除了把《毛主席语录》当作教材讲授外，还为学生讲解毛主席诗词的创作背景、写作特色、艺术形式和思想意蕴。借由诗词，学生能了解中国千百年来的奋斗史，感受前人坚毅、豪迈、务实的精神，以提升文学修养。学生没有数学课本，我就按教学大纲，把每个单元的基本概念、计算公式、法则整理出来写在黑板上，在学生抄写、记忆后，我反复讲解，再让学生练习解题，让学生在解题过程中发现问题、提出问题、分析

---

① 亦称"戴帽初中"。

问题并解决问题，达到"举一反三"的教学效果。为了让学生更直观地学习测量知识、掌握绘图技能，我向德钦县文教科申请了一套平板仪，来回徒步160里路将其背回了斯农。面对如此有限的学习条件，我的学生十分刻苦和自觉。毕业时，附设初中班5名学生中，有3名考上高中和大学，其中一名学生在全县升学统考时还拿到初中数学单科"状元"。这几个学生毕业后，都回到了迪庆担任教师。

由于附设初中班是特殊时代下的产物，学生除上课外，还要忙于学工、学农、学军，少有时间学习。另外，大量没有受过专业训练的人成为教师，学生学到的知识十分有限。加之师资、校舍、设备无法满足需要，德钦县教学质量全面下降。所以自1972年起，德钦县内各附设初中班陆续关闭，我被组织调往德钦县教育局教研室工作。

从无到有的迪庆师范教育

20世纪70年代以前，迪庆州无师范学校。从1957年到1972年，迪庆州大部分中小学教师都由省教育厅及丽江专员公署文教科派来，教师多是来自昆明、丽江、大理等地的大、中专师范毕业生。为州内教师所设的培训班多挂靠在中甸、维西、德钦三县中学，培训时间短且培训内容有限。1973年，迪庆州正式结束由丽江地区代管的历史，随后筹建迪庆州民族师范学校（简称迪庆师范学校）。1974年12月3日，迪庆州民族师范学校正式招收160名两年制学生，其中100名学生由丽江师范学校代为培训，其余学生在中甸三中和维西中学[①]就读。

建校初期，迪庆州民族师范学校教师来源主要有三个渠道：一是从昆明、丽江、大理等地毕业的师范院校学生，毕业后被分配到学校任教；二是从本校毕业的师范生中择优留校任教；三是从州内外有关单位和部门调入。总体来看，这些教师多是来自外省或省内其他地区的中青年。

---

① 其中33名被分配到中甸三中，称为"中甸三中师范班"；27名被分配到维西中学，称为"维西中学师范班"。

在他们的努力下,学校开办了"昆明师院迪庆普通班"①、普师班、藏文普师班、英语中师班、音师班、文艺班、体师班、小学新师进修班、中学教师学历进修班、中小学教师短训班等多个专业班。针对不同专业的培养方案、培养机制、培养去向,学校适时调整教学计划、课程设置,以使学生毕业后能更好地面向牧区、面向少数民族、面向小学,适应各类岗位的要求。1976年,为进一步提升州内教师藏语文教学水平,迪庆州民族师范学校还请中央民族学院专门开设一个藏语文师资培训班,选送了20余名藏族青年和教师到中央民族学院民语系学习两年藏语文和其他相关课程。毕业后,他们全部回迪庆担任中小学藏文或其他科目教师。

1987年6月,我被组织调至迪庆州民族师范学校任校长。到校后,我发现由于"文化大革命"的影响还没有完全消除,学校的管理、学生的纪律、学习的风气等方面仍存在一些问题,与担当培养合格的师范毕业生的重任还有一定的距离。

在校期间,我做了这样几件事情。一是进一步完善规章制度,很快制定了《迪庆州民族师范学校学籍管理办法》《迪庆州民族师范学校学生操行评分条例》等制度,理顺了学校各部门的职责,加强了学校各方面的管理,使学校工作进一步走上正轨。二是推进学校基础设施建设。我督促和帮助分管基建的同志,协调各方面的工作,排除干扰,如期完成综合楼、图书馆的基建任务,并建成了56台分机56个机位的语音室和当时还比较前沿的微机室。三是当时适逢在中小学教师中首次开展评聘职称的工作,我及时起草了一整套关于学校职称改革的实施方案,顺利地完成了教师职称评聘工作,激发了教师的积极性。由此,学校风气终于有了好转,教育教学质量有了较大提升。

自1974年开办至1989年,迪庆州民族师范学校培养出的学生有近2000人,包括藏族、汉族、纳西族、傈僳族等民族的学生。毕业后,学生

---

① 1975年,昆明师范学院与州民族师范学校共同开门办学,招收州内三县初中文化程度以上的公办、民办教师和知识青年100人,分文史班、数理班进行教学,学制两年,称"昆明师范学院迪庆普通班"。

图 3　1988 年迪庆师范学校中师 27 班毕业留念（第一排左七为牛宿光）

大都成了迪庆教育事业的接班人，都下得去、留得住、教得好。迪庆州民族师范学校的创建与发展，彻底改变了只能依靠政府部门调遣外地教师支援迪庆教育的局面，培养出的教师在很大程度上满足了州内师资需求，并在当前的迪庆教育界扮演主力军的角色！

回望我在迪庆的 30 年教书生涯，我目睹了施杏芬、杜泽民、胡铭学等一批外地教师作为德钦中学的开拓者，在德钦中学从无到有的发展过程中付出的心血和汗水；也有幸看到迪庆州第一所师范学校的成立，填补了本土师资培养事业的空白。这 30 年，是外地教师从陌生到熟悉，甚至舍不得离开迪庆高原的 30 年，也是本地教师从无到有、从有到优的 30 年。于我而言，这是讲着一口流利藏话、交了许多藏族朋友，最终成为藏族女婿的 30 年。

访谈时间：2021 年 3 月 3 日
访谈地点：丽江市古城区
访　谈　人：李志农、周丽梅、陈经宇、和淑清
记　录　人：周丽梅

一对教师夫妇的支边情

彭晓富、邓楚芳夫妇　口述

中甸一中的教学质量终于有了质的飞跃,升学率由原来的49%上升至100%,仅在1980年至1996年,就有多名同学考上了清华和北大。

图1　邓楚芳、彭晓富夫妇合照（摄于2021年）

【简　介】彭晓富,男,白族,云南丽江人,1938年生。1960年毕业于丽江师范学校,相继在丽江日报社及中甸县省立第一小学从事工作。1969年,在昆明师范学院文史系毕业后,他与妻子邓楚芳奔赴迪庆,一生坚守教育事业。1986年,被中甸县教育局评为"先进工作者"。1990年退休。

1962—1965 年　工作于中甸县省立第一小学；

1965—1969 年　求学于昆明师范学院；

1969—1985 年　工作于中甸一中，担任班主任职务，后任副校长。

【简　介】邓楚芳，女，汉族，云南昆明人，1945 年生。1969 年毕业于昆明师范学院中文系，1970 年至 1996 年在迪庆从事教育工作，先后在红卫小学附设初中班、中甸一中任教，教学成绩斐然。她被誉为迪庆高原语文教学权威，先后多次受各级表彰，曾荣获"先进工作者""三八红旗手""全国教育系统劳动模范"等荣誉。

1970—1972 年　工作于红卫小学附设初中班；

1972—1996 年　工作于中甸一中，曾任副校长。

教育事业初心的萌芽

（彭晓富　口述）

我出生在云南丽江市九河乡的一户农村家庭。在我未满十岁时，父母相继离世，我成了一名孤儿。家境贫寒的我冲着师范生的公费待遇，报考了丽江师范学校。毕业后，我被分配到丽江日报社担任记者。1959 年到 1961 年，国家遭遇严重的经济困难，国民经济比例关系遭到破坏，农业大幅度减产，市场供应紧张。为战胜困难，国家提出"调整、巩固、充实、提高"的八字方针，受相关政策影响，《丽江日报》停办。次年，我就服从组织安排，来到了迪庆中甸县省立第一小学①担任老师，开启了我的教育生涯。

学校虽归中甸文教科管理，但一切开支都由云南省教育厅直接负责、直接拨款。只要有家长愿意送孩子来读书，学生的学杂费、书籍文具费、生活补助费等一切费用全免，家长不用担心费用问题。所以从学校开办之

---

① 现香格里拉市建塘镇红卫小学。

日起，学生总人数逐年增加，生源地遍布全县。

1962年，云南省教育厅下发意见，要求"适当减少课程门类，能集中一年学完的不学两年；适当减少每周上课总时数，让学生有较多的课外时间"。我们对各个年级的课程进行了调整，其中就包括把高小课程调整为历史、地理、自然、生产常识4门并在一年内学完，三至六年级算术课每周减少1课时，每周总课时不超过24课时。

剩下的时间，我们就带着学生参加一些轻松的、力所能及的生产劳动和社会实践活动。活动过程中，我们结合课堂教学内容，给学生讲解迪庆的民族文化、红军长征过迪庆的历史以及王杰、雷锋、董存瑞等人的英雄模范事迹，借此培养学生的世界观、人生观、价值观，激发他们的爱国之情。尽管教学任务繁重琐碎，但每当看到那些活泼好动的孩子，我就想起了自己小时候的样子，工作也更加努力。只要看到学生获得更多知识、取得更大进步，我就倍受鼓舞、干劲倍增。

图2 昆明师范学院文史系69级乙班毕业合影
（第四排左三为彭晓富，第二排右二为邓楚芳）

为进一步加强对人民教师的培训，自1960年云南省改革学制后，迪庆就采用"以校办校，大搞协作"的办法，每年选派州内教师前往丽江、昆明等地进修。三年多的教学经历，让我认识到自身知识储备、教学经验的不足。为了提升自己，1965年，我成功考取了昆明师范学校文史系。身为迪庆调干生，我每月都能拿到地方财政给予的24元生活补贴，这笔钱极大地缓解了我的生活压力，迪庆人民的支持让我决心要以更好的面貌回去。1966年5月，在校未满一年，受"文化大革命"影响，我被迫中断了学业，开始与同学们一起上山下乡劳动。

日子全靠"票当家"

（彭晓富　口述）

在昆明求学期间，我与同在文史系就读的同学邓楚芳相识相恋。她是昆明人，是一位典型的城市姑娘。大学毕业时，以她的条件她完全可以留在省城工作，但为了我，她毅然决定与我同赴迪庆。

岳母得知此事，当即表示反对。"我绝对不同意你去迪庆这样一个'鸡都不会生蛋'的地方！"当时，岳母一心阻拦，以至于将迪庆与"鸡都不会生蛋"的地方相提并论，细细回想，话虽夸张，但也的确道出了20世纪中期迪庆的偏远与落后。

这是我妻子第一次到迪庆。从昆明到中甸，我们乘坐一辆破旧的大巴车，耗时四天三夜。一路上，车子摇摇晃晃、颠簸不停，我们的胃翻江倒海般难受。妻子说这辈子从没吃过这样的苦。但没想到的是，挑战却不止于此。先不说当地高寒缺氧的气候，以及交通难、吃菜难、沟通难等问题，于妻子而言，最难适应的莫过于如厕。那时候，我们的厕所是用简易木板搭起来的，板子下面放着一个集便桶，用一块塑料布遮着，风一吹就会被掀起来。要是遇到天黑或木板没有搭稳的情况，一不小心，人就会摔下去，妻子宁愿憋着也不敢去厕所。

在当时，中甸县的道路、水电等基础设施严重落后。除政府门前有一条短街道外，几乎每家门前都是坑坑洼洼的土路。没有自来水，只能用人力到很远的地方一桶一桶挑回来。此外，电力供应时断时续，电压不稳[①]，很多时候，我们只能依靠煤油灯或松明照明，学生也只能在汽灯照明下复

---

① 1965年10月1日，迪庆建成了思伟电站，用于县城、小中甸等区域的工农生产和生活用电。

习功课。从昆明舒适的环境来到贫苦的迪庆,妻子被眼前的现实深深地震撼了。

在工资待遇上,老师每月有46元的基本工资和2元的粮价补贴,我俩加起来一个月不到100元,除去平时给困难学生的补助,根本所剩无几。而学校补贴给我们的每人每月31市斤的粮食并不全是细粮,大部分由糌粑、苞谷面等杂粮以及少许的大米组成。迪庆人民的生活习惯是吃糌粑,喝酥油茶,很少吃蔬菜,我们很不适应,进入迪庆没多久,嘴角就开始溃烂。但在当时的生活条件下我们别无选择,只能硬扛着不适,逼着自己逐渐调整饮食习惯。尽管如此,我们也常常闹"饥荒",在营养跟不上的同时,还得应付繁重的教育工作,困难可想而知。

20世纪50年代至70年代末,国家粮食蔬菜供应尤为短缺,为确保全国百姓都能吃上粮食,国家采取统购统销的计划经济模式,迪庆当地亦是"票当家"。不论是粮食、猪肉、蔬菜、盐巴、茶叶、白糖等食物,还是自行车、电视机、肥皂、布匹等生活用品等均按人口定量供应,凭票证进行购买,按国家统一定价售卖。在我进入迪庆的前十年一直如此。其中,最令我印象深刻的是每人每年一尺五的布票,这一尺五的布料恰好够修补裤子的屁股以及两个膝盖三处容易磨损的地方。好些年,我们一家人都穿着补丁摞补丁的衣服,就算衣服洗得发白了、发黄了,我们也不舍得扔掉。"新三年、旧三年,缝缝补补又三年"不仅是当时社会提倡的风尚、流行的口号,更是我们共同的生活记忆。

拧成一股绳,劲往一处使

(彭晓富 口述)

1968年,受"文化大革命"影响,迪庆州包括中甸一中在内的好几所中学停止教学,基本处于瘫痪状态。1971年,全国教育工作会议下达"要采取多种形式办学,把学校办到家门口,让'农民子女就近上学方便'"的指示,中甸县把许多老师分配到不同片区,我和妻子被分到位于中心镇的红卫小学,组建附设初中班。

一对教师夫妇的支边情

红卫小学附设初中班教学点在高山上偏僻的一座寺庙内。初报到时，庙内可谓"一穷二白"，连基本的桌椅板凳都没有。惊诧之余，我俩一连几天下山到处找寻教具，终于在满是灰尘与蜘蛛网的空房间里摆好了桌椅板凳。一块木板立在最前面，就是我们的教学"黑板"。在招来几名文化水平参差不齐的学生后，我当班主任，负责文科课程和体育课，妻子负责理科课程和音乐、美术课。每逢周末，我俩还会带学生种菜、砍柴，解决基本的温饱问题。除此以外，每天还要"早请示晚汇报"①。繁杂的任务，压得我们喘不过气。

1972年，附设初中班宣布撤销，我俩被调回中甸一中继续任教。虽说我们去迪庆任教已是第13个年头，但一中的生源质量、师资队伍、教学设备依然落后。从1956年建校之日起一直到1977年，中甸一中每个年级仅开设一个班，每班约有50人，学校工作全围绕这些学生展开，但升学率一直很低，好几年都在云南省高考成绩中排名倒数。每次开家长会，当学生家长问我们，孩子的成绩如何，可以考上什么样的大学时，我们都很难回答，不由得感到肩上的担子越来越重。

从1978年开始，我们就在时任校长母永槐等人的带领下，拧成一股绳，劲往一处使，每年做好以下工作。

第一就是加强对高中毕业班的教学和思想管理工作，实施"包"学生"包"到底的"包干制"，也就是定期召开毕业班家长座谈会，通报学生学习、思想情况，以得到家长和社会的支持与协助，共同管理好学生；定期召开毕业班科任教师会，分析学生的各科学习状况和思想动态，制定新对策，打好总体战，把学生分配给科任教师进行重点督促和辅导；定期召开毕业班学生座谈会和动员大会，由校长和副校长针对毕业生中存在的种种现实问题，进行深层分析，并做细致的思想工作，让学生树立"一颗红心，两手准备"的思想。其间，学校要求每位毕业班的任课老师都要在班主任统筹协调下，根据自身特长，五个人一组，齐抓共管升学班每8至10

---

① "早请示晚汇报"是"文化大革命"时期的政治活动和仪式，具体内容是指：每天起床后或者开始工作前，要"向伟大领袖毛主席请示"这一天的工作学习内容；一天工作结束后或上床睡觉前，要"向伟大领袖毛主席汇报"这一天的工作学习情况。

名学生在学习、思想、生活等方面的工作。只要学生一有学习上没搞懂的、不会的，我们就从头开始教，直到学生会举一反三。

第二就是将学制由原来的两年制灵活调整为三年制。受"文化大革命"影响，中甸一中的学制自1971年恢复高考招生后就异常混乱。高中部的修业年限也从原来的三年缩短为两年，开设课程、授课时间全按照一学年或者两学年集中学完进行安排。但一中学生大多来自大中甸、小中甸、格咱、五境、东旺、尼西、三坝和洛吉等地区，他们普遍存在普通话水平不高的情况，这严重影响了他们对课堂知识的吸收，两年之内学习完所有高中阶段的知识无疑难度高、挑战大。所以从1978年起，我们就把高中的修业年限从两年调整为三年。延长的这一年，我们就组织进行多轮复习，帮学生查漏补缺。

几经努力，中甸一中的教学质量有了质的飞跃，终于赶上了邻近地、县中学的水平，高中部的升学率突飞猛进，取得了前所未有的佳绩[1]。这让我们意识到，只要上下拧成一股绳，劲往一处使，就没有克服不了的困难。

从理转文：让民族学生过语言关

（邓楚芳　口述）

由于师资紧缺，中甸一中的老师除了做好本职教学工作外，都曾兼任过其他科目教师，甚至是"跨专业"教学。我原是文学专业毕业，但教务处却安排我教授数理化课程。我的第一节公开课是数学课，下课后，校长就告诉我："有关概念基本都讲清楚了，但教育方法比较呆板，导致课堂气氛不活跃，你还可以再琢磨一下。"又一次，我在化学实验课上讲漂白原理，并把自己的草帽拆了做实验。备课时，实验过程都很顺利。可到了课堂上，橙黄的麦秆没有变白，不一会儿，课堂上就发出一阵哄笑，学生们议论说，"这位城里来的老师吹牛"。类似的经历数不胜数，让我倍感挫

---

[1] 仅1980年至1996年，中甸一中就有多名同学考上名校，如张肇刚、刘承发、知青、和耀琼、杨圣武考入清华大学，赵文翠考入北京大学。

折,同时,我也下定决心,要狠抓每一个知识点、每一道习题、每一次实验。要在课上讲一次的内容,我至少在课下准备三遍,保证万无一失后才开讲。一连很多个晚上,我都在挑灯夜战地备课、模拟讲课。半年后,校长再来旁听,就对我说了一个字——"行"!我认为,这是对我最大的肯定和鼓舞。

图3 邓楚芳(左一)带学生温习语文知识

1980年,我又被重新安排到语文教学岗上,此时距我搁置所学专业已有八年之久。但我知道,要想让民族地区的孩子更快适应教学、顺利升学,就必须把好语言关!

一年四季,不论天气如何,我都雷打不动地到班上领学生晨读。授课时,我鼓励学生用汉语讲学习心得,讲耳熟能详的寓言故事和成语故事。教材上有需要背诵的部分,我利用午休的时间,要求学生挨个来找我过关。学生的作文中如有错别字、不通顺语句、标点符号使用不当、内容表述不准确等,我都一一标注。批到好文章,我就逐一分析文章到底好在哪儿,供学生借鉴。

我的学生中,藏族、纳西族、傈僳族等少数民族学生占很大比例,来自五境、格咱、小中甸、东旺的藏族学生基础比较薄弱,更需要老师帮助。我的班上有一位藏族学生,因为平时少有机会接触汉语,刚来学校时,他听不懂老师讲的汉语,也不主动向老师求助,学习成绩一直上不去。在了解这一情况后,我就经常利用课余时间为他单独辅导。从汉语拼音、一笔一画,到遣词造句,学生成绩终于有了起色。为了让他尽早掌握、运用普通话,我每天把他带回家里看电视,一边放着电视,我就一边给他解释发音原理,久而久之,他的普通话水平有了很大提高,普通话的熟练掌握对他学习其他科目大有裨益。

勤工俭学,改善师生生活条件
(彭晓富 口述)

自开办以来,中甸一中一直实行寄宿制,除寒暑假外,学生的学习、生活基本都在学校范围内。在国家对边疆民族地区实行的特殊照顾政策下,一中学生不需要缴学杂费、书费,只需每月交伙食费。但因为学生多来自州内偏远农村地区,学生家庭条件普遍较差,每月5元的伙食费也很难交得上,学生几乎顿顿喝稀饭,吃又黄又硬的苞谷饭。每当看到正长身体的学生一周只能吃到一勺老腊肉"打牙祭",我和妻子经常在周末把最困难的几位学生带回家改善伙食。

按学校规定,人助金发放额度为3元至8元不等,班主任在充分考虑学生日常表现和家庭经济条件的前提下,对人助金的发放额度进行调整,扩大覆盖面。但人助金毕竟有限,无法彻底解决学生的经济困难,我们就采取勤工俭学的办法增加收入,改善学生的生活条件。

迪庆每年冬天的平均温度都是零下十多摄氏度,学生经常冻到腿脚发麻。老师们就利用周末,带着学生去距离学校十多公里远的山上去砍柴,把几十斤一捆的木柴从山上运到学校,劈完后再从学校背到教室,重活、累活每次都由老师承担。这样一来让学生有一个温暖的读书环境,二来多余的柴火交给学校食堂,可以抵销学生的部分生活费用。

为缓解学生的经济压力,一中所有老师义务带领学生参加劳动,一起管理菜地。在前人开垦荒地82亩的基础上,1971年,一中师生用草坯围筑了25亩蔬菜地,种植青菜、白菜、洋芋和蔓菁(作养猪饲料),从做肥料、播种、育秧、施肥到锄草、收割等,我们都亲力亲为,不敢懈怠。

为增加作物产量，师生们一起去田埂边捡马粪，取草木灰，将两者混合在一起，自制号称"神仙土"的肥料给蔬菜施肥。从1972年开始，在学校领导和中甸农科所的帮助下，一中先后从外地购进26种蔬菜种子，并采用栎叶覆盖及塑料薄膜的方式育秧种植各种蔬菜，试种的苹果树、西藏油菜、西藏肥麦、马铃薯全都获得了成功，全校蔬菜收成每年高达上万斤，以至于学校食堂都没地方可堆放。

1975年，我们开挖了一条长达1200米的水沟，将纳赤河水引入校园浇灌菜地，不仅提高了蔬菜、粮食产量，还保障了农田的灌溉用水。1977年，全体师生奋战5天，修建了一个面积8亩多的养鱼塘，饲养的红黑鲤鱼和草鱼全都活了下来。农田规模的扩大、农业技术的应用，使我们的蔬菜、粮食产量年年增加。

采挖时节，蔬菜长势特别喜人，土豆如碗口一般大，莴笋像手臂一样粗，种出的西红柿果实累累，红得诱人。为防止牲畜破坏菜地，老师们轮流值班。对暂时吃不完的蔬菜，我们就埋进地窖保存供学生日后食用，就算再饿，老师们也从不会去拿。剩余的蔬菜，我们挑去市场上卖，所得全部用作班费。勤工俭学的劳动实践，不仅缓解了学生的经济压力，还改变了师生的饮食结构。尽管我们种菜耗费精力大、投入时间长，但我们能做到自给自足，把上千人的蔬菜问题成功解决，就是一件最令人高兴的事。

把学生当成自己的孩子般照料

（邓楚芳　口述）

在中甸周边的村子里，家长重男轻女、早婚早育的观念根深蒂固，甚至有的家长还秉持着"读书无用论"。每到期中，许多学生就常常被家里人叫回去劳动。只要学生一离开学校，就有辍学的风险。

每到农忙假或者其他假期时，我们就背着包，带着家访记录手册，奔走在迪庆的各个山头，挨家挨户地家访。在与家长沟通的过程中，我们首先深入了解学生的生活环境和成长经历，然后再向家长反馈学生在校学习、生活情况，并以一中尖子生的真实升学经历为例，向家长反复强调读书对个人命运、对家庭命运的改变，劝说家长宁可自己多辛苦一点，也不要经常把孩子从学校喊回家干农活，要给孩子充足的时间学习。

在走访过程中，我们多次发现，许多学生家长为了生计外出打工，家里只剩下孩子和其爷爷奶奶，这些孩子从小就缺乏父母的关爱和陪伴。回到学校后，我们尤其关注这类学生的心理、学习和生活情况，只要觉察到他们的状态有异常，我们就及时和家长沟通，并私下单独找他们谈话。记得一年毕业之际，高五班一位学生就向我袒露了辍学打工的想法。惋惜之余，我们做了大量说服教育工作，最终，这位同学参加高考并顺利被云南某高校录取。

我们常常把学生当成自己的孩子一样对待。很多时候，看到学生的被子不够暖和，没有鞋子，我们就私下凑钱，帮他们购买。学生衣裤破了，我们就帮他们缝补。记得有一年，一位刚入学的纳西族学生身上只穿着一件单薄的衣裳，两只手上满是冻疮，上课的时候冻得直打哆嗦。我看在眼里、急在心里，就在班上发起献爱心活动，最终为这位同学买来了棉衣棉裤，添置了学习用具。集体的温暖和关怀让这位同学深受感动，他一心扑在了学习上，成绩直线上升，不再有辍学的打算。

每看到寄宿在校的女学生遭受生理期不适或病痛折磨时，我便会把她们接来家中休养，给她们找药吃，煮糖水鸡蛋。我一直记得我的学生王树芬所说的，她永远都忘不了她在学校的那段时间，因为病痛折磨，一度想退学，是老师们向她伸出了援助之手，每天给她煨药，她才坚持完成了学业。

考虑到学生学业繁忙，冬天离不开，又没时间打热水，我就主动揽起了烧水的活儿。每天晚上，我就燃起蜂窝煤，把一排的烧水壶放在上面，水滚了接，接了继续烧，直到将所有学生的壶装满了水，我才停下来。等学生结束晚自习，就可以来我家直接将水壶提走。

苦中作乐，同事之间互相照拂

（邓楚芳　口述）

细数在中甸工作的日子，"苦"是占绝大部分的。不论是教学上，还是生活上,我们都不得不克服困难。初到中甸那几年,一中要建校舍,全体师生一起搬砖运瓦、修补桌椅、脱土坯……一天,土坯刚堆好就遇到了雨雪天气。眼看土坯遇水就快要变软,老师们就把家里的被子、床单拿出来盖到土坯上,全然不顾被子、床单上沾上了泥巴。

到了舂墙时,老师们又背着竹制的尖底篮子去山上背土,一篮土几十斤重,个子矮的同志腰杆都压得直不起来,但还是坚持背到了学校。时值冬季,我们的身体僵硬,作业起来非常吃力,不多久,手上、脚上都打起了血泡,但大家仍咬紧牙关、硬着头皮,发扬南泥湾精神,最后顺利完成了建校任务,合力解决了学生住宿问题。

条件虽苦,劳动虽累,但老师们无比团结,毫无怨言。每年6月底到9月初,学校老师都可以申请"探亲假",但我和丈夫同在中甸工作,所以每年这时候都主动留下任教,帮同事代课,带学生种菜劳动,好让他们安心回家团聚。临近开学,返校的同事也不嫌麻烦,走很长的路给我俩带回一筐又一筐的蔬菜、水果,同事的关怀让我俩感动不已。

怀念中甸一中母永槐校长

(彭晓富　口述)

1956年以前,中甸县还没有中学,当地学生小学毕业后只能到维西、丽江、鹤庆、剑川等地继续读初中。1956年中甸中学成立后,丽江专员公署从内地调来一批教师,母永槐校长是第一批,之后几年还来了罗亮[①]、舒贤淑[②]等。母永槐校长是云南鹤庆人,1956年从丽江地区中学中师班毕业后,他就响应党的号召,来到了中甸中学任教,一待就是40余年,是我们所有支边教师中支援最彻底的教师之一。1957年,以中甸松赞林寺为首

---

① 罗亮,男,汉族,云南昆明人,1932年生,2008年病逝。1960年进入迪庆工作,先后任教于中甸一中、中甸县红卫小学、中甸县桥头完全小学、中甸县中心镇红卫小学,1989年退休。
② 舒贤淑,女,汉族,云南大理人,1930年生。1959年进入迪庆工作,先后任教于中甸县三村小学、中甸一中、中甸县红卫小学、中甸县桥头小学、中甸县中心镇红卫小学,1984年退休。

的武装分子发动叛乱，一些学生担心安全得不到保障，就有了退学的念头。为保护好学生，母校长与木成章老师一道，每天晚上轮流带领中甸小学的老师们端着步枪为学生站岗，防止了学生流失。

在师生眼里，母校长时刻牵挂着学生、关注着学生。每天早上6点，他就起床巡校，亲自上门叫醒年轻老师，带各班学生按时出操。一年四季，不论气温如何，他都只穿着一件薄背心，每天坚持带全校上千名师生出操跑步。无论哪个班级出了什么大小事，他总是第一个赶到现场。到了晚自习下课，他就去宿舍走访，关心学生的学习和生活情况。获悉一些学生家庭困难，他宁愿节衣缩食，也要把自己的积蓄拿给学生。记得有一次，母校长去北京参观学习，回到迪庆后，他就带头说普通话，要求其他老师也改掉说方言的习惯，上课说普通话。他说："全国全省一盘棋，融入大中华，语言是关键。"

1978年，母校长担任中甸一中校长兼党支部书记。在学校管理工作中，他以身作则、为人师表。他常说："学生的成绩等于时间、汗水加巧妙的学习方法；教师的成果等于苦干、实干加高度的责任心。"他也说："有什么样的教师就能带出什么样的学生，有什么样的校长就有什么样的学校。要求别人做到的，必须自己首先做到。"在母校长的带领下，老师们对学生倾注了全部激情和干劲。1979年至1986年，中甸一中成绩斐然，高中毕业生参加全国高考的升学率一直保持在较高水平，位列全州各所完全中学之首[①]。

为进一步提升教学质量，整合教育资源，母校长千方百计地引进李灿生、赵鹤松、庞亮星等众多优秀教师进一中。仅1981年至1985年，他就四处游说，从外地招聘了中学教师10人到一中任教，并千方百计地为他们争取优惠政策，解决待遇问题，让他们安心扎根迪庆。自那以后，中甸一中的师资队伍越发壮大，教师素质也越来越高，中甸一中成为80年代迪庆

---

① 其中，1981年至1984年是中甸一中高中毕业生高考成绩最佳时期，参加全国统考录取率：1981年为90%，1982年为74%，1983年为92%，1984年为100%。这四年内考取大专的126名学生中被全国重点大学录取的有34人（包括清华大学4人，北京大学和北京师范大学各1人）。

图 4　中甸一中初三十班毕业留影（第二排左七为母永槐）

州办学质量最佳的中学。

如今，我和我的妻子已经完成党交给我们的任务，离开了讲台。回忆起在中甸一中的日子，我担任过语文、地理老师，高五班、高八班的班主任以及副校长，教龄达数十年，和学生们结下了深厚的感情。尽管学生们都已毕业多年，我也离开了迪庆，但我们还是保持着非常密切的联系。在我看来，迪庆的孩子既真诚又善良，对老师始终怀有一种深厚的感情，打心眼里尊师重教。如果让我重新做一次选择，我想，我还会毫不犹豫地选择走上中甸一中的三尺讲台。

访谈时间：2021 年 3 月 25 日
访谈地点：昆明市五华区
访 谈 人：李志农、高云松、张辉、宋红雨、陈经宇、周丽梅、和淑清
记 录 人：周丽梅、和淑清

改革制度，助力民族教育发展

庞亮星* 口述

边疆少数民族地区教育基础薄弱，经济社会发展程度低，因而教育工作必须坚持一切从实际出发的原则。要发展高中教育、提高教学水平，引入人才只是一种补充，主要还是要靠培育内生力量、培养本地教师，本地教师才是民族教育的主力军。

图 1 庞亮星照片

【简　介】庞亮星，男，汉族，云南丽江人，1937年生。1966年毕业于昆明师范学院，曾任鹤庆一中校长。1980年到迪庆工作，于1980年11

---

* 庞亮星于1980年到迪庆工作，为体现前期外地教师支援迪庆教育发展的延续性，特对其进行补充访谈并将文稿收入本书。

月至1983年10月在中甸一中任教。1983年11月至1991年6月，任迪庆州教育局局长。1991年7月至1993年8月，任迪庆州人大常委会副主任，分管教科文卫工作。1989年被评为云南省优秀教育工作者。

1980—1983年　工作于中甸一中，任教师、副校长；

1983—1991年　工作于迪庆州教育局，任局长；

1991—1993年　任迪庆州人大常委会副主任。

传道授业，教书育人

1980年，在中甸一中校长母永槐的动员下，我从大理鹤庆县第一中学调到中甸一中工作。那时的中甸一中，由于高中师资力量薄弱，教学工作难以正常有序开展。在很长一段时间里，高中部每年只招收约50名新生组成一个班，但就算这样，教师队伍还是难以胜任高中教学工作。

刚到中甸一中的上半年，我先后代过高八班及两个初中班的语文课。1981年8月，学校安排我任高十一班的班主任，教授语文和政治课，任务十分繁重。班主任工作很复杂，不仅要管学习，还要管学生的思想、纪律和生活。每天早起跟学生一起上早操，白天上课，晚上要等学生下晚自习、熄灯睡觉后才能休息。日复一日，一直坚持了两年。

在思想教育工作方面，我向来坚持正面教育原则，多鼓励、少批评指责；多做深入细致的思想工作，与学生平等相处。学生的一些思想问题，不在班上公开批评，多用个别谈话的方式，晓之以理、动之以情、导之以行。正如唐诗有云："好雨知时节，当春乃发生。随风潜入夜，润物细无声。"如学生中出现的早恋现象，我就是采取上述方法，效果甚好。另外，我坚持身教重于言教的原则。古人云："其身正，不令而行；其身不正，虽令不从。"榜样的力量是无穷的，身为班主任、老师，我随时注意自己的言行，时时、处处、事事做学生的表率，给学生好的影响。

在教学方面，我教授两门课，任务很重，我逐渐从中摸索出一套经验来。要确保教学质量，关键是要备好课，做到"三备"：一备教学大纲，

图2 1982年庞亮星（左一）同高十一班师生在碧塔海野营时划木筏

明确教学目的和教学要求；二备教材，明确掌握教学内容，弄清难点、重点，备足丰富的知识；三备学生，了解学生的接受能力、兴趣爱好、学习态度等。然后在这基础上认真写好教案，设计授课方法，课堂上做到联系实际、师生互动、有讲有问有答、生动活泼。

我的思想教育工作"两原则"和教学"三备"的经验取得了很好的效果，学生的思想品德水平有提高，学习成绩有显著进步。1983年高十一班结束两年制学业，再加半年多的复习，全班46人在高考中取得很好的成绩。其中36人考上大学本专科，10人考上省中等专业学校。全班同学都升学，无一人掉队。值得一提的是高十一班的历史、生物和体育课老师都是本地藏族人[①]，他们除了认真完成教学任务外，还协助我做学生的思想工作、管理日常生活，没有他们的支持，高十一班不可能取得这样的成绩。

多手段普及小学教育，为"普九"打好基础

1983年我调任迪庆州教育局局长。到任不久，我与局里教育科的同志

---

① 根据庞亮星口述，高十一班历史老师为周建华、生物老师为潘发生、体育老师为冯吉仁，均为迪庆藏族人。

下乡，到中甸、维西、德钦三县部分乡、镇、村学校做了较为全面深入的调查。我们认为三县普及小学六年教育的总体情况是好的，学校布局基本合理，能适应教育事业的发展，而且县乡党委政府和群众也是重视和支持教育的。但是普遍存在小学"四率"[①]低的问题。最明显的表现有两点。一是小学适龄儿童入学率低，只有74%；还有近30%的适龄儿童未入学，其中女孩子占一大半。二是在校学生流动性强，进来的学生留不住，每年全州流失学生2000多人，巩固率低。这样一来，学完六年的比例低，升入初中的比例更低。这样发展下去，要在1990年前普及小学六年教育就难了。

于是我们决定在维西县召开全州普及小学六年教育工作会议。会议上我们分析了"四率"低的原因：一是思想观念及认识问题，重男轻女、读书无用的思想比较严重，有的家长不愿送女孩子上学；二是经济困难、生活艰难，十几岁的孩子要留在家里劳动，帮助父母操持家务；三是居住分散，上学不便，乡村学校离学生家较远，最远达20公里，且交通不便、山路崎岖，走的都是羊肠小道，有的还要翻山越岭、蹚水过河，雨水天还会遇上山石滑坡，学生上学路上的安全很难保障。

根据迪庆州经济社会发展程度低、山区多、居住分散、交通极不方便的特点，我们从实际出发，在听取乡村干部、群众及广大教师意见的基础上，制定了普及小学六年教育、提高"四率"的具体措施。

一是思想先行，做好宣传教育工作。在每年秋季招生前，动员全州的小学教师、乡村干部进村入户，宣讲普及小学六年教育的重大意义，动员家长积极送孩子上学。而且强调宣传动员工作要常态化，要天天讲、月月讲、年年讲，持之以恒。

二是加强对"一师一校"的管理，提高教育教学质量。"一师一校"，顾名思义，就是一名教师负责一所学校，学校的一切事宜都统一由这名教师管理和完成。"一师一校"教学点是普及小学六年教育工作中能留住一至三年级学生的前沿阵地，是一种从实际出发的最有效的办学形式，一定要守住。至1985年，迪庆全州928所小学中，"一师一校"就占了一半

---

① "四率"是指适龄儿童入学率、巩固率、毕业率、毕业生升学率。

共同书写的历史

图3　1986年庞亮星（右四）同云南省委领导到德钦调研"一师一校"

多，有583所，我们的适龄儿童入学率提升到了85.8%。为了办好"一师一校"教学点，我们每年进行一次检查评比工作，对成绩优秀的给予表彰奖励。如1986年，全州"一师一校"检查评比中，共评出成绩优秀者40人，年底安排他们到昆明、大理、保山等地参观学习，增长见识，提高思想和业务水平。

三是1984年起在全州三县各乡镇开办全寄宿制小学①。这对于居住分散、经济困难、"四率"较低的边远山区，是一个行之有效的好办法，对减少学生流动、提高毕业率起到了保证作用。这样一来，五六年级的学生住校学习，自带口粮②，一周回家一次，由之前的天天跑回家变为一周只跑一次，大大减轻了家长和学生的负担。寄宿制高小学生，每生每月补助生活费12元，每年发10个月；每年一次性寒衣和行李补助50元，减轻了学生的家庭经济负担。

以上措施一直坚持了数年。在州县党委政府的领导和大力支持下，经州县乡教育部门和广大乡（村）干部、全体小学教师的勤力奋斗与努力工

---

① 当年，中甸县开办35校，学生1771人；德钦县开办15校，学生683人；维西县开办40校，学生2012人。全州共90校，学生4466人。
② 有条件的学校集体开伙，没有条件的学生自炊。

图 4　庞亮星查阅各县寄宿制高小档案及花名册

作,两年后(1986年)普及六年义务教育"四率"显著提高:入学率达88.8%、巩固率达90%、毕业率达90%、毕业生升学率达85%。全州有两镇(中甸中心镇、维西保和镇)、三区(中甸金江区、上江区、维西永春区)经检查验收普及六年义务教育已达标,为普及九年义务教育打下了良好基础。

引进人才,提高高中教学质量

迪庆州的高中教育起步较晚,1958年维西一中由初中改为完全中学,招收第一批高中生,仅25人。1966年省教育厅批准中甸中学建成完全中学,但未招生。由于"文化大革命"的影响,1966年至1970年五年间,停止招收高中学生,一度中断了迪庆州的高中教育。到1976年"文化大革命"结束后才恢复高中教育。1983年,迪庆州民族中学在中甸县城正式建成,当年招收高中生一班,学生50名。到1984年整个迪庆州仅有完全中学4所,分别是维西一中、中甸一中、德钦一中和迪庆州民族中学,在校生1105人。

· 245 ·

这四所完全中学都有教学楼、图书馆、实验室、学生宿舍、体育活动场地,办学条件基本具备,但是存在教师紧缺、教学质量不高的问题。1983年高考报考人数289人,录取71人,升学率仅有24.6%。在当时的背景下,我提出,最有效的解决办法就是引进人才,充实教师队伍,提高教师教学能力和水平。

1983年,迪庆州政府在《云南日报》上刊登招聘高中教师的通告,用给予特殊待遇的办法向全省招聘优秀中学教师。应聘者长期享工资向上浮动一级的待遇,家属可农转非,有条件的可安排工作。于是先后从昆明、湖南、四川、大理、丽江等地招聘了一批高中教师到州内几所完全中学任教,其中分到中甸一中11人、州民族中学3人、维西一中3人,对提高高中教学质量起了一定作用。之后,迪庆州的高中教育逐步走上正轨。

当然,要发展高中教育、提高教学水平,引进人才只是一种补充,主要还是要靠培育内生力量、培养本地教师,本地教师才是主力军。所以要注重本地教师的业务水平的提高。于是,在引进人才的同时,我们还开展高中的教研活动。每年,由州教育局教研室组织高中教师,以国家的教育方针为指导,认真学习教学大纲、教学计划、教材,认真备课、吃透教材内容、突出重点难点,结合学生实际,采用最佳教学方法,并开展教学竞赛和经验交流活动,以此提高教师的教学质量。

经过采取种种办法,学生的学习成绩逐年上升,从1987年到1990年,高考升学率也逐年上升,1990年已升到37.4%。从1980年到1996年16年间,迪庆升入大学的学生有1648人。其中中甸一中毕业生张肇刚、刘承发、知青、和耀琼、杨圣武和维西一中毕业生杨欣华、赵建斌、施谦谦先后考入清华大学,中甸一中毕业生赵文翠考入北京大学。

开展民族语文教育,传承少数民族文化

迪庆州除汉族有文字外,藏族、傈僳族、纳西族、彝族等少数民族也有本民族的文字。从迪庆州实际出发,我们还开展了少数民族语言文字扫盲活动。

从 1980 年起，我们在部分学校中逐步开设藏文课，开展藏文教学工作。1989 年全州开展藏文教学的学校共 26 所，中甸、德钦民族小学开办藏语文班，州民族中学招收两个藏文初中班，学生 80 人。1981 年至 1989 年，全州藏文扫盲，脱盲人数 660 人。就傈僳族和彝族而言，我们主要在其民族聚居的村寨开展相应少数民族语言文字的扫盲工作。虽然纳西族也有自己的文字东巴文，但是由于东巴文不适合在学校学习，所以未列入民族语文教育的范畴。在少数民族学生中开展民族语文教育的意义是让少数民族的后代不忘本民族的语言文字，传承少数民族文化。

访谈时间：2021 年 2 月 25 日
访谈地点：丽江市古城区
访 谈 人：李志农、周丽梅、陈经宇、和淑清
记 录 人：周丽梅、和淑清

五 财经基建篇

荆楚儿女赴边疆

艾亚贤 口述

"希望你去云南后,在党的领导下,积极工作,艰苦奋斗,把自己锻炼成一名红色的财贸工作者,为建设和发展边区财贸事业贡献出自己的一切力量。"

图1 艾亚贤照片

【简　介】艾亚贤,男,汉族,湖北武汉人,1948年生。1965年作为湖北武汉支援维西县财贸工作的支边人员来到迪庆,直到1996年退休。30多年来曾先后就职于维西县供销合作社、维西县商业局、德钦石棉矿厂、迪庆州物资公司、迪庆州建工集团公司。

1966—1969年　先后工作于维西县供销合作社、维西县商业局;

1969—1985 年　工作于德钦石棉矿厂，负责石棉检验、产品供销等；

1985—1996 年　工作于迪庆州物资局，任金属科科长、办公室主任；

1996 年　在迪庆州建工集团公司退休。

开往西南边疆的列车

17 岁那年，我刚初中毕业，听说云南省在武汉成立了财贸招生工作组，总共要抽调 2000 名财贸职工和招收 3000 名初、高中知识青年到云南工作。在那个时代，支援边疆是一件至高无上、全家光荣的事情，我毫不犹豫地递交了报名申请。

10 多天后，我盼来了录取通知书。我仔细反复地读着上面的每个字："你光荣的被批准去云南省参加财贸工作。希望你去云南后……为建设和发展边区财贸事业贡献出自己的一切力量。"尽管只有短短几句话，我却激动得好几天睡不着觉。

1965 年 12 月 11 日，作为第一批志愿支援云南边疆财贸工作的初、高中知识青年之一，我与其他数千名支边青年和支边财贸干部职工一起到湖北省政府招待所报到集合。第二天下午，第一期支边人员欢送会隆重召开。我坐在台下，听着领导们铿锵有力、激情澎湃的发言，深刻地认识到"响应党的号召去支边"是意义非凡的伟大事业。

14 日下午，武昌火车站里人山人海，人头攒动。在市、区领导和上千名群众的欢送中，我们和亲人、同学、朋友依依惜别。站台上，乐曲声、歌声、人们的叮嘱声在火车的一声汽笛长鸣中变成了啜泣声和号啕声。火车缓缓地启动了，这列满载 800 多名支边志愿者的专列离开了江城，向远方的西南云贵高原驶去。

在一天天的行程中，我们渐渐远离家乡和内地平原，经湖南，70 多个小时后到达铁路的终点贵州省安顺县（今安顺市）。随后，我们换上了汽车经两天行程到达云南曲靖沾益，再继续换乘小火车抵达昆明。在经过一周的休整后，我们一行被分配到滇西北丽江地区的 400 多名支边青年和财

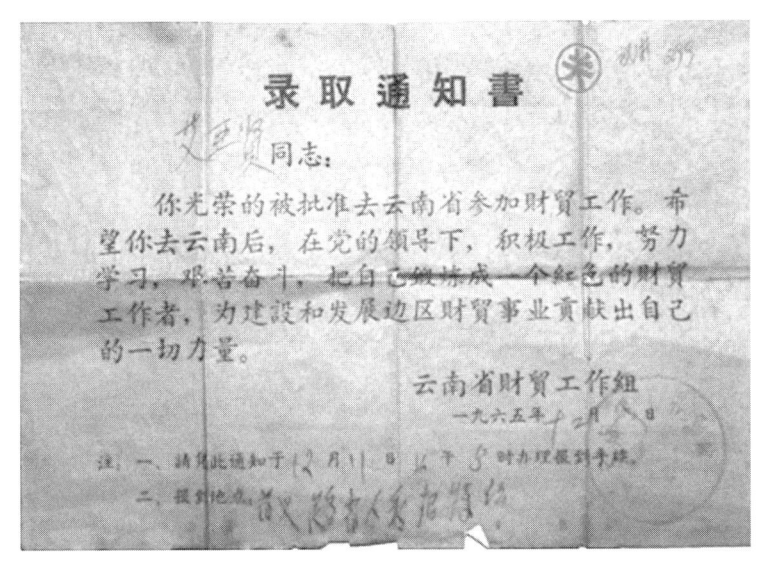

图2 1965年云南省财贸工作组给艾亚贤发的录取通知书

贸干部职工分乘10多辆客车和货车离开昆明。一路上，我们乘坐大货车迎着滇西北的寒风，途中不知吃了多少灰尘，经过三天的颠簸抵达丽江后，我们分配到迪庆藏族自治州维西县工作的40名支边青年和财贸干部职工又坐上了两辆嘎斯①客车，向更偏远的地方行进。

车窗外是连片的崇山峻岭，数不尽的山弯险路，一山高过一山，永远看不到尽头。数天的辗转和奔波，我们都疲惫不堪。经一天半的车程后，我们缓缓驶进了维西县城。看到这个在我心里默念了无数次的边疆小城，我不自觉地兴奋了起来。

维西供销商业的萌芽

维西是一座山城，境内平地很少，绝大多数是山地和峡谷。这里世代居住着傈僳族、藏族、纳西族、彝族、普米族、白族、怒族等10多个少数民族，原始而又淳朴。20世纪60年代，维西虽资源丰富，却因技术和人

---

① 嘎斯51是苏联1946年开始生产的最为知名的卡车，其适用范围广泛。1958年国内的南京汽车厂和武汉汽车厂掌握技术开始独立生产。

· 253 ·

才匮乏未能得到应有的开发与利用。当地的生产方式相当传统，广种薄收，粮食不能自给。当地各族人民所需的部分生产用具和生活用品，仍靠从外地输入。不少地方还是刀耕火种、结绳记事。

走在街上，大多数农民穿的都是手织的粗糙麻布或者羊皮大襟衣服、披肩和羊皮褂，不少人在冬天的寒风中赤脚行走。当时，维西县交通闭塞，没有一辆汽车。政府大院还保留着养马班，县委和政府领导下乡基本靠步行、骑马或坐马车，呈现开门见山、出门爬坡、出行靠双脚、过江靠溜索的生活状态。

1950年起，迪庆三县遵循党的民族政策，在县城和交通要道组建全民所有制的国营单位。1953年，维西县正式成立集体所有制的供销合作社，承担起了农村物资购销主渠道的历史重任。这一方面帮助农民推销农副产品，供应生产、生活资料，扶持发展商业，繁荣农村经济；另一方面又充当了国营商业助手的角色，收购上交国家规定的农副产品和轻工原料，接受国家委托把工业品下放到农村，代政府向农民分配计划内的生产、生活资料。

在当时，大多靠民族贸易工作者人背马驮把村民急需的盐巴、糖、茶、针线、火柴等物资运送到村村寨寨，以低于市场的价格向农民供应基本生活用品，后又把村民种的药材及鸡、猪等农副产品收购回来。正如《赞货郎》[①]一诗中描述的场景，"叮叮当当，伴随货郎，唱响边寨高山。货担挑进村庄，田头摆的货摊，多热闹的山村市场。一担担的农具百货，在笑语中被社员买光。叮当叮当响，社员踊跃出售土特产，购销业务齐开展，支援工业化，促进粮食大丰产"。不得不说，供销合作社的出现，在带动农业生产发展、保障供应上起了不可替代的作用。而那些民族贸易工作者，在送货下乡的过程中，既了解了老百姓生产生活上的需求，又与当地群众结下了深厚的友谊。

1965年，经过三年饥荒，国民经济得到一定恢复，维西小城的经济也焕发生机。当时整个维西县只有维登街和岩瓦街两个集市点作为各族群众

---

① 《赞货郎》是一首赞颂新中国成立初期民族贸易工作者的诗词。其中的货郎是指当时肩挑马驮把商品送到边疆民族群众手中的民族贸易工作者。

图3　20世纪60年代维西县城（艾亚贤摄）

注：图中左边建筑为维西县商业局的门市部，右边为县供销合作社的门市部。

互通有无的交易场所，这两个集市点没有固定的铺面和商号，仅有几间草棚供流动商贩摆摊。维登街每月逢五赶集，岩瓦街每月逢十赶集。每到赶集日，集市里人声鼎沸，好不热闹。附近村寨的乡亲们纷纷带着大米、玉米、草烟、小猪、鸡、蛋和竹子、木头、农具等物品，到集市进行交换，多数是以物易物。此外，国家对粮食、棉布、油料等实行统购统销，民族贸易公司、县粮食局、供销合作社、盐业公司等国营单位和集体单位商业都位于县城附近。在"发展经济，保障供给"方针的指引下，全县商业供销呈现较为旺盛的气象。1963年，维西县入选第一批优先贯彻执行民族贸易"三项照顾"[①]县，各族人民都从中得到了经济实惠。

---

① "三项照顾"是指给予自有资金、利润留成、价格补贴三项民族贸易照顾。具体来说就是，对自有资金不足、经营有困难的，给予低息贷款照顾；对工业生活品实行最高限价，对农副产品采购实行最低保护价；对供销合作社给予减收所得税的照顾。

共同书写的历史

稳住市场,保证供销

1966年,刚到维西,我们目睹了这里依然落后、萧条的状况,便立志要在这片土地上干一番事业,为改变边疆贫困状况多做贡献,让这里的乡亲们过上好日子。经过集中参加系统的边疆政治、少数民族政策等课程的学习培训后,我被分配到县供销合作社担任出纳员。[①] 我的任务是每天下午到各个门市商店收款、登记所销售物资,记好账后到银行存款。由于还处于计划经济时期,"一针一线"都要靠合同形式来完成采购。在收款过程中,我认真关注当地少数民族群众主要需要的物资,然后结合党的民族特需商品政策,申请将一些特需商品列入计划,并在门市商店设立专门的民族特需商品专柜,以低价专供各族群众使用。

图4 1965年部分武汉支援维西人员合影

正当国家基本完成调整经济的任务,开始实施第三个五年计划的时候,"文化大革命"发生了。维西县本来经过调整出现的欣欣向荣的市场

---

① 根据艾亚贤口述,来自武汉的40人包括支边青年26人和支边财贸干部职工14人,被分到了县里的财政局、邮电局、商业局、供销合作社、粮食局等不同单位。其中支边青年祁运桂、胡学智被分到县公安局,黄祖荣被分到县邮电局,吴海钦、张可愚、艾惠兰、颜凤鸣、罗方方、李二梅、王定前、邱兰姣、洪瑞珍被分到县商业局;陈大润、艾亚贤、魏四发、王民、孙建华、张跃衡、刘敦武、章惠玲、蒋文赤、袁铁磊、刘春娥、田川月、夏志银被分到县供销合作社。支边财贸干部职工余树清夫妇、林国民、曾静华、郭颖秀被分到县粮食局,陈丽美、季跃仁、李琼、徐细桂、樊有云、张士华被分到县商业局,刘凤仪、黄传俊、张志明被分到县供销合作社。

再次变得萧条，我们的工作难度增大了数倍。供销合作社机构网点被撤并①，工作陷于停顿，生产和流通受到破坏，一些民族商品被迫停售，经营家庭副业及在集贸市场做生意的个体商贩和农户被当成资本主义尾巴而受到批判。商品货源受到影响，使得本来就匮乏的物资更加紧张，糖、茶、酒按人头每月或者每季度定量供应，卷烟、香皂、肥皂、胶鞋都是限量供应。

当时国营单位的职工②多数是从丽江专区和当地的小学或者初中学历的毕业生中招收，经过几个月的培训之后分配入职的，还有一部分是土改工作队队员、部队转业人员、省财训班成员。这些职工虽然政治素养高，但文化程度低，初中学历就成为业务管理主力。因此，在采购中不时出现收错、规格质量优劣不分、库存与登记数目不符等现象，使国家财产出现损失。

为避免这类错误发生，我们立即开展国营单位职工内部业务培训。从武汉来支边的40人中，有不少财贸干部职工。他们既有专业的技术和知识，也有丰富的财贸工作经验。通过组织几次系统的业务指导和技术培训后，当地国营单位职工的业务水平都得到了一定程度的提升。

开展培训的过程也是一个双方互相学习交流的过程，我们向当地职工传授统计、核算、采购记录等业务技术，同时向他们学习药材、皮毛、土特产品的规格质量和收购标准等内容。就这样，在动乱时期，我们和当地职工一起坚守岗位、相互学习千方百计组织物资，尽力保证市场供应。

下乡抗洪抢险

维西县内河流众多，有澜沧江和金沙江两大水系，以及发源于境内的腊普河和永春河。如遇雨季，常出现山洪暴发、河水泛滥并造成较大灾

---

① 1969年，维西县供销合作社与商业局合并为维西县工农兵服务社革命委员会。
② 1961年通过对维西全县238名国营单位职工的业务能力进行分析，发现懂得采购商品规格、品质、加工技术的只有15人，仅占6%，能掌握一般业务的只有27人。

害,致使山塌地毁、农作物受灾。抗洪抢险对我们来说,是一场大考,既考验应急能力,也考验责任担当和为民情怀。

1966年8月,维西腊普河河水泛滥,塔城乡一带发生严重洪灾,100多间房屋被毁,大小牲畜被冲走几十头,近5000亩庄稼被冲毁,将近一半的良田被一米多深的沙砾覆盖,村内路面大量泥沙堆积,当地百姓的生命财产遭到严重的威胁。

"抗洪抢险,危在旦夕!"汛情一传来,县里立即进入了备战状态。各机关单位人员临危受命,立刻赶往受灾村落,深入抗洪抢险的一线。我被分配到塔城五区的响鼓村参与抢险工作。来不及准备,我背着简单的行囊,走上了赶往灾区的路。那是我第一次下乡,路上饿了就吃背着的干粮,晚上露宿在林间山头。走了三天三夜,我才抵达维西的塔城五区。

眼看险情危急,容不得我休息片刻,我便投入了前线的作战中。天阴沉沉,雨一直下个不停,泥路上积起了一个个小水坑。救援队员接力抬卵石、运沙袋,踩在泥滩中,一不小心就滑倒在水中,但仍爬起来继续干。每个人都在与洪水赛跑,晚上听着洪水的声音,夜不能寐,总担心明天险情的发展趋势。当河堤上垒起高高的防洪墙时,险情才有所缓解。

不久,太阳出来了,洪水慢慢退去了,灾情基本稳定了。乡亲们的房子保住了,我们的心也安了下来。但由于洪水来势凶猛,水量集中且流速快,冲刷破坏力很强,河里的泥沙和石头都被冲到了农田里,沿河低洼地段的田地全被冲垮了。老百姓都愁了起来,辛苦开垦的田全毁了,该怎么办呢?有的妇女看着自家田里泥泞不堪,难过得掩面抽泣。

当务之急,便是做好灾民的思想工作,动员群众开展田地恢复和改造,确保灾区治安稳定。为了破除语言障碍,村里的会计成了我的藏语翻译,协助我开展安抚工作。他和我一起挨家挨户地了解受灾情况、排查灾情。看到许多灾民都愁眉苦脸、不知所措时,我们就告诉他们:"受了灾不用担心,会有党、会有政府来帮忙,我们会一起战胜困难、渡过难关。"听到这话,老百姓脸上的愁苦便消散而去。

灾后恢复工作等不得,也拖不得,我们紧接着动员群众恢复和改造被冲毁的田地,及时组织村民开展清淤和排水行动。待农田清理干净并恢复干燥之后，再重新进行规划。

一切工作井然有序地进行着。许多村民看到，一个年轻的汉族小伙子常常跑东跑西、忙上忙下地帮助村里做事情，一刻都没闲着，非常感动，纷纷竖起了大拇指。我也很快和村民们打成一片，经历了许多人生的第一次，第一次结识勤劳善良质朴的少数民族群众，第一次吃苞谷饭和烧洋芋，第一次围着火塘睡地铺，第一次上山砍柴……我和村民之间建立了深厚的感情。两个月后，看着村庄救灾复产工作有条不紊地持续推进，人民群众的生产生活秩序逐步恢复，绿油油的庄稼苗重新从地里冒出来了，我又回到了原来的工作岗位上。

石棉矿山上的岁月

1969年，我结束了在"五七干校"[①]两年的劳动锻炼，被安排到了德钦石棉矿厂工作。德钦境内石棉矿[②]藏量丰富，矿体富集于澜沧江东侧的云岭乡贡坡村。由于石棉在工业和国防上用途广泛，制作而成的石棉瓦和石棉垫需求量大，因此，1950年德钦县开始创办石棉矿厂，进行露天手工生产。后来经历几年的停厂，在1965年恢复生产后，采用亦工亦农的生产管理方式。

石棉矿厂下设采矿、剥离、选矿、检验、机修等多个车间工段，分布在矿山体的周边，沟凹里到处是朝天喷吐着粉尘的机器，没日没夜地运作着，发出轰隆隆的响声。刚到石棉矿厂时，我主要负责石棉检验工作。这对我来说是一个全新的领域，只能一步一步向厂里的老职工学习。他们大多是四川人，特别热情，在操作过程中耐心地手把手指导我。我努力学习

---

① "五七干校"是"文化大革命"期间，以贯彻毛泽东"五七指示"为名，将党政机关干部、教育科研文艺单位人员下放到农村的非常态机构，主要让这些人员以从事农副业生产和接受革命批判的形式接受再教育。

② 石棉属于非金属矿产，是一种天然的纤维状矿物质，具有高度耐火性、耐腐蚀性、电绝缘等特征，工业用途非常广泛，汽车、化工、电器、建筑和国防工业中隔热、隔音、保温、防火、绝缘等器材都离不开它。更为可贵的是，德钦石棉矿的石棉品级齐全，高级棉所占的比例大，一至五级棉占总储量的40%。

业务，很快成了业务骨干。

在接力赛似的人员轮换和调动中，一支由外来人员和当地少数民族组成的工人队伍不断成长和壮大。厂里人数最多时有800多人，包括技术人员及工人300多人和当地各区来的农民工500多人。其中也有许多女同志，可谓男女搭配、干活不累。大家伙手脚麻利、干劲十足，心里总是憋着一股劲。

很多当地的民工在生产劳动中逐步掌握了文化、科学生产知识和管理知识，有不少成了企业的骨干。例如，原香格里拉神川矿业开发有限公司的多吉，于1976年来石棉矿厂学习推土机驾驶和修理技术，几年后他不仅熟练地掌握了推土机的驾驶和修理技术，还学会了电焊、氧焊和车、刨、钻、铣床的操作，成了当地小有名气的农民技工。他逢人便说："没想到，我一个只读过三年小学的农民，还能成为一名技术人员！"

石棉山矿区常常被粉尘笼罩，石棉灰随风飘散，无处不在，无处不落。尽管我们都戴着口罩，但也挡不住石棉粉尘吸入鼻腔、胸肺。一天下来，人人都成了"小白人"，眼睛红肿，眼泪直流，鼻子、嘴里全是尘土。石棉纤维让人刺痒难耐，不挠不行，一挠一身疙瘩，而且没有办法洗澡。石棉纤维要是吸入肺部，就不容易再吐出去，时间一长，就发展成矽肺（硅肺）或其他疾病，而且不容易治愈。

在当时工作环境恶劣、生活条件简陋的情况下，我们不但没有任何怨言，还以乐观饱满的热情积极工作，生活得很愉快，也很满足充实。我们的业余生活多姿多彩，为边疆献身成为那一代人最大的人生寄托。所以，生活上的艰苦，又算什么呢？苦乐年华，苦中有乐，乐在其中。

后来，我调岗到了供销科，主要负责产品推广。起初德钦产的石棉主要供昆明石棉制品厂使用。1970年[①]后，石棉矿厂逐步实现了采矿半机械化，我们的产品远销山东、上海、江苏等地。因此到各地出差是家常

---

① 德钦石棉具有防核辐射和耐高温的优良品质，是国防建设急需的战略物资。1965年国家把建设德钦石棉矿厂纳入全国建材工业发展规划，要建成年产1000吨石棉规模的矿厂。1970年矿厂建成，修筑县城至石棉矿厂公路33千米，建成一座800千瓦电站，并购置了剥离机、运输车辆、挖掘机、推土机、小矿车，是年剥离矿石19.8万立方米。

便饭。

出差期间,在频繁的周转和奔波中,最难忘记的是出差回来到了封山期,只能连夜步行翻雪山的场景。德钦的冬天特别冷,每年的12月到次年3月为白马雪山封山期,常因大雪天气路面积雪而无法通行。但因为工作需要,难免会遇到在封山期要出差的情况。白天升温,雪块融化,在雪地上行走容易陷进去发生危险;相反,晚上雪块坚硬,而且雪块反光,走夜路不会太黑,因此半夜翻雪山是相对明智又无奈的选择。每次遇到这样的情况,我们就提前准备好手电筒,晚上11点左右开始爬白马雪山。走了一段路之后,鞋子、裤子都会被雪裹住,手脚不得动弹。到后半夜,积雪逐渐没过膝盖,我们只能慢慢"爬"着前进。在我的印象当中,这样连夜翻雪山的经历至少有两三次,我从36岁开始就患有类风湿,我想应该和这个有很大的关系。

但是,再辛苦也是值得的。毫不夸张地说,石棉矿业曾撑起了德钦工业的半壁江山,为带动德钦经济发展立下了汗马功劳[①],为德钦县经济发展和税收做出了重要贡献。但是它有利必有害,一是在开采和加工过程中造成严重的甚至不可恢复的生态污染,二是工作过程中的粉尘对人体肺部的伤害很大。1990年,德钦县人民政府决定停办石棉矿厂,仅被开采三十几年的德钦石棉矿被关停。

回头想想,我很庆幸在德钦石棉矿厂工作了16年。那是一个有故事、有激情的地方,虽然已经离开德钦多年,但是依然还能在梦里梦见石棉矿上那飞沙走石的荒凉与悲壮。那段艰苦创业史和光荣史依旧历历在目。它的辉煌过去,是国家西部大开发的有力见证。

忆青春,援边痴心永不改

从17岁到退休,我把最好的青春年华献给了迪庆。在30多年的时间

[①] 到20世纪80年代,德钦石棉矿远景储量约300万吨,属于大型矿床。该矿绝大部分矿体露出地表,覆盖层剥离工程量小,适宜露天开采,而且这里的石棉矿容易从岩石上剥离,开采成本低。

里，我基本走遍了迪庆三县的大小乡镇。幸运的是，在石棉矿厂工作时我遇上了我的爱人，于是在迪庆成家立业、生儿育女。迪庆成了我的第二故乡。

图 5　2003 年艾亚贤（后排右一）与部分武汉支边维西的同事

回想起来，当时一起从武汉到迪庆州维西县的 40 人中，尽管有一些人后期因工作调动离开了云南，但在我们这一批人当中，大部分都成了出色的会计师、工程师、维修师，在各行业中担任技术骨干，为迪庆的社会建设做出了许多贡献。我们当中，一直留在迪庆的有 6 个，并与当地的藏族、纳西族、傈僳族结婚成家，成了地地道道的迪庆人。

在 1995 年和 2015 年，我们以"财贸支边记忆"为主题举行了 30 年和 50 年的纪念活动，当我们围坐在一起再唱起《革命人永远是年轻》中的"革命人永远是年轻，他好比大松树冬夏常青，他不怕风吹雨打，他不怕天寒地冻……"回想起几十年前一起到遥远边疆的经历时，我们对其中的酸甜苦辣依旧感慨万千。前年①，我和当时的 5 位老同事一起重返迪庆。尽管迪庆发生了翻天覆地的变化，但再回到那片土地上，感觉还能再想起我们当年一起干活的模样。我们依旧记得，在 50 年前，在云南迪庆人才最紧缺、经济不发达的时候，有这么一群荆楚儿女，积极响应党的号召，在

---

①　指 2019 年。

高寒缺氧、任务艰巨、生活艰苦的条件下紧密团结在一起,艰苦奋斗,用宝贵的青春为边疆的财贸事业贡献了力量。

访谈时间: 2021 年 2 月 27 日
访谈地点: 丽江市古城区
访 谈 人: 李志农、和淑清、陈经宇、周丽梅
记 录 人: 和淑清

筑路架桥一辈子

王学忠　口述

1983年迪庆公路烈士陵园建成后先后安葬了近百位筑路先驱，他们平均年龄才29岁。当地干部曾对我们说："路是靠你们挖出来的，盐巴是靠你们运进来的，藏族人民对你们感激不尽。"

图1　王学忠照片

【简　介】王学忠，男，白族，云南丽江人，1943年生。16岁离开家乡开始从事道路建设工作，1963年至1998年在迪庆从事公路、桥梁施工设计工作，曾为家乡义务设计和修建箐门村桥。先后在中甸县公路管理总段工程队和迪庆州公路局工程队、质监科、工程计划科等参与桥梁道路的修建、质量监督等工作。曾荣获"先进科技工作者""为公路建设做出突出贡献者"等称号。

1963—1974年　工作于中甸公路养护总段①、丽江公路养护总段；

1974—1998年　先后工作于中甸公路养护总段和迪庆州公路局工程队、质监科、工程计划科。

与路桥事业结缘

1958年，15岁的我小学毕业后在家种地务农。那时正值"大跃进"时期，全国各行各业都掀起了"全民大办"之风。丽江紧跟步伐，提出了"半年时间修出四条公路"的口号，要求每家派出一个劳动力参加。在当时，修路是一项光荣的任务，"义务修路，是拥护人民政府的具体表现""每个人都出一点力，就能给国家省一大笔款子"的倡议和口号不绝于耳。于是，我加入了丽华公路②的修建队伍。自那以后，我走上了筑路修桥、与沙石水泥为伴的人生道路。

在特殊的历史时期，修路不是一件容易事。由于当时技术水平低、设备条件差，道路是靠我们拿着锄头和铁锹一里一里挖出来的。整整一年间，我们居无定所、风餐露宿。路修到哪里，我们就住在哪里，经常在山上一住就是几个月。

1959年，丽华公路修好通车后，我继续留下来做道路养护工作。尽管是新修的路，但是因为建设的标准低、质量差，每到雨季水毁严重，基本处于晴通雨阻的状态，隔三岔五就要加宽路基、铺筑路面块石、加固挡墙，以保证道路畅通。在接下来的几年间，我又先后参与了树底吊桥的修建、永胜路段的养护等工作。几个工程项目下来，我对土建、质监、测量等

---

① 1958年6月，云南省交通厅公路管理局中甸公路管理段在中甸成立。1960年4月，中甸公路管理段改名为中甸公路管理总段，并先后将原辖的养路工区调整为白汉场、德钦、中甸、永胜、华坪5个。1963年，中甸公路管理总段改名为中甸公路养护总段。1965年，中甸公路养护总段迁往丽江，并于5月改名为丽江公路养护总段。

② 丽华公路是指从丽江至永胜经宁蒗到华坪县城的公路，全长298公里。参见云南省华坪县地方志编纂委员会编《华坪县志》，昆明：云南民族出版社，1997年，第314页。

相关路桥知识有了进一步的了解，为接下来的工作打下了实践基础。

穿着"冰裤"修涵洞[①]

1963年，我被调到中甸公路养护总段。当时迪庆刚建州不久，中甸县城基本谈不上有基础设施建设，工业、邮电业、水电业更是百废待兴。县里最热闹的地方就是四方街，牛羊随处放养，四处可见，被我们形象地称为"牛屎街"。

刚到迪庆，我便接到了前往德钦溜筒江附近修建涵洞的任务。涵洞修建的过程异常艰难，尽管只有两米高，但因为没有大型施工机械，我们只能用最原始的方法，用铁锤敲击石头，然后一块一块垒砌上去。虽条件艰苦，但我们干劲十足，搬石头、挥铁镐、抬涵洞，从不含糊。时近年末，气温骤降，刺骨的风灌进洞里，把我们冻得不行。当修到涵洞深处时，渗水情况不断加重。我们的裤子不一会儿就湿透了，没过多久就冻成"冰裤"。时间一长，我们的双腿都冻麻木了，走在路上僵硬生疼。一天工作下来，使劲抖动着裤子，硬邦邦的冰块才簌簌地落下来。但在当时，即便身体受不了也只能硬扛。我们一刻都不敢懈怠，生怕耽误工期。因为我们必须在大雪封山之前完工，否则一整个冬天都可能被困在德钦走不出去。我们通常轮流休息，一天的工作时间里，几乎没有哪个时间段是停止的状态。最终，涵洞按期顺利完工了。

在随后的几年里，中甸公路养护总段先后经历了几次改名和合并[②]。无论怎么改变，我们的工作任务没有发生变化，依旧是逢山开路、遇水架桥。到了1974年，我就进入了工程计划科，一是负责筹建迪庆总段机械汽

[①] 涵洞是指在公路工程建设中，为了使公路顺利通过水渠而不妨碍交通，修筑于路面以下的排水孔道。

[②] 1965年，中甸公路养护总段建制迁往丽江地区，并更名为丽江公路养护总段。1966年，丽江公路养护总段改称为丽江地区公路养护团；同年12月，改名为云南省交通公路管理总队十团，简称公路十团，下属丽江、迪庆各养护段更名为养护连。1974年，迪庆藏族自治州公路养护总段成立，下设中甸公路养护段、德钦公路养护段和一个机修组。1976年，迪庆藏族自治州公路养护总段改称为云南省交通局公路管理局中甸公路养护总段，隶属云南省交通厅公路管理局。1980年，中甸公路养护总段更名为中甸公路管理总段。2002年，更名为香格里拉公路管理段。

车运输队管理工作，二是参与桥梁的改修。

迪庆的第一条柏油路

解放前，迪庆的交通基建一直处于落后的境地，整个州的路都是土路或者毛路，没有一寸水泥路或者柏油路，往往天晴尘土飞扬，雨天坑洼泥泞。对于铺设迪庆州的第一条柏油路，老百姓们期盼已久。

1976年，我们成立了工程二队，负责柏油路铺设工作，准备在现在的长征大道所处的路段铺设一条柏油路。当时铺设柏油路的技术有限、设备简单，我们采用最原始的"两油三料"的方法，即先铺一层碎石，接着撒上一层油，再铺一层碎石进行碾压，然后再加一层油，最后在上面撒一层细细的康复料。

炼沥青可是一个技术活，如果炼不好铺出来的路就会成"搓衣板"路。当时我们的设备极度匮乏，可那并没有难倒我们。没有炼沥青的机械，我们就找来一块铁板，用砖把四个拐角支起来，然后点燃木柴给沥青块加热；没有专门的锅炉，我们就用一个大铁桶来代替。在当时的条件下，别说我们没有在高原铺柏油路的经验，连基础柏油路建设的技术和设备都还未具备，很多时候只能冒着危险进行尝试和探索。比如说，桶装沥青中往往含有成团的水，如果在炼制之前没有除去就容易引起涨锅，发生火灾；但是我们没有脱水设备，因此每次炼制时只能离得远远的，而且使用微火慢慢炼，以免溅油伤人。此外柏油里含有的化工原料及操作过程中产生的烟气对皮肤黏膜具有刺激性，有损皮肤健康，也会对眼、鼻和咽喉产生刺激。在没有工作服和防护用品的条件下，我们只能穿上长袖长裤、戴上手套小心翼翼地操作。

为了保证进度，我们克服了技术、设备、人力等诸多不利因素。有年轻的养护工人推迟婚期，等到道路竣工后才完婚；患病的老职工连夜清扫卧路石，只为保证第二天施工顺利进行。储料、拉运、拌和、浇筑、抹面，我们都干得热火朝天，每当疲惫不堪的时候，脑海里总是会浮现泥泞路上车辆摇摇晃晃、百姓们捂鼻掩面、老人们裤腿上满是飞溅的泥巴的画

图 2　20 世纪 80 年代迪庆铺设柏油路的场景（左一为王学忠）

面，精神又被提起来了。

　　无数个不眠的日日夜夜，无数次机械的轰轰烈烈，不知道流了多少汗水，最后经过四个月的奋战，迪庆的第一条柏油路终于铺好了。老百姓们欢天喜地，纷纷跑来瞧个新鲜。一些年迈的老人也要来这条路上走一走，大家都感叹道，长征路上曾经"雨天烂泥塘，夏天飞土扬"的景象再也看不到了。

改修桥梁二十余载

　　迪庆境内雪山林立、山高谷深、江河纵横，百姓出行要翻山越岭、滑溜铁索，十分不便。虽有索桥、绳桥、铁杆桥等各式各样的桥几十座，但大多已年久失修，破损不堪。因此，修建和维修桥梁成为我们主要的任务之一。

　　修桥工作要因桥而异。打比方说，冲江桥属于石台木面桥，桥面脆弱易损，因此至少每五年需要更换桥面一次，这样下来不仅费力费时，还损耗大量木材。另外，桥位两岸属于高山峡谷，地质环境复杂，常有泥石流、滑坡、崩塌等地质灾害发生，无论是日常通行还是桥面翻修，都存在较大的安全隐患和风险。

1993年，州公路局决定迁移桥址并把它改建成石拱桥，这样不仅可以提高安全系数，还能腾出劳动力来加强路、桥的全面管养工作。在改建木桥的过程中，一部分技术人员认为，半永久式改为永久式固然是好的，但石拱桥施工麻烦，改建后浅水面积会减少，并提出了墩台断面不够、地基承载力不够、施工速度慢、造价高、技术力量不足等问题。面对这些问题，我们采取了"领导+技术人员+工人"三黏合的方法，对路况做了具体分析，逐项解决了问题。

改建木桥的过程实际上也是训练技术人员的过程，我们通过自力更生、以师带徒的办法，挑选了一些年轻工人跟着老职工和技术人员学技术。将近耗费十个月的时间，1994年底冲江河桥终于改建完成，桥长80多米，桥面净宽8.5米，新选的桥址与之前相比避开了急弯，降低了交通事故的发生率。在这次改建工作中，我们不仅提高了桥梁的质量，节约了木材成本，同时也训练培养了技术工人。

图3　1994年王学忠对冲江河桥改造工程进行监理（王学忠摄）

施工最怕遇上夏季下雨和冬季下雪天气，桥梁的修建和养护都很难开展，在工作中随时会遇到突如其来的危险。打比方说，吊江岩路段处于陡峭峡谷地带，被当地人称为"连猴子都掉眼泪的悬崖峭壁"。每次施工就是用生命在做赌注,工人们只能在腰间拴着篾绳和麻绳,悬空完成抡锤、握钎、打炮眼等高难度作业。稍有差池,都将会危及生命。旁边的人看着都胆战心惊,替他们捏一把汗。

1973年夏季的一天,由于持续大雨,吊江岩路段山体塌方,路面阻断。我们连夜赶往事发地,准备改建一个钢架桥。就在我们忙着修建挡墙时,突然间,一个簸箕大的石头从悬崖上滚落,没等我们反应过来,就重重地砸在一个工人身上。这样的危急关头不胜枚举,但是很多时候我们只能把个人的安危作为小事看待,而要去顾全大局以免出现更大的损失、发生更大的事故。

养路为业、道班为家[①]

我们的养路人常常说:"白马雪山的风景太美了,但是我们没有时间看。"白马雪山上的国道214线,是云南公路管养海拔的最高点,雪线以上的公路长40多公里。一年四季,无论何时,都可以看到养路工人奋战在保通一线的忙碌身影。养路工人是一份特殊的职业。尤其是高原上的养路工人,一年四季都坚守在雪山上,他们不善言辞,总是在岗位上默默奉献。《养路工人之歌》中唱到的"橘红色的工作服衬托着一张张黑黝黝的脸,粗糙干裂的双手布满一层层坚硬的茧,春风吹裂的嘴唇诉说着那不悔的决心,飞沙打红的双眼都露出那无怨的目光",便是他们不知疲倦、成年累月与公路相陪伴的真实写照。

在雪山上养路,正如工人们所说的:"身披高寒风,脚踏茫茫雪;半年斗水毁,半年战冰雪。"山下春暖花开之时,雪山上正是艰苦忙碌的战斗季节。他们常年在海拔3000米到4500米之间铲雪挖冰,在年平均气温零下5摄氏度的雪山路上填砂补坑,面对酷寒、缺氧、潮湿、紫外线强,

---

[①] 部分访谈资料由周根吉补充(2021年3月访谈于丽江)。周根吉,1952年生,云南丽江人,纳西族,1969—1996年工作于德钦公路局,常年在白马雪山养护段的道班进行养路工作,以保证公路运输的畅通。但为行文流畅,文章以王学忠的口吻进行叙述。在此对周根吉为我们补充宝贵的访谈资料表示感谢。

已没人把裂口和冻疮当回事。在冬天，他们以雪为令，很多时候前一夜的积雪还没有铲完，又会接连下几天的雪；但为了保证公路的畅通，养路工人只能天亮而出、天黑而归，饿了就吃点冷饭。白天铲了，晚上狂风一刮，路又堵了，只能继续又铲。这样的铲雪夺路战，每年要经历好几场。在雪山的背阴地段，每年10月之后都会结半米至一米多厚的冰，挖冰夺路是一项比铲雪更艰巨的任务。锋利的镐子挖下一个白印，冰碴儿打到脸上，像刀割一样疼，双手经常被冻得裂口出血。

工人们住的道班房散落在雪山峡谷公路旁，设施极其简单，大多是低矮、潮湿、阴暗的土毡房。白天工人自己拾牛粪或者枯树枝生火做饭，晚上只能靠松明或者煤油灯照明，生活居住条件十分艰苦。在寒冷的冬天，道班房内的温度只比外面稍稍高一些，工人们只能靠羊皮大衣、皮帽等简单用品御寒。

1959年白马雪山[①]道班刚成立时，除了少数参加过雪山筑路的工人外，大多数人是刚从滇西各县招来的青年农民。1969年从丽江招工分配到德钦公路段做养护的有21人，年龄最大的19岁，最小的15岁。[②] 由于山上气压低，许多外地来的养路工人生活不习惯，走路喘不过气，加上饭也很难煮熟，许多人患上高原病。尽管当时养护总段的人会走上几百里路去买菜并送上雪山，但是由于路远、交通不便，经常供不应求，很多时候只能吃干饭，许多工人因长期吃不上青菜而患上了夜盲症。面对如此艰苦的环境，有些工人曾诉苦道："当工人还不如当农民，当农民还能吃上糌粑和酥油茶。"

为了解决在雪山上吃菜难的问题，1960年筑路工人在路边草地上试种了五分地的洋芋，结果在秋天时收获了300多公斤。第二年他们又种了一亩，还试种了一块白菜，也获得了较好的收成，可以勉强填饱肚子。1963年他们开始试验养猪，每头都有一百四五十公斤。在海拔4000余米的雪山上能够养猪种菜，是这个地方从未有过的奇迹，当地藏族农民都投来了羡

[①] 1959年，白马雪山还被叫作白茫雪山，为与现在的叫法相衔接，文中统一写成白马雪山。

[②] 本部分关于养路工人的籍贯、数量和年龄等信息由周根吉口述提供。

慕而惊奇的眼光。后来,他们经常利用夏秋业余时间,先后种地十多亩,每年收获洋芋、萝卜和蔓菁两万多斤,养猪十五六头,还把这一技术教给了周边的藏民;除了自己食用外,还供应了附近两个道班和过路的旅客。

图4 白马雪山上的养路人

注:图片来源于王嘉山主编,香格里拉公路管理总段编《中甸公路管理总段志》,昆明:云南人民出版社,2004年。

雪山上的道班工人,不仅是道路的守护者,也如古代的车马驿站的服务员一般接待了南来北往的迪庆建设大军,他们的道班房就像一个服务站。无论是干部还是工人,路过这里时都会得到他们的热情接待,多的时候有二三十人。他们说:"过路的人都是为了革命来爬雪山的,我们应该帮助他们。"有手脚冻僵的,他们会及时烧火帮忙把湿的衣服和鞋子晒干;有汽车出了故障的,他们就去帮忙修理和看守车上的物资。有过路人因为天色太晚翻不过雪山需要留宿时,养路工人都会把自己的铺盖让给他们,自己则披上棉衣睡在火塘边过夜。长期以来,他们都是这样把困难留给自己,把方便让给别人。

在年复一年的养路工作中,养路工人逐渐总结出雪山公路的养护规律,即春季处理翻浆,疏通排水,检查维修桥梁涵洞;夏季除防洪抢险外，还要做好雨前备料、雨后铲搓板①和添铺路面材料；秋后抓紧修补水毁缺口，加固路基；冬季在封冻之前普遍加铺一次路面材料并洒水养护，通过冻结来封闭路面；封冻后主要抓选料、备料、运料。

几十年来，他们经历了雪山公路从简易砂石路到沥青混凝土路的变迁，道班房由自己搭建的木房、土毡房变成了砖瓦房，养护手段从人拉肩扛变成机械化养路……但不变的是一代接一代养路工人默默守护和奉献的精神。1986年，当全国人大常委会副委员长十世班禅视察迪庆并经过白马雪山时，曾这样称赞养路工人："在今天养路工人的身上，我又看到五六十年代中国工人阶级的那种精神风貌。"

公路烈士永垂不朽

无路难，开路更难。在历史的长河中，不知道有多少筑路人在条件恶劣的野外艰辛地工作，不知道多少人为修路献出了宝贵的生命。单位里的一位老职工曾给我们讲述过修筑中乡公路的故事，工人们历尽万难、奋不顾身，至今我还记忆犹新。

1957年，正值反动派叛乱时期，为了尽早平息叛乱，政府决定加派人力抢修中甸到乡城的公路，于是召集了军工上百人，来自大理、丽江、迪庆的民工2000多人和云南省公路处的工人3000多人启动了中乡公路建设大会战。

在筑路过程中，筑路工人的住地屡遭叛乱分子的袭击和抢劫，工人下班途中也常遭叛匪的冷枪。短短的半年间②，当地武装叛乱残匪对中乡公路施工段偷袭20多次，他们烧毁工棚，抢走财物，劫持民工。因此干部都配发了武器，各中队都建立了武装民兵班。筑路民工在人民解放军的保护下，一边筑路，一边作战，可以毫不夸张地说，这是一条"匪徒冷枪下筑成的公路"。

---

① 搓板是指路面产生纵向连续起伏、似搓板状条形。搓板形成的主要原因是路面的材料设计不合理或施工质量差，尤其是在车辆停靠站附近，车辆经常启动，导致路面材料不足以抵抗车辆水平力的作用而形成。（高原地区公路常修筑在干旱缺水的地面上，初期修筑的铁路因为塑性材料少，更易出现搓板。）

② 指1957年4月至9月。

当时丽中公路尚未全通,交通极其不便,6000多人的生活补给只能靠人背马驮的供应线来维持,加上叛乱分子骚扰,粮食供给经常中断,有时候只能用野菜煮稀饭来充饥。来自外地的工人由于不适应高海拔气候,加之风餐露宿,工作紧张繁重,医疗条件差,其中不少人被病魔夺去了生命。但是在这样的困难面前,筑路工人没有被吓到,一边紧张而艰难地抢修公路,一边挖战壕、掘掩体,加紧站岗、巡逻、放哨,防范叛乱分子的武装袭击。

一年零几个月之后,长达222公里的中乡公路终于顺利修建完工,它成为迪庆境内唯一一条跨省的县级道路,也是云南省投资修建的第一条高原雪山公路。修建期间有11人在与叛匪斗争中壮烈牺牲,有24人因高原反应抢救无效牺牲。建成之后的中乡公路对顺利平息康南地区极少数反动势力的武装叛乱,推动迪庆的民主改革,以及后来的经济、文化建设都起了重大作用。

图5 迪庆公路烈士陵园照片(李志农摄于2010年)

对联内容:"铮骨丹心冰雪作证,浩气千里虹现青山。"中央纪念碑碑文:"公路烈士永垂不朽。"

迪庆的公路向前推进的每一步,都凝聚着无数筑路工人的牺牲和奉献。1983年,迪庆公路烈士陵园建成之后先后安葬了近百位筑路先驱,他们平均年龄才29岁;但是受当时经济和交通条件限制,更多的公路先驱只能就地简易安葬在路边。2020年,公路局工作人员先后走访了小雪山、翁水、阿东河电站、隔界河、西鲁、矿山、古水、溜筒江等12处烈士遗骸安葬地，找到了散葬在中乡公路和德盐线路边先驱烈士墓45座，并将其移至迪庆公路烈士陵园。

正是这一批批筑路工人，他们发扬"一不怕苦，二不怕死"的革命精神，抗严寒、战灾难、斗土匪，将青春、汗水和泪水，挥洒在盘旋蜿蜒的道路上，才有了迪庆今天四通八达的公路网络。

日新月异的路桥事业

新中国成立前的迪庆，交通运输主要靠马帮踩出几条人马驿道，各族群众一直依靠人背马驮穿行在高山峡谷之间。在老一辈人的记忆中，不仅迪庆通向外地十分艰难，就连迪庆境内三个县之间的往来也很艰难。自1956年开始，迪庆州调集民工和工程技术人员一万多人修筑了滇藏公路丽中线[①]。时至今日，迪庆的路桥事业取得了突飞猛进、日新月异的发展，一座座桥梁让天堑变通途，宽敞、平整、清洁的柏油路、水泥路已修到边远山村群众家门口。

在迪庆筑路修桥的20多年里，我参与了无数条公路的铺筑、养护、改造工程，修建和维修了大大小小的几十座桥梁，冲江河桥、格咱桥、翁上桥、铺上桥、箐口桥、贺龙桥……这些桥的名字我熟悉得可以脱口而出。我亲眼见证了迪庆的道路桥梁建设经历了一个从原始、简单的手工操作到半机械、机械化施工的发展历程。

作为一名普通的路桥人，回顾过去无数个施工的日夜，我尤为难忘。不论风霜雨雪，还是酷暑严寒，我们晴天一身灰，雨天一身泥。很多次在一个工地一待就是一两年，有时候工地未开工就进场，工程完了还在扫尾，经常会对一个工地产生浓厚的感情。虽然有时候会觉得待在工地上辛苦而枯燥，单调的生活环境也会让人变得迷茫，但是每当看到一条条通向远方、奔向致富的大道修筑完工，一条条隧道穿山而过，一座座桥梁横跨

---

① 滇藏公路丽中线于1956年开始动工，1958年10月建成通车。

两山的时候，我总觉得有一种自豪感和成就感油然而生。我们是路桥人，是工人，我们的事业非常平凡，在平凡中伟大。

图 6　当地群众和养路人一起清理路面的积雪

注：图片来源于王嘉山主编，香格里拉公路管理总段编《中甸公路管理总段志》，云南人民出版社，2004。

交通是国民经济的动脉，是人们衣食住行等基本生活不可缺少的重要环节，在国民经济发展中起着先行的作用。在藏族的文化观念里，修桥铺路是第一功德，是积善积德，藏族人民对我们感激不尽。我们在清理和养护道路的过程中，经常有群众自发加入我们的行列，有的为我们送来热乎的酥油茶。

当地干部曾对我们说："路是你们挖出来的，盐巴是靠你们运进来的，迪庆人民对你们感激不尽。"因为这一句话，我觉得这一辈子在迪庆修桥铺路是值得的。

访谈时间：2021 年 7 月 27 日
访谈地点：丽江市古城区
访　谈　人：李志农、和淑清、陈经宇、周丽梅
记　录　人：和淑清

"一根针换三个鸡蛋"的变迁

刘腾龙　口述

随着商品经济观念的不断增强，迪庆市场的日趋繁荣，"一根针换三个鸡蛋，一块砖茶换一张羊皮"的交易行为彻底退出了迪庆的历史舞台。

图1　刘腾龙照片（摄于1956年）

【简　介】刘腾龙，男，汉族，云南鹤庆人，1936年生。1951年被分配至中国人民银行丽江专区中心支行工作，曾担任会计、出纳员、计划统计员等职务。1965年作为金融工作者，到迪庆州参加恢复重建工作。1973年参与组建物资局与计划委员会，先后担任迪庆州计划委员会计划科科长、综合科科长、党支部书记。1975年被评为"迪庆州先进工作者"。1986年起工作于中国人民银行迪庆州分行。1990年退休。

1951—1965年　工作于中国人民银行丽江专区中心支行，任会计、计划统计员；

1965—1973年　受"四清"运动和"文化大革命"影响，下放至"五七干校"和农村"插队落户"；

1973—1986年　工作于迪庆州计划委员会①，任计划科科长、综合科科长、党支部书记；

1986—1990年　工作于中国人民银行迪庆州分行，任党组成员、总稽核兼党支部书记。

满腔热血，投身农村金融工作

我13岁那一年，正值新中国成立。满怀一腔热血，我踏上了革命之路。我的第一份工作是在鹤庆县人民政府当通信员，主要负责收发文件、接听电话、送信扫地等。两年后，我被选拔到专门培养民族干部的丽江专区财经训练班培训，学习统计、货币银行、财会、贸易知识等。

培训结束后，我被分配到中国人民银行丽江专区中心支行担任出纳员。当时我国的金融事业才刚起步，人才缺乏，加之业务范围广，我们每天的工作量都相当大。不论早晚，柜台前总是黑压压地挤满了人。受条件所限，我们的业务操作全靠手工，效率极低，但只要一想到银行的每一分钱都是群众的血汗钱，我们的责任感油然而生。在又黑又暗的房子里，煤油灯陪伴着我们度过了点钞的每一宿，直到账目全清、钱账入库。

20世纪中期，丽江地委为做好农村的金融信贷工作，多次抽调财贸工作人员下乡调研。我喜不自胜，这既给了我学以致用的机会，又能让我为农村工作尽绵薄之力。在出门只能靠步行、行李物品只能靠人背马驮的艰苦条件下，我坚持走访了丽江专区下辖的14个县57个区（当时总共有71个区）。仅怒江，我就去了9次。从1954年到1963年，将近整整10年，我一

---

① 1973年，迪庆州计划委员会成立。1983年9月，州级机构改革后，撤销计划委员会、经济委员会、财贸办、农林办，组建迪庆州计划经济委员会。

图 2　1951 年丽江专区财经训练班第二届毕业生（第二排左三为刘腾龙）

共走了一万多公里路。一路上，饿了，就吃冷饭；渴了，就喝山上流下来的泉水。哪怕脚上打了血泡，依然强忍疼痛，坚持走遍每个辖区和生产点。

走访期间，我有两项任务。一是帮助丽江专区各县筹建农村信用合作社，开展农业信贷工作。丽江属于汉族和少数民族杂居的边疆民族地区，农村经济十分落后，农民生活极为困苦。一旦遇上红白喜事或灾荒，农民经常发生借贷关系。最早的借贷纯出于亲友互助，免收利息；后来逐渐演变为无利不贷，甚至以高利贷为主。1953 年 8 月，中国人民银行丽江专区中心支行成立工作组，在漾西试办农村信用合作社（以下简称信用社）。为改善百姓的生活，使其免受高利贷的剥削，信用社放出用于生产生活的农业贷款，广受当地百姓好评。在建社取得经验的基础上，依据"积极领导，稳步发展"的方针，我们陆续铺开建社工作。

仅 1954 年我一人在丽江、永胜、华坪三县就创办了九个乡社，但建社工作不断铺开，人手不足是一个大问题，我们只能从周边农牧民中选拔工作人员。他们大多才识字，而且缺乏专业技能。我们只能采取"边学边做、边做边学、学用结合、急用先学"的办法，手把手地教他们珠算加减法、点钞结息、记账结账、做传票及鉴别假钞等。信用社工作业务烦琐，但事关百姓，所以我们既严格要求他们，也时刻警示自己作为金融工作者的首要任务是帮助群众恢复和发展生产。空余时间，我们便主动向群众介

· 279 ·

绍信用社的业务范围，宣传国家对边疆少数民族地区的特殊优惠扶持政策，讲解信用社在支持农田水利建设、畜牧业发展、农村小水电站建设、农业机具购置等方面发挥的作用。

至1958年，丽江专区建社工作全面完成，形成了以国家银行为领导，以信用社为基础，服务于农业生产和农民生活的农村金融网络。信用社的建成既解决了人民群众生产生活的具体困难，支持农村经济发展，又限制了高利贷的盘剥，对调剂农村资金余缺发挥着重要作用，受到了农民的广泛欢迎和支持，群众都说："共产党、毛主席就是好，处处想着老百姓。"

我的第二项工作就是运送人民币至各县，统一货币。解放初期的丽江各县有少量货币流通，如纸币、银圆、缅币等，但没有统一的兑换率。百姓的物物交换是在不等价基础上进行的。有的农民用三个鸡蛋才换得一根针，有的用一张羊皮才换得一块砖茶。市面上货币币值极不稳定，今天可以买到一匹布的币值，到了明天可能就只能买到几尺，到了后天可能就禁用成为废纸。加上受到解放前连续多年通货膨胀遗留问题的影响，第一套人民币面额大，单位价值低，纸张质量差。不等价交换、货币不统一、币值不稳定以及人民币面额较大给各族人民的生产生活带来了极大的不便，制约了当地经济的发展。发行新币，占领货币流通阵地，稳定币值的任务迫在眉睫。

1955年3月，中国人民银行在全国正式发行第二套人民币（俗称五三版），同时回收第一套人民币，新、旧币兑换率为1∶10000。为能及时将新币运送至各县，确保新币准时发行，我带着12名警卫、4名员工手持短枪，穿着草鞋跋山涉水、小心护卫，终于提前将150多箱每箱重40—50市斤的第二套人民币如期送至碧江、兰坪、福贡、贡山、泸水五个县的中国人民银行。全程步行32天，计1900多公里。自那以后，丽江市场上开始出现了背面印有蒙古文、维吾尔文、藏文三种少数民族文字，面额1分、2分、5分、1角、2角、5角、1元、2元、3元、5元共10种货币。之后，丽江专区的交易计价、契约、合同、单据、凭证、账簿记载及国际的清算等均以第二套人民币为计算单位，对全区的经济变革和社会建设具有重要意义。

我们计划科人员很少，其中办事人员二人，一人管现金出纳计划兼管金库；我管综合信贷兼长途押运送款到各县，先后十余次奔赴各县。1955年4月向中甸送款12箱，雇用藏族马帮6匹马，只有本单位警卫一人相陪。马帮均在野外露宿，便于牧马，野宿六天方到达。1962年12月向怒江送发行基金400多万元，雇用运输单位敞篷货车，仍由本单位警卫一人陪同，整车40余箱。不料中途汽车多次抛锚，夜间只能歇在中途旅社门口。我俩轮流去吃饭、方便，不敢离车半步，亦不敢在车上点蜡烛。返回时，又带回各县收兑的黄金、白银32箱。两次送款，没有出现差错和安全事故。

图3 1961年德钦县会计训练班的藏族学员在学习珠算

注：图片来源于https://m.sohu.com/a/342264738_100020044。

1973年以前，怒江州、迪庆州支行由丽江专区中心支行领导和管理，但由于两州支行与丽江中心支行相去甚远，且业务繁杂，中心支行难以高效应对。1965年，中心支行决定成立迪庆州、怒江州银行业务工作组，我被安排到迪庆，主持组建迪庆州分行（当时称办事处）的工作。

组建计划组，开创迪庆经贸工作

刚到迪庆，正值"四清"运动开始，一切工作停顿了下来。1966年5

月7日，毛主席发布"五七指示"，要求全国各行各业都要办成一个大学校，既要学政治、学军事、学文化，又要办一些中小工厂，从事农副业生产。按照指示，1968年，迪庆州与中甸县大批机关干部下放劳动，开办"五七干校"，包括我在内的诸多州、县干部被下放到金江"五七干校"参加砍柴、担粪、挑水、打场晒粮、锄地施肥等劳动，州革委会财贸组仅保留分配预算、拨款、核销支出等工作内容。1968年12月，毛主席发布"知识青年到农村去，接受贫下中农的再教育，很有必要"的指示，"五七干校"撤销。1971年，我与妻儿来到虎跳江公社的里仁大队松园生产队插队落户当农民，与当地农民同吃同住同劳动。

迫于生计，里仁村的年轻人都选择外出务工，村里只剩下了老弱病残。民以食为天，吃饱饭一直是百姓的第一大难题。不久，我担任组长，带着村民每天早出晚归，天不亮就披衣下地，天黑才收工。迪庆高原日照时间长、紫外线强，农民早已习惯把羊血涂在脸颊上防晒；而我全脸暴露在强烈的阳光下，风吹日晒，很快就脱了一层皮，变得黑红，就连头发也被烤黄，一梳就断。一天劳动下来，累得腰酸背痛、手软腿麻，双手满是厚茧，又红又肿，还常常渗出血。但一觉醒来，又恢复了精神，开始了与天斗、与地斗的改天换地的战斗！

1971年12月，结束插队落户，我被调回机关。那段同甘共苦的经历，我与当地人建立了深厚的感情，促使我在任何时候思考和解决问题时，都能更多顾及老百姓的利益，将改善他们的生产生活条件当作自己义不容辞的责任。

回到机关，我参加了组建迪庆州农机物资管理服务站的工作。在计划经济时期，该服务站的任务是遵循国家"发展经济、保障供给"的经济工作方针和"统一计划、分级管理"、"保证重点、兼顾一般"的物资供应政策，开展物资购销供应，我负责了一年的采购工作。

1973年，迪庆藏族自治州结束由丽江代管的历史，正式作为独立建制由中共云南省委、省革委会（省政府）领导，行使民族区域自治权利，有关财务、计划、统计等各项业务均对接省级有关部门，彻底改变了1957年建州后一直由丽江代管的局面。为确保迪庆社会在脱离代管后仍能平稳有序运转，云南省委下拨 180 万元经费，帮助迪庆进行社会建设，并将丽江地委、行署的干部调配到迪庆各个部门。在此背景下，我被派往迪庆州计划委员会工作。

迪庆州计划委员会业务广泛、责任重大，主管全州经济计划、劳动工资、基建、物价、物资管理分配等工作。刚成立时，我们人手少且对业务不熟悉，我算是比较熟悉业务的，所以在承担本职工作之余，还需要帮助同事写计划、做报表、做总结。

除常规物资分配工作和基建投资安排外，我还要协助财政部门做好国家对民族地区财政专项补助资金的落实工作。从 20 世纪 50 年代开始，国家对民族地区实行"统收统支，不足补助""提高预备费的设置比例"（比一般地区高 2 个百分点）等财政优惠政策，具体包含收支差额补助、定额补助款、各项专款补助、转移支付补助、涉藏地区专项发展补助和其他补助款项等。我们严格按照上级规定，对地方实行财政"统收统支"和部分地方税收自主管理，并在不同历史时期财政体制的变动中，逐步设立财政专项，以满足迪庆地区财政资金的特殊支出需求。如在农业税征收上，依据不同地区情况，采取依率计征的方法。坚持"少要多给"的照顾原则，以各项优惠政策，丰富民族地区市场，鼓励帮助各族群众进行商品交易。对特殊供应偏紧的商品实行计划供应，保证需要；对农副产品实行收购最低限价，使各族人民生产的产品能够维持正常的收入；对重要物资实行最高限价，亏损则由国家财政补贴；其余部分商品实行价格（运费）补贴，实现城乡同价等。

留住人才，为高寒待遇奔走

20 世纪五六十年代，为鼓励职工到边远艰苦地区工作，本着适当照顾重点发展地区和艰苦地区的原则，我国划分了 11 类工资区，规定以一类地区为基准，每高一类，工资标准增加 3%。云南省委划分了一、三、六、十、十一类五类工资区。照此规定，昆明市与迪庆州府中甸县属同等工资区（六类），工资福利待遇相同，这与迪庆地区的海拔、气候条件、生活条件、艰苦程度、物价水平完全不相匹配。外地干部不愿进高原，当地干部想方设法调往内地，使得迪庆人才匮乏问题雪上加霜，人才成了制约整个迪庆发展的主要问题。

1976年州委、州政府组织考察组，前往迪庆周边的西藏昌都的芒康及四川甘孜州的乡城、稻城、得荣等涉藏县，开展物价水平和工资待遇等情况调研。调研显示，相比于迪庆，以上地区在社会发展、基础设施建设等方面不如迪庆，但在干部职工工资待遇方面，迪庆和这些地区的差距可谓"一个地下，一个天上"。差距首先体现在下乡条件上，在西藏昌都、四川甘孜下辖的各区乡，一领导干部下基层，村委会就安排每家每户轮流向干部"派饭"，为干部做好食宿安排。而迪庆的干部下乡，往往是自扛背包、自背粮食、自找住宿点，就连白天吃饭，也是自找石头搭建"灶台"，烧火做饭。在职工工资待遇方面，芒康县、巴塘县、理塘县同属十一类区，这三县干部在基本工资外，还享有占工资总额80%的高寒补贴。

调研归来，我们深感迪庆干部的不易。在州革命委员会的安排下，计划委员会代表迪庆州向省委及中央反映情况。报告逐一说明了迪庆州特殊的地理环境、气候条件、社会经济面貌和干部的工资待遇状况等。令人欣喜的是，国家劳动总局高度重视我们反映的问题，特意派人来昆明听取汇报。1977年11月28日，国家劳动总局下发文件，从1977年10月1日起，国家对云南省中甸、德钦两个生活条件比较艰苦的县的国家机关、事业单位和企业工人、干部职工实行地区生活费补贴。其中，中甸县每人每月补5元，德钦县每人每月补6.5元。1980年9月，云南省委在此基础上，为中甸、德钦两县职工再分别增加补贴8.5元和10元。云南省委考虑迪庆冬季漫长寒冷，干部职工顶风冒雪地坚守岗位，工作环境艰苦的情况，增加了每年5个月个人取暖费用的补贴。[①]

尽管如此，迪庆的待遇问题依然与毗邻的四川甘孜州、西藏昌都有较大差距，干部职工反应强烈。时任州委书记李国良、州长李玉芳同志带队前往毗邻地区深入调研，1984年12月19日至24日，迪庆州委常委在昆

---

① 原定每年取暖期为9个月（上年9月至下年5月），每人每日烤火木炭2市斤（单价0.03元），专供办公室使用。

明向云南省委做专题汇报。会后，中共云南省委发布文件，"省委同意迪庆州的干部工人从1985年1月1日起，比照毗邻的四川甘孜、西藏昌都干部职工现在所享受的工资福利待遇的总水平靠上去"。从1985年开始，对迪庆州干部工人不同的海拔和工作生活条件实行高寒补贴，对德钦、中甸、维西、江边区别对待，其补助标准为基本工资的63.04%、58.04%、53.04%、43.04%，并对干部职工的退休年龄和休假等制度出台了特殊政策，极大调动了迪庆干部职工的工作积极性。

迪庆工资待遇补贴政策的出台，使许多原本在丽江、大理等地工作的迪庆本地人纷纷请调，回到迪庆工作；而在迪庆工作的外地干部也动员家人来此安家落户。干部职工工资待遇的提高，为迪庆培养人才、留住人才、吸引人才、激励人才做出了重要的贡献。

图4 1988年刘腾龙在梅里雪山前留影

迪庆巨变背后的外地干部

在党中央的领导及迪庆各民族的努力下，迪庆已成了全国最稳定的涉藏地区及全国民族团结进步示范区之一，稳定、团结、繁荣是新时代迪庆的美好形象。但在 20 世纪中期，迪庆州完全是另外一番模样，地域封闭，社会混乱，人民生活处于极度贫困状态。

迪庆的繁荣发展，离不开稳定的社会秩序。迪庆社会保持稳定的背后，自然离不开千千万万个外地干部在迪庆所扮演的关键角色、所贡献的特殊力量。外地干部在迪庆所发挥的作用，我在此概括为三点。

第一是稳住地方形势，着力消除历史遗留下来的民族歧视和民族隔阂，促进各民族团结发展。解放前，受国民党残余势力离间破坏，和统治阶层有意制造民族间和民族头人间矛盾的影响，迪庆社会斗争形势严峻，宗教派别错综复杂，群众之间械斗不止，民族矛盾、阶级矛盾、敌我矛盾的交织严重阻碍当地发展。解放后，一批批外地干部以民族工作队队员的身份，在党和政府的领导下，进驻迪庆、扎根迪庆，随当地老百姓同吃同住同劳动。随后他们投身于教育、卫生、贸易等各项社会主义事业，帮助各族人民修房子、引水挖渠、发展生产，拿出粮食、工资接济广大劳苦贫民，以实际行动赢得了百姓的支持与信任。与此同时，他们贯彻执行"慎重稳进"和"团结、生产、进步"的工作方针，以个别谈话的形式反复做民族上层人士的疏导工作，成功调解了民族内部历史上遗留下来的纠纷和冤家械斗，逐步减少他们对共产党的对立和矛盾，继而拥护社会主义，跟共产党走。此外，他们和迪庆人民共同平息了三次武装叛乱，为迪庆的民主改革和社会主义建设做出了重要贡献，有的甚至为迪庆的革命建设事业献出了生命。这些外地干部的所作所为，促使迪庆各族人民团结一心、互谅互让、奋起拼搏，为迪庆社会的稳定繁荣奠定了基础。迪庆人民终于过上了无忧无虑、"夜不闭户"的安稳日子。

第二是传授给老百姓更多生产生活及商品贸易等方面的知识，培养百姓的商品交易观念。由于历史和社会原因，解放初期的迪庆各少数民族生产生活原始落后，商品经济观念淡薄，商品交换基本停留在对食盐、粮食、牲畜、布匹、山货、药材、茶、铜及日用百货等实行物物交换的低级阶段。我们习以为常地做买卖、讨价还价，当地人却羞于启齿。为培养、增强他们的商品意识和社会主义市场经济意识，我们大力宣传党的金融方针政策，动员、指导群众养猪、养鸡、养牛，然后把牛奶、鸡蛋、鲜肉拿去市场上交易，并加强商品交易市场规范管理，消除不等价交换的现象，帮助他们勤劳致富。为进一步促进商品市场的发展，满足群众生活需要，在州财政和工商部门支持下我们建设农贸市场，购置经营设备，组织固定的季节性物资交流会。

随着商品经济观念的不断增强，迪庆市场交易日趋繁荣，除迪庆村民外，来自兰坪、贡山、福贡、丽江、下关、保山、腾冲等地的客商和缅甸边民也纷纷到此做交易，个体工商户的蔬菜摊、肉食摊、水果摊在街头随处可见，包括工农产品、日用百货、山珍水货、肉禽蛋奶、蔬菜瓜果等交易品种高达上千种，极大地满足了城乡人民的生产生活所需。随着商品观念的逐步树立，"一根针换三个鸡蛋，一块砖茶换一张羊皮"的交易行为彻底退出了迪庆的历史舞台。

第三是大力培养和提拔少数民族干部，实现少数民族当家作主。解放初期，受当地文化观念、教育条件滞后等影响，迪庆本土干部的整体文化水平偏低，业务能力弱，进而严重影响了民族区域自治。为此，外地干部将培养当地民族干部视作义不容辞的责任和义务，他们手把手教民族干部学理论、学文化、写文案，亲自带他们下基层，提高他们的实际工作能力，充分发挥民族干部与本地群众血肉相连、懂民族语言文字的优势，带领群众前进。干部之间真正做到了以民族地区发展为大业，从而互相尊重、互相学习、密切合作、并肩战斗！

对于其中能力强、敢于担当的优秀少数民族干部，不少汉族老干部从党的事业出发，主动当副手、当参谋，帮助本地人才当主官、挑大梁。就金融工作者而言，在1957年建州时，全州财经干部职工总数不到40人，州财政科有财政管理人员5人。但到了1978年，州财政干部职工就增至141人，1990年更增至158人。经过磨炼，迪庆各少数民族干部人才队伍不断成长壮大，成了迪庆社会发展的骨干和中坚力量。

总之，外地干部从进驻迪庆高原的那一刻起，就牢记为人民服务的宗旨，肩负起了党和人民的重托，始终做到"不求名利、只求事功"，为建设迪庆、发展迪庆奉献了自己的青春年华、满腔热血，甚至是宝贵的生命。这些外地干部在高寒缺氧、任务艰巨、生活困难、语言不通的艰苦条件下，紧密团结在一起，艰苦创业、无私奉献、毫无怨言，这样的精神滋养、激励了一代又一代人，促使迪庆旧貌换了新颜！

访谈时间：2021年4月22日
访谈地点：昆明市五华区
访 谈 人：李志农、周丽梅、和淑清
记 录 人：周丽梅

六　农林牧业篇

一片林，两代人

赵治齐之子赵卫东　口述

父亲到迪庆州工作后，成为最早的一批林业技术人员之一。他和同事们克服困难，努力开创林业工作的新局面。我在迪庆31年的林业工作中，始终牢记父亲对我的谆谆教诲。我们一家两代人见证了迪庆林业一个重要的发展阶段。

图1　赵治齐照片

【简　介】赵治齐，男，白族，云南云龙县人，1938年生，2014年逝世。1959年在昆明林校结束学业后，响应国家号召赶赴迪庆州参加工作，成为州内最早的一批林业技术人员之一。1959年至1990年先后在中甸县林业局三坝林管所、中甸县水电局、迪庆州林业局工作，曾任迪庆州林业局生产计划科副科长、科长；1990年退休。

1956—1959年　就读于昆明林校；

1959—1979年　工作于中甸县林业局三坝林管所；

1979—1981年　工作于中甸县水电局；

1981—1990年　工作于迪庆州林业局，曾任生产计划科副科长、科长。

为响应国家的号召，我的父亲在20世纪50年代从大理来到迪庆工作，在迪庆工作和生活了40多年，于2014年去世。借此机会，我把父亲他们这一代外地干部在迪庆工作和生活的经历讲述出来，让后人更好地了解迪庆的这一段发展历史。

父亲的求学之路

1938年11月，我的父亲出生在大理州云龙县宝丰古镇的一户白族人家。父亲家中几代人开采井盐，做盐巴生意。宝丰古镇是古代云龙先民的发祥地之一，是一座历史悠久的老城，清代曾是云龙州治所。从汉朝起历经唐、宋、元、明、清历代王朝，云龙境内一直开采井盐。

父亲从小好学聪颖，成绩优异。1953年从云龙县考入大理师范学校读书，1955年8月被分配到楚雄州罗茨县（今禄丰市）好义小学任教。在当了一年教师之后，1956年9月，国家为培养林业干部，就把他送到昆明林校[①]读书。从林校毕业以后，父亲响应国家"到边疆去、到最艰苦的地方去"的号召，于1959年9月到迪庆工作，并一直工作到退休。

父亲曾给我讲过，他在昆明林校读书时，由于生活困难，没有回家的路费，每到学校放假，他只好留在学校，成为守宿舍的人。但他并没有觉得无聊，而是利用假期时间学习专业知识。此外，他还到学校附近的林场

---

① 昆明林校即今云南省林业职业技术学院，创建于1955年，原隶属于林业部，校址在昆明小麦溪。设有林业、森林经营、林化等专业，学制3年；设有森林采伐运输专业，学制2年。1956年起，隶属于云南省林业厅。

体验生活。艰苦的生活磨炼了他的意志，使他掌握了很多专业知识，为以后的工作奠定了坚实的基础。

不畏艰难，艰苦奋斗

父亲到迪庆州工作后，成为最早的一批林业技术人员之一。组织把他安排到中甸县林业局三坝国有林管理所（以下简称林管所）工作，在基层一待就是20年。

父亲刚到基层工作之时，遇到了很多困难，但他和同事们克服困难，努力开创林业工作的新局面。当时，林管所刚建立，工作生活条件十分艰苦，但他们没有等靠要，而是发扬自力更生、艰苦奋斗的精神，一边搞建设，一边开展林业工作。当时迪庆州境内还有土匪活动，父亲他们下乡时都要带着枪，以防不测。三坝①是一个典型的多民族聚居的地方，除了纳西族以外，还有藏族、彝族、汉族、回族、傈僳族等民族，其中纳西族占总人口的一半以上。在这些地方工作，如果一点少数民族语言都不懂，就很难开展工作，更别说做宣传工作了。所以父亲考虑到工作方便，也学了一些少数民族日常用语。有时候我跟他去村里，遇到村民时，父亲会用少数民族语言来打招呼，跟村民拉家常，亲如一家人，工作在轻松的氛围中进行。

当时三坝公社还没有公路，物资运输全靠人背马驮。林管所的工作人员下乡也全靠双腿，外出到县城开会，要走两三天。父亲他们经常走的有三条崎岖不平的羊肠小道，一条是从白地经过安南、九龙到达县城，走得快也要三天，路途较远，需要露宿两晚；另一条是从虎跳峡沿金沙江小道至桥头，再搭便车至县城，需要两三天，这条路有20多公里在悬崖峭壁上，经常会遇到落石和流沙，十分危险；还有一条小路需要翻越海拔近5000米的哈巴雪山垭口至土官村，再搭便车至县城，雪门坎垭口冬季积雪超过一米，需要在早晨积雪还未融化时通过，否则会陷入雪中寸步难行，危及生命。

---

① 1950年6月，三坝乡成立。1958年，成立三坝公社，1962年改为三坝区，1968年复改为三坝公社，1984年改为三坝区，1988年改为三坝乡，1989年改为三坝纳西族乡。

春去秋来，促进林业发展

因为迪庆地广人稀，是云南省的大林区，父亲他们的工作任务十分繁重，主要负责森林防火、推广经济林木等。随着季节的变化，父亲的工作重心也有所不同。

每年的秋冬季，他们的主要工作是森林防火。当时的森林防火设备等各方面的条件，都不如现在这样好，加之很多村寨冬季会烧一些灌木林地以扩大牧场（当时经报批后，可以在划定的区域烧牧场），稍有不慎，就会引发森林火灾。父亲他们负责的林区每年都会发生多起森林火灾，只要什么地方发生森林火灾了，他们就要马上出发。有时候在山上一待就好几个星期，在野外露宿，带一些简单的行李和干粮，待到火完全扑灭了他们才会下山。当时父亲的行装有：一张彝族人用的披毡（披毡围在身上，既可以挡风遮雨，夜晚又可以直接用来躺着睡），一个军用水壶，一个用牦牛毛编制成的马桶包（主要用来放青稞炒面等干粮）。他们的装束与当地村民没有两样。林管所里有几匹马，是所里最重要的交通工具。每匹马每个月有30多斤的供应饲料，有时候下乡，行程远一点的话，父亲他们就用那些马驮东西。

到了春夏季节，父亲他们又开启另一项工作——推广经济林木。在三坝，原来只有少许梨树、苹果树的老品种，产量低，仅供自用。后来，父亲他们到昆明、大理、丽江多地考察调研，寻找苹果、梨、花椒的优良品种，并把它们在三坝推广。刚开始，他们在推广经济林木时碰到许多困难，很多村民思想比较保守，不愿意接受新事物，树苗送到家也没人要。为了改变不利的局面，父亲他们就利用林管所的几亩地，建起了经济林苗圃和种植基地，林管所培育了苹果、梨、花椒等十几种经济林苗木。很多苗木是父亲他们在砧木上嫁接的，常用的砧木是山荆子树，最常用的嫁接方法是切接法，在树木离地面5—7厘米处，将砧木剪断削平，垂直下切，然后将接穗下端削出一个2—3厘米的斜面，再将接穗插入砧木中，用麻绳绑紧，在创口处涂上烧化的沥青或蜡（如今已用塑料薄膜替代），以防止

图 2　赵治齐在大雪天深入林区检查工作

水分蒸发和伤口处真菌感染。嫁接之后，还需要经常观察发芽情况，把合格的苗木发放给村民。林管所有几块地是专门用来种植从外地引入的经济林木新品种的，水果成熟时，父亲他们就拿给村民品尝，村民们觉得这些水果很好吃，纷纷向林管所要苗木，后来苗木供不应求。

为了解决种苗不足的问题，扩大栽培面积，提高成活率和水果的品质，父亲和他的同事手把手给村民培训经济林木的嫁接、修枝、施肥、病虫害防治等技术。自家的菜园成了经济林木的"推广站"。父亲把我家的房前屋后和菜园都种上各种各样的果树，回家时经常带一些苗木分发给村子里的农户。在林管所的不懈努力下，三坝成为迪庆州经济林木发展最好的乡镇。很多农户都在房前屋后种上了各种果树，有的还建起了果园，除了供自家吃以外，还卖到了县城，增加了农户的经济收入。

参与公路测量工程，推广青储饲料①技术

除了做林业工作，父亲还在三坝公社参与过大大小小的民生工程建设。我父亲在读林校时，学习过公路测量。毕业以后，他苦钻技术，能力比较强。20世纪80年代前，三坝并无公路，人们出行十分困难，交通成为制约三坝经济发展最主要的障碍。20世纪70年代后期，当地通过销售木材购入一台日本推土机，决定修建从县城至三坝的公路。当时没有修路的经费，所以只能发扬自力更生的精神，唯一的一台推土机成为修路的主要工具，修路工人主要从各大队中抽调并组成民工连。当时，公社书记得知我父亲懂公路测量技术，就把他抽调到公路指挥部，专门负责公路测量。他们一边测量一边挖路，用两年的时间把路修到了三坝公社所在地白地，从此三坝有了第一条公路。当时在中甸第四中学读初中的我第一次见到了汽车。

20世纪70年代，三坝公社决定开发地处哈巴雪山上的钨矿厂，当时的公社书记经常会带我父亲去参与厂矿的勘测等事宜。我小的时候跟父亲到山上，他常常拿起一些矿石，给我讲各种矿石的特点和用途。在我的印象中，父亲是一个善于学习、知识丰富的人。

前段时间我回老家，发现村子里很多人家在用青储饲料，每家都放有几十桶。有一位长辈激动地说道："大概在七八十年代，你的父亲就跟我们说过青储饲料的事情。"原来，老家几乎每家每户都饲养牛、羊，可是冬季饲草缺乏是当时摆在农户面前的难题。我父亲就跟乡亲们讲，有一种技术可以把农作物秸秆等做成青储饲料，青储饲料耐储存而且更有营养，这样就可以解决冬季饲草不足的问题。当时，父亲还耐心地给他们讲解如何制作青储饲料，但那时候信息渠道不畅通，许多老百姓都没有听说过青

---

① 青储饲料，也被称为青贮饲料，是指含有足够水分、切成适当长度的作物青刈全植株、果穗、去穗整株或粮粒，置于密闭建筑物内，必要时加入适量添加剂或防腐剂，经过一定时间的发酵作用所制得的产品。青储原料一般需要2—3周的青储时间，相继经历好气（有氧）呼吸和厌气（缺氧）呼吸，最终形成富含乳酸、醋酸和氨基酸的青储饲料。

储饲料，很难接受这种新事物，就没能推广成功。这两年，青储饲料被当地引进。这位长辈对我说，父亲当年跟他说的技术就是关于青储饲料的。他说："你父亲是一个有技术、有远见、知识渊博的人。"父亲当时是如何了解青储饲料的技术的，我不得而知，他可能从书本上学的，也可能在外地学习考察时了解过，而且很想在当地推广这项技术，为老百姓谋福利。在20世纪80年代，适逢冬季，百姓没有多余的食物，就在家里提前砌一个台子，把作物用闸刀闸小，做青储饲料。青储饲料主要用作菜牛和奶牛饲料，也可饲喂猪、牛、羊。青储饲料多汁、耐储、营养丰富，不易变质，是应用广泛的饲料。

努力钻研，建水电站

1979年7月，父亲被调到中甸县水电局工作。对于父亲而言，这是一项全新的工作，他从来没有接受过有关水电方面的知识学习和专业训练。但他很善于学习，在我读高中的时候，就多次目睹他为建设小水电站，自主学习并钻研画图纸。

在此之前，整个中甸县境内只有一个小型水电站，即思伟电站。该电站仅能满足州政府所在地中甸县城的照明用电需求。当时全县公社一级还没有小电站，农村照明完全依靠松明，烟熏火燎，使人们苦不堪言。

为了解决广大农村的供电及照明问题，中甸县筹备建设小型水电站，父亲就是在这一时期被调到了县水电局。在县水电局工作的两年时间里，作为技术人员，父亲大部分时间还是在基层度过。

建设水电站，首先要寻找合适的水源，还要满足建设水电站的高差等条件，这是关键所在；然后建厂房、安装设备，测量和架设输电线。每建设一个水电站，父亲和他的同事需要完成选址、测量、设计、施工技术指导等一系列工作。在父亲他们的努力下，这一时期，中甸县建设了三坝哈巴电站、安南电站、桥头俄迪电站、尼西汤满河电站等多座小型水电站，基本解决了农村照明用电问题。

森工采伐和经营的管理者

1981年7月,州里面要求林业干部要"归队",我的父亲就又被调到迪庆州林业局工作。当时,迪庆州是一个名副其实的依靠"木头财政"的地方,全州财政收入的80%以上都要靠木材销售,森工采伐盛行,国家把东北的一支森工队伍调到了迪庆州,当时的小中甸林业局人最多的时候差不多有3000人。

除了省属森工企业以外,州、县也有木材公司,乡里面还有一些采育场,木材采伐搞得热火朝天。我父亲回到林业局工作以后,先后担任生产计划科副科长、科长。生产计划科专管木材采伐指标(采伐限额)、林区划拨、木材生产销售和采伐迹地更新。木材采伐指标是办理木材采伐证的先决条件,没有采伐指标就无法办理采伐证,有了指标才可以按计划来采伐木材,还要凭木材运输小票才能外运。

除管理木材采伐指标和运输小票外,父亲还要经常到各级森工企业检查工作,要去检查企业是否按下达的指标采伐木材,木材生产有没有出现浪费现象,采伐迹地有没有及时恢复造林等。有时一去,父亲就在林区住上一两个星期。为了提高迪庆州森工企业的经营和管理水平,父亲多次带队到东北伊春等森工发达地区学习考察森工采伐和经营管理,还到湖北等地了解木材销售情况,并把学到的经验带回来,结合地方实际贯彻落实,使迪庆州的森林采伐、迹地更新等技术水平有了较大的提高。

生产计划科是一个非常重要的部门,很多人都想钻空子,想同父亲拉关系以走后门。一天,一位木材老板拎着一大摞烟酒登门,找到我家。我父亲看到后非常生气,严厉地批评了这位木材老板。"木材是国家的重要物资,木材指标是层层下达和严格管理的,绝对不可能私下交易。"最后,父亲把他轰了出去,并让他把带来的东西拿走。可这位木材老板十分顽固,并没有拿走,我父亲就把他带来的东西都丢了出去。事后,我母亲对父亲说:"你不办也就罢了,但不应该做得这么绝情。"父亲回答道:"对这些想钻空子的人,一点面子也不能给,这是我的立场。"父亲在州林业

图3 赵治齐（前排右一）到东北林区考察学习森工采伐及采伐迹地更新

局生产科这个岗位上工作了十来年，没出现一点问题，一直认认真真做事，清清白白做人，体现了他严于律己、大公无私的精神。

图4 赵治齐到北京学习照片

发挥余热，为生态保护做贡献

父亲退休后，90年代，中甸县实施国家的生态综合治理项目，县发改委聘请他担任项目监理三年。该项目是一个集林业、水利、农牧为一体的生态综合治理项目，建设内容包括造林、水土流失治理、退牧还草、坡改梯等，对监理工作要求比较高。

父亲充分发挥他的技术优势，认真履行监理职责，使该项目得以顺利实施，并圆满完成。聘请方对他的工作十分满意。当时参与该项目的一位农牧局的工作人员告诉我，"你父亲对监理工作太负责了"。有些项目点太偏僻，投资规模又不大，建设单位的人对他说，"你年纪大了，身体又不怎么好，我们认真做了，你放心好了，就不用亲自到项目点检查了"。但是，父亲依然坚持到项目点实地检查后才放心。

有一次，父亲他们到一个项目点检查工作，足足走了十个小时，回来后父亲生病了。可是他从来没有抱怨过苦，抱怨过累。父亲就是这样一个对工作认真负责、一丝不苟的人。

融入地方，一家两代林业人

我的母亲是迪庆香格里拉三坝人，我小时候跟母亲一起在农村长大，当时我总觉得我父亲讲话有些奇怪，口音跟当地人不一样。等我长大一点的时候，人家告诉我，父亲是从大理那边过来的，我才清楚为什么他的口音跟本地人不一样。

我的母亲是三坝哈巴村的回族人。迪庆回族人口很少，过去听老人讲，大概在清朝乾隆年间，迪庆矿业兴旺，需要采矿的技术工，母亲的祖辈们就从陕西宝鸡等地迁到了迪庆。父亲工作时大部分时间都在乡里，一来二去，就认识了母亲，与母亲结婚，在农村组建了家庭。母亲是回族人，所以在生活方面与其他民族有所差异，但父亲一辈子都做到了尊重回族的风俗习惯。

我的父母结婚以后，虽然父亲的工作地点离家也就20多公里，但父亲回来的次数不多，有时几个月才能够回来一次。父亲回家的时候是我最开心的时候，能吃上几颗水果糖，他还会给我们讲一些外面的事情。父亲在家时几乎没有休息的时间，家里盖一间木楞房，父亲都准备了好几年。盖房所用木材全是由父亲从山上一点一点扛回来的，父亲还要帮我母亲砍柴，我家用的装粮食的柜子、桌椅板凳都是由父亲做的，他的手艺很好。

在迪庆这么多年，父亲完全融入了那里。酥油、糌粑是他每天都离不开的食物。父亲回云龙老家时，送给亲戚朋友的礼品也是酥油、奶渣这些迪庆的特产，他说这是迪庆最好的礼品。

父亲的所作所为对我们的影响很大，他经常教育我们，一定要堂堂正正、清清白白做人。1985年在我高中毕业填报志愿时，我本想报考农业遗传育种专业，但深受父亲的影响，最终还是考到了华南农业大学林学系。毕业分配工作时，我有机会留在外地。但父亲来信说："迪庆是大林区，人才比较缺乏，回家乡从事林业工作，你也可以做很多事情。"于是，大学毕业后，我听从了父亲的建议，回到迪庆工作，先后在中甸县林业联营公司、迪庆州林业局、云南白马雪山国家级自然保护区管理局工作，一直在林业战线从事专业技术工作，直至2020年退休。在我31年的林业工作中，我始终牢记父亲对我的谆谆教诲，刻苦钻研技术，从一名技术员做起，成为迪庆州林业系统第一个获得正高级职称的专业技术人员，还先后获得云南省有突出贡献的优秀专业技术人才、全国优秀科技工作者等荣誉称号。

我的兄弟也在林业单位工作，他以前在州木材公司工作，后来又到格咱国有林场工作。在一次森林火灾抢险中，我的兄弟突发心肌梗死而殉职，倒在了火场上，那年他才46岁。

我们一家两代人见证了迪庆林业的重要的发展历程。如今，迪庆林业已进入一个新的发展时期，生态保护成为迪庆林业的首要任务。相信在一代代林业人的不懈努力下，迪庆林业的将来一定会越来越好。

父亲临终时，给我们留了一封遗书。上面写着："我想要火化后树葬,因为骨灰埋在树下还可以成为营养,促进树木生长,这是最好的归宿。"

访谈时间：2021 年 12 月 30 日
访谈地点：昆明市五华区
访 谈 人：李志农、周丽梅、张佩佩
记 录 人：张佩佩、周丽梅

高原种菜人

吕勤贵　口述

"填补迪庆高原蔬菜种植的空白,丰富当地群众的'菜篮子'"是我初到迪庆时就下定的决心。30多年的实践证明,藏族人民需要我,我更离不开藏族人民。

图 1　吕勤贵照片

【简　介】吕勤贵,男,汉族,云南元江人,1936年生。1957年毕业于昆明农校,在迪庆从事农业科技工作30多年,先后主持"中甸高原蔬菜栽培示范推广""高寒地区塑料日光温室种植蔬菜技术开发"等项目。在海拔3200多米、气候严寒、霜期长的高原上,设立科技示范户,带动农民种植蔬菜,并推广到全州,缓解了高原蔬菜供应短缺的问题。曾获全国民族团结进步先进个人、云南省农业科技推广先进工作者、云南省有突出贡献的优秀专业技术人才等称号,享受国务院政府特殊津贴。

1957—1962 年　工作于迪庆州人民委员会农林水务科;

1962—1979 年　回老家参加农业生产劳动;

1979—1991 年　工作于迪庆州农业科学研究所,从农业技术员晋升为助理农艺师、高级农艺师、调研员;

1991 年退休后先后接受州农科所、州科委、州科协、州种子管理站和中甸县科委的返聘,参与蔬菜科技培训技术指导、撰写科技论文和教材等工作。

高原"无菜"之苦

1957 年秋,从云南省农校植物保护专业毕业后,为响应国家"到边疆去,到艰苦的地方去,到祖国最需要的地方去"的号召,我和其他六名同学①一同被分配到刚成立的迪庆藏族自治州。作为第一批外来的农业科技工作者,我们都全身心投入农业科技的研究、推广和应用中。

刚进入工作岗位不到一年,一顶"右派"的帽子就扣到了我头上,但我没有被逆境磨灭意志,被遣返回乡后,在自家的两分地上坚持搞蔬菜种植试验。1979 年 2 月,脱掉"右派"帽子的我再次回到迪庆高原,我学藏语、搞科研,这一待,就是一辈子。

寒冷的迪庆高原平均海拔 3000 多米,霜期长且全年长冬无夏,藏民没有种植蔬菜的习惯。1953 年以前,当地藏民基本上以酥油茶代菜,只有少部分农户种植零星的葱、蒜、萝卜。1953 年马铃薯在迪庆推广种植成功,很快成为高原地区的优势作物,给高原藏民增加了一个新的蔬菜品种。但是,马铃薯仅能在 8 月至下一年 3 月实现自给,其他时候仍要靠从内地调入。因此人们饮食单调,一日三餐基本都是酥油茶和糌粑。新鲜蔬菜只能

---

① 据吕勤贵口述,1957 年一起毕业分配来的还有来自昆明、临沧、玉溪、大理的刘智、张诚明、吕家禄、解世毅、普光显、胡昆秀;1968 年又分配来朱以约等一批大学毕业生,都为迪庆的农业和畜牧业发展做出了贡献。

· 304 ·

从大理、丽江等地调入，价格昂贵且品种单一，加上经过长途运输的颠簸和挤压，基本成了"蔫菜""黄菜"。当时处于计划经济时期，经营蔬菜的企业年年亏损，国家每年要安排数万元资金弥补，企业积极性不高，调入的蔬菜不仅价高质次，而且不够供应，"有钱难买好蔬菜"是当时的真实写照。

在运输靠人背马驮的年代，居民吃菜比吃肉难。到冬春季节，外来职工和驻军大多食用干马铃薯片、干板菜①和干蔓菁花等，偶尔食用竹叶菜、蕨菜、香椿、车前草等野菜，这种状况一直持续到20世纪80年代初。机关职工普遍反映"迪庆高原之苦，一方面是海拔高、气候寒冷，更主要的一方面是漫长的冬季吃不到新鲜蔬菜，饮食单调难以适应"。为此，我们提出了发展高原蔬菜种植、改善藏民膳食结构、解决城镇居民吃菜难问题的工作计划并着手实施。

引进良种，设立科技示范户

迪庆地处高海拔地区，地势结构复杂，海拔高差达5000多米②。汉族、纳西族、白族主要聚居在澜沧江、金沙江、腊普河两岸的河谷地区，海拔基本在2000米以下，气候适宜，土壤肥沃，灌溉条件好，可种植夏菜、冬菜各一季。尽管蔬菜生产时间短、种类少，但基本能实现自给。而藏族主要分布的半山区和高原坝区海拔在3000—4000米，四周雪岭连绵，气候高寒，不少耕地坡度大，跑土、跑水又跑肥，农作物生长条件差，单产不高。在这样的自然条件下，藏族群众不具备种植蔬菜的条件，也没有这样的习惯。为了摸清各种蔬菜在高海拔地区的生长发育规律，找准科学的种植方法，我白天到试验田里进行播种、育秧、栽种等试验，晚上则查阅资料，自学相关专业书籍。

---

① 干板菜即晒干的蔬菜，其制作方法是将白菜或者青菜洗净后在开水中浸泡，待菜叶变色后取出晒干数日。
② 迪庆州最高点在德钦太子雪山主峰卡瓦格博峰，海拔为6740米；最低点在维西县的维登乡碧玉河入澜沧江口，海拔为1486米，高差5254米。

从迪庆高寒地区的气候和耕地条件出发,1980年,农科所成立了"中甸高原蔬菜栽培示范推广"课题组,由我担任主持人。我们主要运用玻璃温室、塑料薄膜小拱棚育苗、地膜覆盖、良种引进等手段,通过科学试验,希望在中甸高原种出优质高产的蔬菜,在此基础上通过设立科技示范户、举办技术培训等方式在全州推广蔬菜种植。第一年,我们从北京、山东、浙江、昆明、丽江等地引入了北京大白菜、丽江包包菜[①]、芥蓝等蔬菜良种进行引种栽培试验。我们发现以往露天育秧然后种植的老品种小白菜在迪庆一年只能种一季,而且亩产较低,一般只能在1500斤左右。引进良种之后,我们尝试在塑料拱棚和玻璃温室里育秧并采取间套种技术,将香葱、青菜、白菜、叶用芥菜轮流换茬种植,实现了一年收三茬的突破,综合产量达到每亩3000斤。

1983年,我们筛选出若干适宜在中甸高原地区推广种植的优良菜种,并首次在中心镇仓房街的农户家进行栽培试验。当年4月,我们栽种了结球甘蓝,并留出足够的株距同期种植小白菜、菠菜和香葱。5—7月即可收获早熟结球甘蓝、小白菜、菠菜和香葱,8—9月可收获中熟结球甘蓝,到10月收获晚熟结球甘蓝。那一次的综合亩产高达6000斤,经济收入达1610.81元。随后,我们便开始在大中甸、中心镇进行蔬菜良种良法示范,无偿提供菜种、菜秧,采用各种形式的培训指导机关、学校、驻军单位种植蔬菜。

受高原气候条件影响,藏族农民群众根本不相信在高原上能种出蔬菜,这是蔬菜示范推广过程中除了语言障碍以外的又一个困难。为此,我们充分利用当地群众到试验地参观的机会,到市场上买菜的时机,逢人就宣传科学种菜。在县里开两会时,我和农科所所长背着菜秧和菜种,利用休会的间隙挨个向代表团宣传推广,苦口婆心请求会议代表们带回去尝试种植。

迪庆高原掀起"种菜热""卖菜热"

1984年到1986年,州农科所用玻璃温室、塑料拱棚培育了大量的良

---

① 包包菜即结球甘蓝,又称卷心菜。

种菜秧。到了栽种季节，我们全所干部职工出动，分别前往大中甸、小中甸农村向农民免费发放菜秧，进行种植技术现场培训。我们还鼓励农户转变思想观念，将蔬菜运到市场出售。可喜的是，每天天一亮，很多科技示范户的妇女用竹筐装上新鲜的白绿色包包菜，背到三公里外的农贸市场进行销售，这既活跃了市场，又增加了家庭收入。迪庆高原很快形成了"种菜热""卖菜热"的局面，结束了当地农牧民不种商品蔬菜的历史。

1985年至1987年三年间，高原地区4乡2镇蔬菜年种植面积近500亩，比1980年增长了8倍，增加了乡村居民的蔬菜量，改变了当地的膳食结构和生活习惯。在城镇市场，到每年下半年，当地生产的新鲜包包菜、白菜、青菜、萝卜、菠菜等供应充足，价廉物美。像包包菜这样产量较多的，除了满足市场需求外，还销往四川得荣、乡城，西藏芒康等地。功夫不负有心人，"中甸高原蔬菜栽培示范推广"项目荣获1986年度云南省科技进步三等奖。

为了让蔬菜栽培技术惠及更多农户，我们决定深入基层，跑遍了全州近30个乡镇，利用各种机会宣传科学种菜，把优良品质和先进技术送到了藏民手中。1987年，我们步行翻雪山到达全州最边远的羊拉乡进行推广。从德钦县城出发步行到羊拉乡需要三天两夜，我们跟着马帮，把需要带去的地膜、菜秧、菜种等物品驮在马背上，徒步前往甲功、茂顶等村寨。羊拉乡位于金沙江西岸，年平均气温比中甸坝区高一些。当时受地理条件和交通的制约，当地没有种植蔬菜的传统和经验，也买不到新鲜蔬菜，顶多能买到少量干板菜。

在羊拉，我们除了带去包包菜、芥蓝、青菜、白菜、萝卜等菜秧推广蔬菜种植外，还推广了地膜覆盖技术。我们在农户家里开现场会，并在试验田里做示范。地膜在当地百姓心中是全新的事物，使用地膜覆盖技术可以让蔬菜早熟10—15天，早熟速生蔬菜可以实现一年收四茬。我们耐心地给他们讲解"先盖膜后播种"的顺序，指导他们"密切注意出苗情况，见苗出土，及时划孔破膜，引苗出膜，细土压实膜孔"。让我们没有想到的是，地膜覆盖技术的推广不仅没有遇到困难，因其旱季保湿、雨季防雨排涝的优势还获得了空前的好评。农户不仅将这项技术运用在蔬菜种植中，还使用在粮食作物的种植中,以促进当地的玉米、青稞、小麦等增产。

图 2 1988 年吕勤贵被授予全国民族团结进步先进个人称号

1988 年我们在大中甸乡进行推广,适逢虫害,青稞地、蔓菁地、草场均受到黏虫危害,菜地和蔓菁地还受到菜青虫、斜纹夜蛾、油菜叶蜂、蚜虫等害虫的袭击。眼看着蚜虫和钻心虫要把自己种植的粮食吃光,当地藏民急在心里,却又束手无策。在他们的观念里,杀生是禁忌,大至人畜、小至昆虫都不许伤害,因此地里的害虫也被看作"神虫",不可强行将其杀害。以往遇到虫灾,他们一般请和尚念经以保丰收,或者去喇嘛寺扫尘灰并收集起来撒到田里,宁可收成减少也不愿使用农药。但那年的虫灾尤为严重,加之大中甸处于重点受灾区①,当地农户面临着颗粒无收的风险。

我和助手心急如焚,配制了农药在示范田里喷洒,结果遭到当地人的强烈反对。他们认为这样有违传统,是会遭到报应的。但是几天后,当他们亲眼看到示范田又恢复了往日的生机时,不仅接受了科学灭虫的技术,还纷纷请我们到他们的田地里喷洒农药灭虫。这一次的示范推广经历令我记忆犹新,我们不仅成功推广了我们的蔬菜栽培技术,更重要的是让当地百姓转变了观念,接受了科学技术在农业种植中的运用。

---

① 据资料记载,1988 年 6—7 月,(中甸)全县发生蚜虫、钻心虫、地老虎、黏虫等罕见虫灾,重点地区大中甸、小中甸、中心镇虫口密度最少达 5 万—6 万条/亩,最多达 30 万—40 万条/亩,将草坝中草叶草根全部吃光,粮食作物受灾 65950 亩。

通过我们的示范推广，迪庆州的科技户数量、产菜斤数都得到了很大提升。1985年，州内科技户发展到230户，推广面积193.24亩，产菜195万斤以上。1986年，科技户达到250户，面积达250亩，全州所辖3个县30个乡镇都试种上了州农科所无偿提供、经试验成功的良种。到1990年，全州共推广种菜1870亩，产菜900多万斤。在往后几年里，我们一方面继续扩大蔬菜种植面积，增加优质蔬菜种类，提高规模效益；另一方面为了解决当地各类蔬菜供应时间短的问题，我们采取措施，发展河谷地区蔬菜商品生产，从总体上提高蔬菜自给能力，增加高原蔬菜市场的冬春季节菜源，从而满足市场需求。

在全州推广蔬菜栽培技术，不仅缓解了高原城区蔬菜供应紧张状况，缩短了蔬菜淡季，丰富了藏族人民的"菜篮子"，还增加了当地群众的经济收入，使他们逐步走上依靠科技致富的新路子。新鲜蔬菜与牛羊肉、糌粑、奶制品一样，成为当地餐桌上不可缺少的食品，成了人人都可种植和去卖的商品，成了赠送亲友的礼物。反而往日常见的干土豆片、干板菜、干萝卜丝、蔓菁丝等成了稀罕之物。

推广日光温室技术，实现冬春蔬菜自给

为使迪庆高原蔬菜种植登上新台阶，解决在迪庆州的高海拔地区冬春两季不能种蔬菜的问题，1988年，我们到北京、天津、山东、辽宁、黑龙江、吉林、河北开展了为期52天的考察。这些地方普遍采用的日光温室技术对我们颇有启发。日光温室技术充分利用太阳能，采用简易的设施搭建塑料大棚，使其具备存储热量和保持温度的功能。所以即便在寒冷的冬天，不加温也能进行冬季蔬菜种植。迪庆高原虽然干燥寒冷，但是全年日照充足，这一充分利用日光存储热量的技术很适合高原，我们决定在迪庆高原引进这一技术。

在借鉴外地先进技术的基础上，我们结合迪庆实际，紧紧围绕"短、平、快"，因地制宜地进行创造设计试验。我们使用的塑料大棚分为全拱形、半拱形、单斜面三分之二改良式等多种结构类型，均以竹木为骨架；

图 3　吕勤贵在塑料大棚培育番茄

塑料大棚每年换一次膜，骨架可用 6 年以上。观测数据显示，棚内气温比露天气温高 10℃ 以上，地温增加 4℃—6℃。如果种植青菜、白菜、菠菜、空心菜等生长周期短的蔬菜，一年能连续种 4—5 茬，比露天种植增加 2—3 茬；如果种植番茄、辣椒、茄子、苦瓜等生长周期长的，也能套种两茬，总体上提高了复种指数及土地利用率。

为了进一步推广日光温室技术，就像当年推广蔬菜种植一样，我们采取广设示范点、现场进行技术培训等方法。很快，这一技术在全州得以迅速推广。通过运用日光温室技术，每亩产量可达到 7000 公斤，比露天栽培增加 3000 公斤，平均每亩增加收入 3000 多元。1994 年全州建设塑料大棚 33 亩。1995 年，州农科所共完成新建和改建大棚 110 个，折合 1323 亩；推广农户 80 户，每户 108.88 平方米。80 户农民经济纯收入达 63200 元，生产商品蔬菜 10 万公斤。这一新技术的推广应用，解决了高原地区气温低，不能种植喜温蔬菜和不能全年生产蔬菜的难题，增加了蔬菜生产的品种，延长了蔬菜供应时间。这样一来，高原城乡居民一年四季都可以在市场上买到称心的蔬菜，实现了从"有钱难买好蔬菜"到"蔬菜自给"的转变。因此，该项目荣获了云南省农业科技推广成果三等奖。

图 4　海拔 3276 米的迪庆州农科所蔬菜示范基地

注：图片来源于云南省迪庆藏族自治州农牧局编《迪庆藏族自治州农业志》，云南省迪庆藏族自治州农牧局，1999 年。

利用日光温室技术在高海拔地区成功种植蔬菜，为迪庆州调整农业生产结构、搞好"菜篮子"工程开辟了一条行之有效的新路子。因这一技术在半山区、江边河谷地区同样适用，后来被列为全州科技扶贫发展项目之一，在全州推广。几年时间，迪庆州日光温室技术由点到面不断推广，从高原的城区不断向全州山区延伸。1996 年，全州蔬菜面积据不完全统计已达 6713 亩，塑料大棚 110 亩，产菜 2000 万斤以上，产值 600 万元以上，逐步实现了蔬菜种植的多产化。1995 年，我负责编写了《迪庆高原塑料大棚种植蔬菜实用技术》培训教材，并在培训班上讲授，曾有学员说："虽然几年前就开始在塑料大棚里种菜了，但有时候还是属于瞎干、乱干，现在听了系统的培训，以后可以把菜种得更好了。"

藏民心中的"余登达布"

如今迪庆高原的藏族群众已经掌握了蔬菜栽培和管理技术，过去中甸路通的时候蔬菜全靠外地运入、路断的时候市场上无菜可买的时代已一去不复返，藏民们的饮食结构得到了极大的改善。他们的思想观念也悄然改变，种庄稼不再靠求神拜佛，种出的蔬菜也不再羞于拿到市场上售卖。小小"菜篮子"，民生"大工程"，如今迪庆的百姓不仅填满了"菜篮子"，还让"菜篮子"出了村、上了路、进了城、上了桌。

"余登达布"在藏语里是指威望高的知识分子，我很感激藏族人民将这个名号赐予我。我在迪庆高原度过了30多个春秋，我的根已经扎在了这里，藏族人民需要我，我更离不开藏族人民。为国家、为人民、为边疆少数民族多做点贡献是我最大的愿望。得到社会的认可和肯定是我最大的满足。

访谈时间：2021年7月27日

访谈地点：丽江市古城区

访　谈　人：李志农、和淑清、陈经宇、周丽梅

记　录　人：和淑清

三线精神：一代林业人的无悔岁月

陈兴元　口述

从伐木到育林，再从育林到转型，一共不足 30 年的时间，但我们的大半生时间都倾注于此。我们以山为家、与林为伴，从伐木人到种树人、护林人，我们是迪庆乃至中国林业转型发展的参与者和见证人！

图 1　陈兴元照片

【简　介】陈兴元，男，汉族，安徽淮北人，1952 年生。1973 年，从安徽辗转 2000 多公里来到滇西北中甸林业局工作，先后担任文书、教师、办公室副主任、办公室主任、党委副书记等职。其间，他与 3000 多名林业职工一道战天斗地，开发迪庆林业资源，为国家的经济建设、迪庆地方的发展和建设做出了贡献；与迪庆各民族群众交往交流交融，书写了民族团结的"林区"篇章。2008 年退休。

辗转千里赴高原

我人生的关键词,绕不开一个"林"字。30余年来,林业已经成为我生命中重要的一部分。和迪庆林业的不解之缘,要从"三线建设"开始说起。

20世纪50年代,国家的内外形势并不乐观,新中国的国防工业建设陷入了困境。当时,我国的工业重心集中在东部大城市,东西部地区经济发展差距大,加上没有可靠的国家战略后方,1964年,毛主席提出,要考虑解决全国工业布局不平衡的问题,加强"三线建设",防备敌人的入侵。

"三线建设"旨在三线地区①开展以备战为中心的大规模工业、交通、国防、科技建设②。当时几百万名工人、干部、科技人员、解放军官兵,从全国四面八方扛起背包,远离家乡和亲人,来到人迹罕至的高寒山区。他们发扬"艰苦创业、无私奉献、团结协作、勇于创新"的三线精神,人拉肩扛,风餐露宿,建设起现代化企业和交通设施。这些"三线人"扎根三线地区,一干就是几十年,为推动中西部地区经济、社会、科技、文化发展进步,促进偏远山区和少数民族的文化繁荣做出了积极贡献。

我的舅舅及一大批林业前辈,就是在这样的背景下奔赴云南迪庆的。当时广播里放的、墙上写的大都是"支援国家三线建设""备战备荒为人民,好人好马上三线"等,让人精神振奋。我们这一辈人,就是在这样的环境氛围下成长起来的,因此对"三线建设"满腔热情。可以说,是"三线建设",把我们的人生与滇西高原紧紧地联系在了一起。

发展需要生产建设,建设就需要木材。尤其是国家大量建工厂、开煤矿、修铁路、造汽车、做农具、起房子,这些都离不开木材。为解决"三线建设"过程中木材供不应求的问题,1965年,林业部开始筹划金沙江林

---

① 三线地区是指西南的四川(含重庆)、贵州、云南,西北的陕西、甘肃、宁夏、青海,还有湘西、鄂西、豫西、晋西、粤北、桂北等,共涉及13省区。
② "三线建设"从1964年开始,到1980年,全国三线地区共投入2052.68亿元。根据1984年的普查,在中西部建成了1945个大中型企业、科研设计院所。

三线精神：一代林业人的无悔岁月

图 2　三线工人筑路现场

注：图片来源于 https://www.sohu.com/picture/281798572。

区会战。金沙江林区是我们国家的重点林区之一，森林存蓄量在全国仅次于东北。因此，林业部相继组建多个林业局①。1972 年，经过云南省革委会和林业部批准，成立中甸林业局，从此拉开了迪庆州森林采伐的序幕②。在当时，人员紧缺是林业局面临的一个重要的问题。中甸林业局开始大规模招工，1975 年中甸林业局一次性招工六七百人，大多是林业职工的子弟，他们分别来自黑白水、碧泉、华坪、墨江、巨甸林业局。

1973 年初，我高中毕业，恰好赶上中甸林业局招工，我舅舅就建议我来迪庆。看着中国地图，迪庆在离老家 2000 多公里之外的地方，属于高寒山区。但是在舅舅的动员下，我还是下定决心，怀着为国家建设做贡献的满腔热血，辗转 2000 多公里，从安徽来到迪庆高原。没想到，和林业打交道，一干就是近 40 年。

---

① 《金沙江林区原则开发方案》是 1965 年由国家计委批准的一项重要规划，旨在开发金沙江林区的森林资源以支持国家的三线建设。1965 年 9 月，国务院批准成立了林业部金沙江林区会战指挥部，从全国各地调集了大量人员，组建了一批木材采伐企业和相关配套企业，以会战形式开发利用林区资源。

② 1969 年，受"文化大革命"影响，国家撤销"金沙江林区会战指挥部"，林区所属企事业单位按行政区划分别就地下放云南、四川两省，继续组织实施林业开发建设。

伐木筑路，与林为伴

建局初期，生产、生活条件差，需要边采伐、边修路。很多时候天刚亮，我们就"开工"了。在高原修路，是一件极不容易的事情。由于地形复杂，作业难度大，许多活都得靠人工肩挑手扛，反反复复。林间腐殖层很厚，土质松软，重车一经过，准会把路基压坏，工人们就得提前垫上大块石头。等待运输木料的汽车压过后，工人们再手推肩扛地搬运材料填土修路。进入雨季，山路塌方甚至山体滑坡时有发生，工人又得冒着塌方的危险搬运石头、抢修路面。冬季时，为保证大雪封山后的运材道路畅通，工人们就拿着铁锹铲雪清路。长期的高原作业让许多人患上了风湿病、关节炎，有的职工还因此付出了生命的代价。

林业是没有围墙的工厂，具有很强的农业性质。无论是伐木还是修路、运输木材，几乎所有工作都是重体力活。但我们都不怕苦累，几乎所有工作都不在话下，身上总有一股使不完的劲，哪里需要我们就往哪里使，常常是晴天一身灰、雨天一身泥。从早到晚、加班加点是家常便饭，就这样日夜循环反复。

回忆起在林场的工作和生活，那是一段难忘的经历。那时林场的条件很差，连像样的住处都没有，一到晚上，我们几十号人就挤在一顶二三十平方米的帐篷里。帐篷里条件简陋、冬寒夏闷。冬天尤其难熬，气温有时低至零下二十几摄氏度，我们就在帐篷中间搭了一个火炉供暖，夜间还需要不时地添柴。尽管如此，我们常常被寒气逼醒，睡不好觉。在林场雨季，我们的职工常常闹肚子，主要是我们用水确实恼火，日常洗菜、洗手、煮饭使用的基本是没过滤的河水。

由于林场尚未通电，又不能轻易点火把（容易引起火灾），一到晚上就漆黑一片。还好，后来各林场都配备了柴油发电机。很多个晚上，望着天上的星星时，难免会让人想起千里之外的家人。很多职工的妻儿、老人都在老家，常年无法相见，就算是一封家书，也难以企及。尽管现在回想起来感觉不可思议，但当时我们每个人都按照"边设计、边施工、边生产、边建设"和"先生产、后生活"的指导思想,长年坚守岗位,与林相伴,任劳任怨,无怨无悔。

还清更新账,荒山变青岭

中甸林业局成立以后,实实在在地给地方和国家做出了应有的贡献,木材生产一度成了迪庆的支柱产业,也是迪庆州当时最主要的财政收入来源。但是也出现了不少问题,主要的原因一是当时采伐的经验不足,进行大面积皆伐、超强度采伐,损坏了幼苗、影响了生态;二是管理不善,随着一些单位不断涌入林区收购木材,滥砍滥伐、盗运私售现象时有发生。

在采伐的前十年,迪庆造林量竟不到采伐量的20%。到20世纪80年代中期,中甸县就已经有21万亩的荒山,荒漠化土地占21万亩的15%左右,这对生态带来了负面影响,不仅使森林迹地更新困难,也在一定程度上破坏了地表结构,让水土保持能力下降,容易引发自然灾害。

当我们看到那些没有造上林的荒山,心里有种说不出的滋味。时任迪庆州州长李玉芳带领州委常委向云南省委做专题报告,州委书记李国良提出了三点请求:一是停止安排森工企业到迪庆;二是减少在迪庆的木材采伐指标;三是组织中甸林业局逐步转产。

省里听后十分重视,在1984年颁布文件,给迪庆州下达的采伐指标逐年递减。州林业局也开始总结工作经验和教训,转变采伐思路,在森林采伐更新上坚持贯彻"以营林为基础,普遍护林,大力造林,采育结合,永续利用"的林业建设方针;果断转变了采伐方式,采伐时保留林墙、水源林、母树和中、幼木,并实施迹地更新计划,开展造林行动。

为尽快提升森林覆盖率,我们所有的林业职工都尽心竭力,每天背着树苗上山,顶着高原的强紫外线在林区栽树。为了完成"会战天宝山,苦战50天,完成12万,还清更新账,全局变青山"的目标,中甸林业局组织了局机关、木材加工厂、机修厂、森调队等单位的部分职工大规模造林。在"就地育苗,就地造林"和"先育苗,后造林"的指导下,造林计划分六个区,并规定实行个人承包责任制、奖惩制,将生产任务落实到

图 3　中甸林业局开会场景（左一为陈兴元）

人，要保证成活率、合格率；完不成会战任务的、造林质量不达标的，给予惩罚。当时全局上下，都抢时间、不失时机地进行造林作业，一连几十天，住在山上、吃在山上、战在山上。

造林行动的开展，真正做到了更新跟上采伐，实现了山有人看、林有人护、责有人负。在职工们的精心管护下，栽下的树苗逐渐长大，郁郁葱葱，长势喜人，真正实现了青山常在。中甸林业局职工的会战最终还上了旧账，为迪庆林区实现迹地更新树立了典范。

民族团结一家亲，互助交融显真情

中甸林业局建局以来就一直是个团结友爱的多民族大家庭，全局3000多名职工，来自全国21个省市，有24个民族，他们为支援国家"三线建设"而来，与当地群众建立了密切联系。

由于林业局远离县城州府，自成一个体系，就不得不自办学校和医院，并筹建林区公安局、林区法庭等机构。这在方便本局职工的同时，也为当地藏族群众提供了诸多便利。例如中甸林业局专门成立了林业职工子弟学校，除方便职工子弟上学外，也录取附近村子的藏族孩子；自办职工医院，在方便本局职工看病就医的同时也解决了附近村民治病难、看病远的问题，提高了他们的卫生和健康水平。为适应林区生产的需要，林业局还先后修筑林区公路337公里。公路的修通不仅满足了林业局木材运输需要，同时也改善了林区原本封闭落后的交通条件，加强了林区当地各民族与外界的联系，为其互通有无提供了便利。

中甸林业局吸纳了大量当地群众参加生产劳动，给当地群众创造了获得经济收入的机会。建局初期，我们修建办公室的木板房、工作间等所用的沙子、石头、木料等都是请当地百姓用马车拉来的；而在后期的营林阶段，局里不少伐木工人、护林人员也是当地村民。另外，中甸林业局作为正规的森工企业，带来了先进的伐木、采运技术，提高了营林、护林作业水平。通过参加由林业局举办的扫盲班、培训班，当地群众的文化及技能水平有了很大提升，他们学会了开拖拉机、开汽车等生活技能，成为迪庆州最早的一批本土专业技术人才。

说我们是多民族大家庭，一点也不假。林业局成立以前，当地群众大多只会讲本民族语言，基本听不懂普通话；但随着我们这批外地人的进入，普通话逐渐在林区推广开来，当地百姓也能讲一口流利的普通话。在饮食习惯上，因林业职工大多来自东北，做菜方式独具特色，当地藏民就见识并学会了以前闻所未闻的东北菜。与此同时，我们这些外地人也学会了打酥油茶，学会了吃糌粑。

在每年组织的护林联防会议上，除了表彰在护林工作中的先进集体和先进个人外，还组织林业工作人员和当地群众共同参与赛马等体育活动。我们的汉族、满族、回族、蒙古族职工和当地的藏族、傈僳族、纳西族等各个民族群众聚在一起，共同表演节目，一起谈天说地，共同参加游戏；活动结束后，大家同吃一锅饭，同饮一壶茶。到了每年的藏历新年、萨嘎达瓦节等节日，老百姓热情地邀请我们下山，一起跳锅庄、唱藏歌，一来二去，林业职工也学会不少民族的语言和民族歌舞，对当地风土人情有了很深的了解。

我们林业人虽身在林区，但与当地各族群众形成了互帮互助、相亲相爱的团结氛围。在平时生活中，不少村民来到我们的商店购买蔬菜、生活用品等，而我们也向他们购买鸡蛋、土鸡等农副产品。我们偶尔到附近的村民家买只鸡，算是"极大地改善了生活"，那简直比过年还高兴。有的职工家属在人口集中的乡镇办商店、开旅店、卖小吃，一方面利用商机提高了经济收入，另一方面通过繁荣市场，提高了当地群众的物质生活水平。

在短短二十几年的时间里，林区和周边村寨的基础设施焕然一新，当地村民生活水平显著提高，外地林业人在这里找到了家的感觉，逐渐呈现林区职工与当地群众携手发展的团结局面。一些林业职工子女同当地的藏族、傈僳族、纳西族等少数民族同胞结婚生子，成了地地道道的迪庆人，真正实现了民族融合。林区分流转产后，尽管许多外地人陆续返乡谋生，但我们这批林业职工却有不少留在了迪庆。

分流转产，启动"三个工程"

自20世纪80年代中期以来，国家实行了林业"三定""两山"政策，大幅度削减了对长江中上游的森林采伐量。中甸林业局的经营日趋困难，甚至职工的工资发放都难以为继。到了1996年，云南省委、省政府正式做出分流转产的决定，除220名职工交由中甸县安排外，其余大部分职工分流至思茅卫国林业局及其他林业单位，离退休干部职工600多人安置于下关干休所，分流工作最终达到了省委、省政府"人心不散、队伍不乱"的要求。

1998年8月，党中央发布《关于停止对金沙江流域等地采伐天然林的通知》，迪庆州政府决定比国家要求提前一个月关闭采育场，实现全面禁伐，同时撤销了县境内各级森工企业和木材公司、州纸浆厂，并决定成立国有林场，将省属中甸林业局[①]实行属地管理，划归县林业局管理。1999年，全县商品木材采伐量为零。与此同时，全州把林业工作从砍伐转移到种树、护林上来，把营林工作摆在首位，启动了天保工程、退耕还林工

[①] 20多年来，中甸林业局共实现收入3018万元，修林区公路423公里，为国家提供商品林179.63万立方米，更新造林17.9万亩，累计上缴国家利税6486万元，为国家建设和迪庆的财政增收做出了不可磨灭的积极贡献。

程、野生动植物保护和自然保护区建设工程。三个工程实施了近 6 年时间，迪庆州的生态得到休养生息，生态环境得到明显改善，自然灾害发生率明显减少，生物多样性更加丰富。

从伐木到育林，再从育林到转型，一共不足 30 年的时间，但我们这些林业人的大半生时间却倾注于此，以山为家，与林为伴，心系森林，汗洒山川。从伐木人到种树人、护林人，我想我们是迪庆乃至中国林业转型发展的参与者和见证人！弹指一挥间，"三线建设"已成为历史，但三线精神依然催人奋进！

访谈时间：2021 年 5 月 28 日
访谈地点：昆明市五华区
访 谈 人：李志农、周丽梅、和淑清、马渊
记 录 人：周丽梅、张佩佩、李立夫

附录一 所有接受访谈外地干部名单

序号	姓名	年龄	籍贯	民族	所在行业	在迪庆工作时间	工作单位	在迪庆工作年限
1	梁金华	已故	河南漯河	汉族	医疗卫生	1950—1986年	中甸县人民政府医务室	36年
2	周汝泉	已故	云南大理	汉族	党政机关	1953—1990年	民族工作队	37年
3	殷全安	已故	河南延津	汉族	民间运输	1953—1981年	中甸县金江区委	28年
4	钱福弟	已故	云南大理	汉族	医疗卫生	1953—1984年	中甸县金江区委	31年
5	江奎	已故	云南丽江	汉族	党政机关	1953—1986年	民族工作队	33年
6	朱剑锋	100岁	云南临沧	汉族	土改、农业生产	1953—1986年	土改工作队	33年
7	徐洪	90岁	云南大理	汉族	轻工业、行政	1953—1987年	民族工作队	34年
8	孙接义	86岁	云南大理	汉族	医疗卫生	1953—1986年	民族工作队	33年
9	王凤朝	91岁	云南丽江	纳西族	军事	1956—1982年	"藏三连"	26年
10	王加谷	83岁	云南丽江	纳西族	商业、财贸	1956—1990年	中甸县商业局	34年
11	和尚信	89岁	云南丽江	纳西族	邮电	1956—1987年	德钦县邮电局	31年
12	吕勤贵	86岁	云南玉溪	汉族	农业科技	1957—1962年 1979—1991年	迪庆州农林水务科	17年
13	谢辉英	90岁	江西永新	汉族	医疗卫生	1958—1975年	中甸县医院	17年
14	樊槐	已故	云南玉溪	汉族	医疗卫生	1958—1970年	中甸县医院	12年
15	林德厚	71岁	四川成都	汉族	邮电	1958—1989年	德钦县邮电局	31年
16	白开喜	80岁	云南楚雄	汉族	军事	1959—1964年 1983—1998年	迪庆边防部队	20年
17	赵治齐	已故	云南大理	白族	林业	1959—1990年	中甸三坝乡国有林管理所	31年
18	朱兰溪	91岁	广东乐昌	汉族	医疗卫生	1959—1992年	德钦县医院	33年
19	杨增适	82岁	云南大理	白族	民族教育	1959—1989年	德钦县升平完全小学	30年
20	牛宿光	82岁	云南丽江	纳西族	民族教育	1959—1989年	德钦中学	30年
21	舒贤淑	92岁	云南大理	汉族	民族教育	1959—1984年	中甸县三村小学	25年
22	罗亮	已故	云南昆明	汉族	民族教育	1960—1989年	中甸一中	29年
23	雷用治	92岁	四川开江	汉族	医疗卫生	1960—1985年	维西县医院	25年

附录一 所有接受访谈外地干部名单

续表

序号	姓名	年龄	籍贯	民族	所在行业	在迪庆工作时间	工作单位	在迪庆工作年限
24	彭晓富	84岁	云南丽江	白族	民族教育	1962—1988年	中甸一中	26年
25	和凤楼	93岁	云南丽江	纳西族	党政机关	1962—1986年	德钦县组织部	24年
26	和爱琴	94岁	云南丽江	纳西族	医疗卫生	1962—1983年	德钦县医院	21年
27	王学忠	79岁	云南丽江	白族	交通基础设施建设	1963—1998年	中甸公路养护总段	35年
28	周根吉	70岁	云南丽江	纳西族	交通基础设施建设	1963—1993年	德钦县公路局	30年
29	赵鹤阳	96岁	云南丽江	纳西族	党政机关	1963—1987年	维西县文教科	24年
30	周建章	92岁	云南丽江	纳西族	经济贸易	1964—1986年	德钦县商业局	22年
31	艾亚贤	74岁	湖北武汉	汉族	财贸、工业	1965—1999年	维西县商业局	34年
32	寸虹	77岁	云南大理	白族	医疗卫生	1965—1999年	中甸县医院	34年
33	王境	79岁	云南红河	汉族	民族教育	1965—2000年	德钦一中	35年
34	刘腾龙	85岁	云南大理	汉族	金融	1965—1990年	迪庆州计划委员会	25年
35	杨公衍	84岁	湖南长沙	汉族	医疗卫生	1968—1999年	中甸县金江卫生所	31年
36	杨纯仁	83岁	云南丽江	纳西族	医疗卫生	1968—1996年	德钦奔子栏卫生院	28年
37	邓楚芳	77岁	云南昆明	汉族	民族教育	1970—1996年	中甸一中	26年
38	杨畅根	83岁	云南大理	白族	医疗卫生	1971—1995年	德钦霞若卫生所	24年
39	杨梅瑞	80岁	云南大理	白族	医疗卫生	1971—1994年	德钦霞若卫生所	23年
40	和树吉	86岁	云南丽江	纳西族	公安	1973—1993年	迪庆州公安局	20年
41	陈兴元	70岁	安徽淮北	汉族	林业	1973—2008年	迪庆州林业局	35年
42	赵槐燕	65岁	云南大理	白族	民族教育	1978—2009年	中甸一中	31年
43	和德邻	85岁	云南丽江	纳西族	财贸、城市建设	1978—1991年	迪庆州物资局	13年
44	庞亮星	85岁	云南丽江	汉族	民族教育	1980—1993年	中甸一中	13年
45	陈福昌	77岁	云南丽江	汉族	税务	1985—1998年	迪庆州税务局	13年
46	瞿云福	69岁	贵州遵义	汉族	军事	1996—2008年	迪庆军分区	12年

注：①年龄计算时间以2022年为界。表格中8位已经逝世的外地干部信息由其家属口述提供。

②在迪庆工作时间和工作年限均以退（离）休年份为准进行统计；部分外地干部到退休年限后接受返聘或者延迟退休，实际工作时间大于表格中的数据，特此说明。

③工作单位特指进入迪庆时的工作单位，不包括后续的工作变动。

④表格中的人按照外地干部进入迪庆的时间先后顺序排列。

附录二　外地干部访谈照片节选

2021 年 6 月 27 日在迪庆访谈周汝泉儿子周文孝、同事叶德祥

2021 年 9 月 6 日在昆明访谈殷全安、钱福弟儿子殷著虹

附录二 外地干部访谈照片节选

2021年2月21日在昆明访谈邓子俊

2021年3月1日在丽江访谈朱剑锋

2021年8月20日在丽江访谈徐洪、孙接义夫妇

2022年3月11日在丽江访谈王凤朝

附录二　外地干部访谈照片节选

2021 年 3 月 24 日在昆明访谈白开喜

2021 年 3 月 2 日在丽江访谈和凤楼、和爱琴夫妇

2021 年 4 月 7 日在昆明访谈赵鹤阳

2021 年 4 月 1 日在昆明访谈瞿云福

附录二　外地干部访谈照片节选

2022 年 1 月 1 日在昆明访谈谢辉英

2021 年 4 月 23 日在昆明访谈朱兰溪

2021 年 3 月 26 日在昆明访谈杨公衍夫妇

2022 年 3 月 10 日在大理访谈杨畅根、杨梅瑞夫妇

附录二　外地干部访谈照片节选

2021 年 7 月 20 日在丽江访谈杨增适

2021 年 3 月 3 日在丽江访谈牛宿光

2021 年 4 月 19 日在昆明访谈彭晓富、邓楚芳夫妇

2021 年 2 月 25 日在丽江访谈庞亮星

附录二　外地干部访谈照片节选

2021 年 2 月 27 日在丽江访谈艾亚贤

2021 年 3 月 4 日在丽江访谈王学忠

2021 年 4 月 22 日在昆明访谈刘腾龙

2021 年 12 月 30 日在昆明访谈赵治齐儿子赵卫东

附录二　外地干部访谈照片节选

2021 年 7 月 27 日在丽江访谈吕勤贵

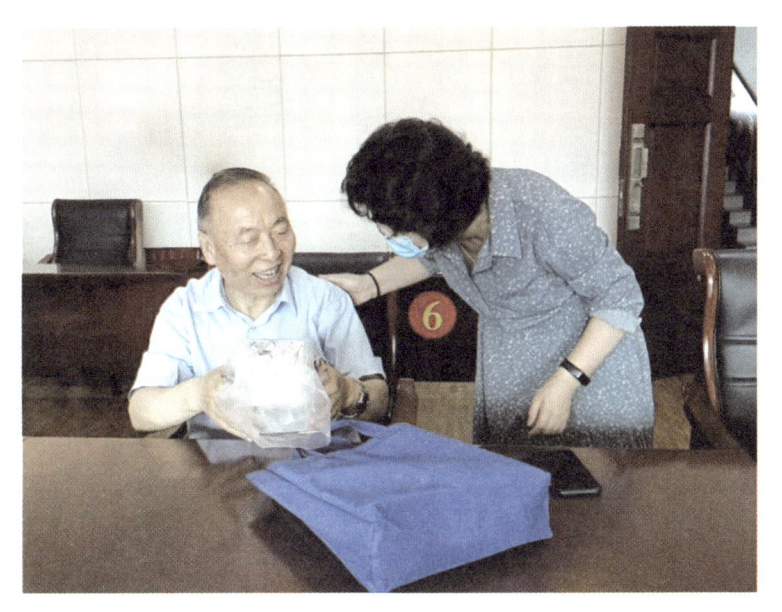

2021 年 5 月 28 日在昆明访谈陈兴元

2021 年 6 月 10 日在昆明访谈寸虹、陈福昌、赵槐燕

2021 年 2 月 19 日在丽江访谈王加谷

附录二 外地干部访谈照片节选

2021 年 2 月 16 日在丽江访谈和尚信

2021 年 3 月 7 日在丽江访谈杨纯仁

2021年3月1日在丽江访谈周根吉

2021年7月23日在丽江访谈和德邻

附录二　外地干部访谈照片节选

2021 年 3 月 2 日在丽江访谈周建章

2021 年 3 月 3 日在丽江访谈林德厚

后　记

经过将近三年的努力，《共同书写的历史——外地干部支援云南迪庆口述史（1950—1979）》一书的资料收集、整理及撰写工作终于到了尾声。本书的顺利完成，首先要得益于被访谈人的积极参与，在此谨向书中的朱剑锋、徐洪、孙接义、王凤朝、吕勤贵、谢辉英、白开喜、朱兰溪、杨增适、牛宿光、彭晓富、和凤楼、和爱琴、王学忠、赵鹤阳、艾亚贤、王境、刘腾龙、杨公衍、邓楚芳、杨畅根、杨梅瑞、陈兴元、庞亮星、瞿云福25位老同志和已逝（截至2022年）的梁金华、周汝泉、殷全安、钱福弟、赵治齐、樊槐的家人致以最诚挚的感谢！没有他们的积极配合和用心参与，就不会有今天这本30多万字的书。

访谈过程中有太多的感动、感慨和感激。回想起来，在2021年寒冬，当我们走进90多岁的和凤楼、和爱琴二老家中时，两人胸前戴着奖章出门迎接，紧紧握住我们的手不停地说："我们太想迪庆，太想德钦了！"那场景仿若在昨天。2022年元旦，我们围坐在谢辉英医生身旁，听她讲述两夫妇20世纪五六十年代组建中甸县医院的艰难历程时，在场的人眼里泛着泪光的画面依旧历历在目。每一位被访谈人都对我们的调研倾注了极大的热情并予以大力的支持。我们对每一位被访谈人的访谈都不止一次，基本进行了第二次、第三次的补充访谈；初稿整理出来后，还要请每一位被访谈人过目，让他核实并修改。看他们年事已高，不忍多次打扰，但老同志却热情依旧。在此，我要感谢其余十几位接受了我们访谈，但事迹未被收录在书中的外地干部，还要感谢他们的子女、同事、亲戚、学生等参与我们的侧面访谈，他们提供的口述资料让本书的内容更加丰富。

2021年1月，当我决定对长期扎根在迪庆的外地干部开展口述史访谈

后　记

时，时任中共德钦县委宣传部部长的马彩花和德钦县文联主席扎西尼玛给予了我帮助，他们迅速为我找来迪庆州还健在的外地干部的名单，并帮我们联系好迪庆藏族自治州驻丽江离退休干部休养所（以下简称干休所）的李帆所长。在丽江开展访谈的过程中，我们得到了干休所的鼎力支持。而在后续的访谈中，我见到了我无比尊敬和敬仰的云南省香格里拉研究会原会长格桑顿珠先生（曾任中甸县委书记，迪庆州州长、州委书记，云南省民族宗教事务委员会主任），这位无比智慧、实干、能干的长者在获悉我正在做的工作后，欣然为我联系了迪庆藏族自治州人民政府驻昆明办事处的松建生主任，并提供了诸多重要访谈对象的名录。此后，我得到了松建生主任、陈芳芬副主任、王丽云、杨春艳等的大力支持。特别令我感动和必须表达感激的是陈芳芬副主任，她总是想尽办法帮我寻找各种线索和联系访谈人物，每次她经手的访谈，她都悉心安排，事前做好联络，事中或陪同或安排同事陪同我们，事后又帮助联络第二次、第三次的回访及文本的修改和完善。我相信，没有她的悉心帮助，本书中人物的丰富性、访谈对象的多行业覆盖性等都会大打折扣，我要衷心地感谢她的辛苦付出。

已经94岁（截至2022年）高龄的杨国昌和叶德祥两位当地的少数民族干部以及其他十余位迪庆州的少数民族干部也为我们的访谈提供了重要线索和信息。在本书初稿完成之时，迪庆州委组织部副部长、州委老干部局局长马玉川为我们细心指出书中表述不当和疏漏之处，在此深表谢意。

在一次接一次的访谈过程中，我的博士生和硕士生们陪同我多次往返于迪庆、丽江、大理等地，每一位都尽其所能，认真、努力地完成资料收集、录音整理、访谈录像、初稿撰写等工作。本书的完成，同样与他们的辛勤工作密不可分，在此一并表示感谢。

最后，本书使用的图片和历史资料部分来自被访谈人，部分引用了地方志及其他文献内容。书中没有另做说明的图片均由被访谈人提供，在此再次真诚致谢！

李志农
2023年12月9日

图书在版编目(CIP)数据

共同书写的历史：外地干部支援云南迪庆口述史：1950—1979 / 李志农等著. -- 北京：社会科学文献出版社，2024.8
（魁阁学术文库）
ISBN 978-7-5228-3035-3

Ⅰ.①共… Ⅱ.①李… Ⅲ.①社会主义建设成就-迪庆藏族自治州-1950-1979 Ⅳ.①D619.742

中国国家版本馆CIP数据核字(2023)第242284号

魁阁学术文库
共同书写的历史
——外地干部支援云南迪庆口述史（1950—1979）

著　　者 / 李志农　和淑清　周丽梅　陈经宇
出　版　人 / 冀祥德
组稿编辑 / 谢蕊芬
责任编辑 / 庄士龙　赵　娜
责任印制 / 王京美

出　　版 / 社会科学文献出版社·群学分社（010）59367002
　　　　　　地址：北京市北三环中路甲29号院华龙大厦　邮编：100029
　　　　　　网址：www.ssap.com.cn
发　　行 / 社会科学文献出版社（010）59367028
印　　装 / 三河市龙林印务有限公司

规　　格 / 开　本：787mm×1092mm　1/16
　　　　　　印　张：22.75　字　数：310千字
版　　次 / 2024年8月第1版　2024年8月第1次印刷
书　　号 / ISBN 978-7-5228-3035-3
定　　价 / 149.00元

读者服务电话：4008918866

版权所有 翻印必究